史學研究叢書‧歷史文化叢刊

從孔孟弟子到耶穌門徒：
一項關於曾寶蓀基督宗教
信仰的研究

張樂　著

人生是複雜的，而信仰卻求簡單。執簡御繁，當然不易。但是我們有了耶穌的信仰，為我們自己的信仰楷模，可以做人海的寶筏，亂世的南針。縱然有時似乎失敗，甚至為世人所詬病逼迫，正是成功。與耶穌一同釘十字架，一同復活得勝，就是這個意思。

—— 曾寶蓀

目次

緒論 ……………………………………………………………………… 1

一　選題緣起與意義 ……………………………………………… 1

二　學術史回顧 ………………………………………………… 5

三　研究的創新與難點 ……………………………………… 22

第一章　儒家基督徒女性精英 …………………………………… 25

第一節　學生時期 …………………………………………… 25

第二節　回國時期 …………………………………………… 36

第三節　寓臺時期 …………………………………………… 53

第二章　曾國藩家族的基督化 …………………………………… 61

第一節　西學東漸與曾國藩家族的社會轉型 ……………… 61

第二節　辛亥革命以前的曾氏族人與基督教 ……………… 66

第三節　曾國藩家族基督徒成員的系譜 …………………… 83

第四節　曾國藩家族基督徒成員的基督信仰 ……………… 100

小結 ………………………………………………………… 112

第三章　曾寶蓀的福音事工⋯⋯⋯⋯⋯⋯⋯⋯⋯ 115

第一節　作為基督徒的曾寶蓀 ⋯⋯⋯⋯⋯⋯⋯⋯ 115

第二節　曾寶蓀與華夏婦女神學的萌芽 ⋯⋯⋯⋯ 131

第三節　曾寶蓀與一九三五年全國青運巡迴工作團 ⋯⋯ 145

小結 ⋯⋯⋯⋯⋯⋯⋯⋯⋯⋯⋯⋯⋯⋯⋯⋯⋯⋯ 169

第四章　基督教教育的中國化 ⋯⋯⋯⋯⋯⋯⋯⋯ 171

第一節　長沙曾文正公祠與藝芳女校的創辦 ⋯⋯⋯ 172

第二節　主權在我：藝芳女校的行政管理 ⋯⋯⋯⋯ 178

第三節　經濟獨立：藝芳女校的經費來源 ⋯⋯⋯⋯ 193

第四節　湘省解放前後的曾寶蓀與藝芳女校 ⋯⋯⋯ 202

小結 ⋯⋯⋯⋯⋯⋯⋯⋯⋯⋯⋯⋯⋯⋯⋯⋯⋯⋯ 221

結語 ⋯⋯⋯⋯⋯⋯⋯⋯⋯⋯⋯⋯⋯⋯⋯⋯⋯⋯ 223

參考文獻 ⋯⋯⋯⋯⋯⋯⋯⋯⋯⋯⋯⋯⋯⋯⋯⋯ 231

附錄　曾寶蓀作品一覽表 ⋯⋯⋯⋯⋯⋯⋯⋯⋯ 253

緒論

一　選題緣起與意義

　　自柯文中國中心觀說興起之後，歷史學界鮮有不受其影響。對於中國歷史研究而言，整個治史的研究範式都發生了相應的變化，而中國基督教史作為其中的一個組成部分，自不例外。因此，學術視角日漸開始由傳教學研究模式向中國中心觀轉移。同樣，美國亞洲歷史學會年會關於中國基督教史之研究也逐漸轉向中國信徒和本土教派的研究。[1]而今日仍然勢頭強勁的婦女史研究和女權主義者的推動，使得中國的婦女史研究已然成為海內外學界的一大顯學。因此，在中國基督教史研究範式發生轉移的時候，曾短暫性地出現了將研究視角放在中國女性基督徒身上的呼聲。與男性基督徒研究的盛況相比，仍然呈現出不平衡的研究狀態。究其緣由，有諸多因素的制約——主要在於中國女信徒所留之史料相當有限。因此，陶飛亞、楊衛華認為，中國女性基督徒研究「處於中國婦女史研究中的邊緣，也不為研究中國基督教史的學者所重視，這種雙重邊緣導致其研究的匱乏。」[2]中國女性基督徒作為一個邊緣之邊緣的群體，發聲之機率比教外女性還小。張先清也認為：「歷史研究最終要歸結到文本史料的考察，而要在一

1　陶飛亞、王德碩：〈美國亞洲學會年會中的中國基督教史研究〉，《東嶽論叢》第35卷第1期（2014年1月），頁73-75。

2　陶飛亞、楊衛華：〈改革開放以來的中國基督教史研究〉，《史學月刊》2010年第10期，頁20。

個長期以來基本由男子掌握書寫權力的社會裡，挖掘、尋找形於文字的、反映信奉一種外來宗教的婦女形象……至少存在著三層邊緣困難。」[3]儘管存在這樣或那樣的困難，依舊有學者借鑑婦女史等研究方法，試圖推進中國女性基督徒的研究，並認為：「性別研究作為對以男性為中心的傳統基督教研究的一個挑戰，並且強調傳教方和被傳教方之間的互動關係（Dynamism）為中國基督教研究引入了一個更全面和更動態的視角。」[4]

儘管有學者認為，目前學界關於婦女史的研究，「已經漸漸超越了在歷史上尋找、添加女性的痕跡和表彰女性歷史貢獻的研究方式，更傾向於尋求性別角色、性別關係是如何構建起來的，在這個構建的過程中，女性、男性發揮了什麼作用，在經濟、政治、文化、社會中形成了怎樣的話語方式和結構。」[5]而在筆者看來，在中國基督教史研究領域，即令是對於精英女性基督徒而言，後世學者所作的「尋找」、「添加」和「表彰」的工作都還遠遠不夠，遑論處於社會中下層的更加邊緣化的普通女信徒。儘管呼籲加強中國基督教史研究中的中國女信徒研究之聲，常常不絕如縷，但是，多數學者也只是對此主題作短暫性的停留。西方乃至中國學術界，關於中國社會更為廣泛意義上的中國女性的研究正呈如火如荼之勢，而對中國女性基督徒研究則顯得相對勢單力孤。不僅如此，所謂的「尋找」、「添加」和「表彰」的工作，也僅局限吳貽芳、余慈度等少數女性基督徒。

3　張先清：〈從中西史料看清代前期的女性天主教徒〉，陶飛亞主編：《性別與歷史：近代中國婦女與基督教》（上海市：上海人民出版社，2006年），頁103。

4　李雯文：〈百年變遷中的守望——20世紀上海地區天主教修女的生活史〉，劉家峰主編：《離異與融會：中國基督徒與本色教會的興起》（上海市：上海人民出版社，2005年），頁373。

5　柳雨春：〈身體、文本、權力與日常經驗——歐美中國婦女史研究的新視野與新成果（2000-2013.7）〉，《史林》2014年第3期，頁178-184。

　　曾寶蓀作為曾國藩的長曾孫女，因為家學淵源、品德敦厚，被當時基督教界的刊物稱讚為中國女界坤範。[6]一九三五年八月，「合一」便在《通問報》上發表了〈曾文正公後裔中的基督徒〉一文，其在文中寫道：「曾文正公為清一代名人，道德文章素為國人所重，而公之後人皈主為基督徒者，約有數人焉。」並在重點稱讚了曾寶蓀的信仰與事蹟：「公之曾孫寶蓀女士，則更為我國基督教教育界一大名家也。女士留學英國，得碩士銜，歸而創辦藝芳女校於長沙，斥家產充經費，學風嚴正，著稱於時，增吾教之光榮不少也。」[7]曾寶蓀畢生致力於女性解放與教育事業，因而成為了倫敦大學西田書院全球五十大傑出校友，貝德士的《中國基督徒名錄》和《密勒士評論》所主持的《中國名人錄》也將其收錄其中。[8]曾寶蓀作為近代著名的女性基督徒領袖，不論是教育背景、宗教經驗，還是社會活動，都能在一定意義上反映近代女性基督徒知識分子在社會更迭中的境遇。撇開其家庭背景與教育經歷不言，曾寶蓀作為政府與教會代表，出席各大世界級會議，更是體現了一名女性基督徒精英的社會地位與文化雙重性。[9]從另一方面言之，因為她的身分與姓氏，時人甚至後世學者也不由

6　《中華基督教教育季刊》第5卷第2期（1929年6月）。

7　合一：〈曾文正公後裔中的基督徒〉，《通問報：耶穌教家庭新聞》第1651期（1935年8月），頁13。按：作者在文中關於曾廣鎔的論述存在明顯錯誤。

8　章開沅、馬敏主編：《社會轉型與教會大學》（武漢市：湖北教育出版社，1998年），頁397；"Who's Who in China", *The China Weekly Review (1923-1950)*, Mar 22, 1930, p. 146. 與曾寶蓀同載此期還有民國政治家莫德惠、華安人壽保險公司創始人呂岳泉和廈門大學校長林文慶等人；L. D. Cio, "Who's who among Chinese, leaders", *The China Christian Year Book*, 1936-1937, p.449.

9　關於文化雙重性，參見黃宗智：〈近現代中國和中國研究中的文化雙重性〉，《開放時代》2005年第4期，頁43-62。黃宗智在該文中指出，文化雙重性是指一個人對兩種不同文化的共時性參與，而文化雙重性不僅體現在一些傑出人物身上，而且還體現在一個長期的根本變化過程之中。

地常常感慨，曾國藩家族自詡為曾子後裔、孔門弟子，儒學、理學精深，竟然會出現曾寶蓀這種「背叛者」──受洗加入基督教，契合了某些學者或宗教人士大為提倡的儒耶對話主題，因而也自然而然地成為社會關注的焦點。美國學者康念德（Thomas L. Kennedy）在將《曾寶蓀回憶錄》翻譯成英文時甚至「擅自」給其添加了一個主標題「儒教女性主義者」（Confucian Feminist）。[10]

陶飛亞曾指出，目前中國基督教史研究的重點仍集中在女性基督徒身上，而非「女性主義和基於女性主體意識的研究」。然而，「隨著性別理論影響的擴大，中國基督教史的女性主題會可能擴展到中西文化相遇條件下基督教運動框架中的性別關係及其變遷。」[11]因此，曾寶蓀個人的生命史恰可作為整個民國時期中國基督徒女性精英人物的整體生態的剪影。曾寶蓀身為一名著名的平信徒，與外國差會，甚至與中國基督教會都保持相當的距離。同時，她又不同於宗教身分概念化的一般平信徒，曾氏對基督教相當熱忱，且神學修養相當之高。此外，作為獨身主義者的曾寶蓀畢生致力於中國女性解放，不論是倡辦教育還是以文字救婦女，都在一定程度上突破了基督教運動的框架，也淡化了宗教化的色彩。本文採用關注個人的生命史而非群體的立意，在於防止出現任意裁剪研究對象的生命歷程，陷入為過於凸顯群像而忽視個體特徵的尷尬處境。

---

10 Thomas L.Kennedy trans., *Confucian Feminist:Memoirs of Zeng Baosun (1893-1978)*, Philadelphia: American Philosophical Society, 2002.

11 陶飛亞：《性別視野中的中國基督教史研究》，劉詠聰主編：《性別視野中的中國歷史新貌》（北京市：社會科學文獻出版社，2012年），頁189。

二　學術史回顧

（一）關於曾寶蓀個人的研究

　　一九三五年，青年會邀請曾寶蓀、陳文淵和涂羽卿組成青年與宗教運動巡迴工作團。為了讓中國基督徒和青年學生更好地瞭解曾寶蓀，趙紫宸為曾寶蓀作傳，按照時序性，基本縷清了曾寶蓀前四十年的生平事蹟。[12]因此，該篇傳記為後人研究曾寶蓀提供了不少可信的史料。

　　共和國建國後以迄一九八〇年初，由於政治運動不斷以及社會環境的束縛，中國基督教史在大陸地區一直深受革命史觀和文化侵略範式的影響，使得更大範圍、更有深度的研究難以開展。自一九八〇年代後期起，中國基督教史研究漸次走向正軌，中國基督徒也日漸進入中國基督教史的研究視野。學界關於曾寶蓀之研究，主要在於兩方面：

　　其一，將曾寶蓀放置於曾國藩家族研究之中，作為研究主題的一個組成部分。孫尚揚對曾國藩家族的主要成員與基督教之關係，條分縷析，勾勒出了曾氏家族成員與基督教之間的糾葛互動，揭示出了政治革命與社會結構發生重大變動時，家族內部延續的心理常態會相應地產生一系列變動。[13]但對於曾寶蓀基督信仰主要側重於事實層面的梳理，缺少深層原因的挖掘，且部分史實存誤。石瀟純〈論曾國藩家族女性對曾氏家風的繼承與發揚〉一文，將曾寶蓀視為近代留學歸國、

12　〈曾寶蓀女士小傳〉，《益世報》，第6版，1935年9月30日；趙紫宸：〈曾寶蓀女士小傳〉，《真理與生命》第9卷第7期（1935年12月），頁392-297；趙紫宸著，燕京研究院編：《趙紫宸文集》（第三卷）（北京市：商務印書館，2003年）。

13　孫尚揚：〈曾國藩家族與基督教〉，《中國農業大學學報（社會科學版）》第26卷第1期（2009年3月），頁116-124。

服務桑梓的教育家，重點在於闡述曾寶蓀與藝芳女校辦校之成績。[14]

其二，是對曾寶蓀個人的研究，主要側重於論述她的教育思想和宗教信仰。劉新初、許遂龍〈終身未嫁的知名女教育家曾寶蓀〉、左持、羅紹志〈夢破空餘濁淚殘：記女教育家曾寶蓀〉以及柯倩婷〈諸教同理、力行證道——曾寶蓀的基督信仰與踐履之路〉三文，[15]同樣側重於對曾寶蓀一生的教育事蹟與人生軌跡的梳理，多事實陳述，且存在一定謬誤。成賽軍、石瀟純之〈曾寶蓀教育思想溯源〉一文，認為曾寶蓀教育思想的源流主要有三點，即曾氏家風的渲染薰陶、對基督教「心愛」與「力行」精神的吸納以及處於女性主體身分構建認同的需要。[16]其後，石瀟純和陽驍考察了藝芳女校的辦學特色，並適度挖掘了曾寶蓀關於女子教育的實踐經驗。[17]除此之外，王琳還曾試圖系統整理和分析曾寶蓀的教育思想，包括道德教育觀、生活教育觀、女性教育觀和文化教育觀等諸多方面。[18]

令人意想不到的是，曾寶蓀曾經因為參與龐德《七湖詩章》翻譯的中英文轉譯一事而進入後世學者的視野，此類研究當以錢兆明為代表。《七湖詩章》不僅僅將曾寶蓀與龐德連接起來，並逐漸成為研究龐德的一大熱點。關於龐德與曾寶蓀之交誼，當屬錢兆明、歐榮

---

14 石瀟純：〈論曾國藩家族女性對曾氏家風的繼承與發揚〉，《船山學刊》2012年第4期，頁69-74。

15 劉新初、許遂龍：〈終身未嫁的知名女教育家曾寶蓀〉，《湖南文史》2002年第6期，頁52-56。左持、羅紹志：〈夢破空餘濁淚殘：記女教育家曾寶蓀〉，《湖南黨史》1996年第2期，頁50-53；柯倩婷：〈諸教同理、力行證道——曾寶蓀的基督信仰與踐履之路〉，《書屋》2011年第2期，頁8-13。

16 成賽軍、石瀟純：〈曾寶蓀教育思想溯源〉，《湖南社會科學》2014年第1期，頁245-247。

17 石瀟純、陽驍：〈論「藝芳模式」與曾寶蓀的女子教育實踐〉，《湖南科技大學學報（社會科學版）》2016年第5期，頁177-181。

18 王琳：《曾寶蓀教育思想研究》（成都市：西華師範大學碩士論文，2016年）。

〈《七湖詩章》：龐德與曾寶蓀的合作奇緣〉一文最為精到，[19]全文詳細考證了龐德與曾寶蓀兩人於一九二八年在義大利瑞帕洛城的關於「瀟湘八景」詩文轉譯的合作奇緣。而此次合作給龐德也留下了深刻的印象，甚至一度想再度與曾寶蓀取得聯繫。[20]其後，錢兆明又以「相關文化圈內人」的角度，重新梳理了曾寶蓀的生平以及翻譯《七湖詩章》的活動。[21]

在海外地區的研究，則首推賈惠宜（Winifred. Galbraith）。賈氏曾任長沙藝芳女校的教員，對於曾寶蓀及藝芳女校瞭解甚深。她在藝芳女校第一次毀校之後不久，即在《教務雜誌》上發文介紹曾寶蓀及藝芳女校，向英語世界宣傳與推薦曾寶蓀及藝芳女校對於中國基督教女子教育事業的貢獻。[22]此外，賈氏還與一眾好友編輯書目介紹四位信靠主的傑出信徒，其中賈氏所撰寫之《曾寶蓀：一位中國教師的人生經歷》，對於曾寶蓀做了一個概要性的介紹。[23]一九八六年，臺灣國史館出版《國史館現藏民國人物傳記史料彙編》一書，不過僅限於對曾寶蓀個人生平作一簡要概述，與賈惠宜所作之傳記並無太大差別，學術性也不及趙紫宸所作之《曾寶蓀女士小傳》。[24]在此不得不指出的

---

19 錢兆明、歐榮：〈《七湖詩章》：龐德與曾寶蓀的合作奇緣〉，《中國比較文學》2012年第1期，頁90-101。

20 參見Qian Zhaoming, *Ezra Pound's Chinese Friends: Stories in Letters*, Oxford: Oxford University Press, 2008.

21 錢兆明：〈龐德〈第49詩章〉背後的「相關文化圈內人」〉，《外國文學評論》2017年第1期，頁91-102。

22 *Winifred. Galbraith*, "An Experiment In Christian Education", *The Chinese Recorder*, Vol.58, No.7 (Jul.1927), pp.425-430.

23 Mellor Eleanor G.; Fraser Agnes R; Galbraith Winifrde; Eardley Vera, *Victory: There Followed Him Women*, The Cargate Press, U. K., 1936.

24 國史館編著：《國史館現藏民國人物傳記史料彙編》（第一輯）（臺北市：華岡印刷廠，1988年），頁492-495。

是，在曾寶蓀病逝之後，寓臺弟子及友人紛紛撰文紀念曾寶蓀。曾寶蓀治喪委員會還編輯出版了《曾寶蓀女士紀念集》一書，書中包括蔣經國、嚴家淦等人的題輓，曾寶蓀個人生活剪影、身後哀榮、行述、專欄報導及紀念文、曾寶蓀詩文等部分，無疑豐富了後世學者的研究史料。[25]

儘管郭佩蘭是從更為宏觀的角度思考中國婦女與基督教的關係，但因曾寶蓀是近代中國女新基督徒的重要代表且畢生致力於婦女問題，故而郭氏對曾寶蓀亦著墨較多。[26]而簡·亨特（Jane Hunt）在其代表作《優雅的福音：20世紀初的在華美國女傳教士》一書中，以曾寶蓀、蔡淑娟、黃盧隱三人為個案，探討二十世紀初期出身官宦家庭且就讀於教會女校的的女子，「在世紀之交歸信基督教和傳教經歷對於中國女性有著怎樣的意義」，以及「教會學校是如何適應了中國社會結構，而皈依基督教又如何反應和影響了這些中國女孩與家庭、政治文化的關係。」[27]

由於《曾寶蓀回憶錄》一書極富價值，故而華盛頓大學康念德教授則於二○○二年將此書譯成英文出版。[28]康氏在不僅僅在英譯本中為曾寶蓀製作了年譜，還在譯者導讀部分，將曾寶蓀與毛澤東作比

---

25 曾寶蓀治喪委員會主編：《曾寶蓀女士紀念集》（臺北市：曾寶蓀治喪委員會印行，1978年）。

26 Pui-lan Kowk, *Chinese Women and Christianity: 1860-1927*, Ph.D, Harvard University, Cambridge, Massachusetts, 1989.

27 〔美〕亨特著，李娟譯：《優雅的福音：20世紀初的在華美國女傳教士》（北京市：生活·讀書·新知三聯書店，2014年），頁264、269。

28 Thomas L. Kennedy trans., *Confucian Feminist:Memoirs of Zeng Baosun (1893-1978)*, Philadelphia: American Philosophical Society, 2002.按：康念德還將曾紀芬的《崇德老人自訂年譜》翻譯成英文，參見Thomas L. Kennedy trans., Thomas L. and Micki Kennedy (eds.), *Testimony of a Confucian Women: The Autobiography of Mrs Nie Zeng Jifen, 1852-1942*, Athens and London: The University of Georgia Press, 1993.

較，並進一步指出曾寶蓀儘管出身於一個顯赫的家庭，接受西方教
育，卻在儒耶之間尋求對話。曾寶蓀不僅僅是中國女校現代教育的先
驅，還致力於尋求國家獨立，甚至在國內或國際場合宣揚基督教價值
與男女平等，但仍然難以為後人所知。而康念德卻認為：「但是她的
一生，尤其是因為他們的未來不甚明確而盡力與過去達成一種妥協的
經驗，已經吸引了全世界中國讀者的注意力。」[29]康念德一直都在強
調湖南的鄉土社會和曾國藩家族的儒教傳統對曾寶蓀個人性格的影
響，並指出：

> 貫穿其一生的那些價值觀——歷久彌堅的信仰在改善人類環境
> 的教育、提升女性地位、適度的政治和社會變革等方面的作
> 用——都源自於其早期的教育。自二十世紀二〇年代至其離
> 世，這些早年間形成的價值觀在其一生所遭際的國內外環境中
> 反復得到檢驗。[30]

而康念德在譯後記部分從曾寶蓀的家族背景出發，在儒教與基督教之
間展開了對話，並以女權主義為皈依而將其定義為一位「儒教女權主
義者」。此外，康氏還於二〇〇二年發表了一篇關於曾寶蓀生平與哲
學思想的文章。[31]
　　美國學者畢樂思與李可柔在其所合編著的《光與鹽》（第二卷）

---

29 Thomas L. Kennedy trans., *Confucian Feminist:Memoirs of Zeng Baosun (1893-1978)*,
Philadelphia: American Philosophical Society, 2002, xi.

30 Thomas L. Kennedy trans., *Confucian Feminist:Memoirs of Zeng Baosun (1893-1978)*,
Philadelphia: American Philosophical Society, 2002, xii.

31 按：目前僅知道康念德教授在二〇〇二年六月西華盛頓大學舉辦的美國亞洲研究學
會環太平洋會議年會上（The Annual Meeting of the Pacific Coast Conference of the
Association for Asian Studies）提交此文章，但至今未得此篇論文。參見http://libarts.
wsu.edu/history/faculty-staff/emeritus.asp，2015年5月18日。

中將曾寶蓀定義為「秉持基督精神，弘揚中華文化的教育家」，[32]並將曾寶蓀的一生用極簡要的文字概括出來了，包括一生所經歷的幾個重要階段及大事。畢樂思充分利用了西文資料，包括康念德教授《曾寶蓀回憶錄》的英譯本，以及倫敦大學瑪麗女王學院（Queen Mary University of London）的檔案（書信以及照片），對於不斷豐富曾寶蓀的研究史料，補充《曾寶蓀回憶錄》遺漏部分作用甚大。

奧地利學者雷立柏（Leopold Leeb）在《論基督的大與小：1900-1950年華人知識分子眼中的基督教》一書中主要探討了二十世紀上半葉的華人知識分子與基督教的關係，全書涉及知識分子達三十六人，曾寶蓀也是僅有的兩名女性基督徒之一（另外一名是天主教徒蘇雪林），雷氏基於《實驗宗教學教程》一書而將曾寶蓀定為「也許是華夏第一位受過比較高級的神學訓練的女神學家」。[33]因為徐光啟的孫女徐甘第大（Candida Xu, 1607-1680）儘管也有深厚且廣博的基督教思想，甚至成為該時期支持傳教活動的楷模，但並未確定曾經是否留下神學著作。[34]儘管這個稱呼不一定能得到學界或基督教界內的普遍認可，但至少由此可以看出曾寶蓀在近代中國基督教歷史上的作用與影響。

（二）關於華人女性基督徒的研究

在關於中國天主教研究領域，康志傑指出「學人多把研究的關注點放在歐美傳教士群體；中國基督徒，特別是女信徒作為主角極少。

---

32 〔美〕李可柔博士（Dr.Carol Lee Hamrin）、畢樂思（Stacey Bieler）編著，彭萃安、李亞丁、王文宗、楊海利譯：《光與鹽》（第二卷）（北京市：團結出版社，2014年），頁121-147。

33 〔奧地利〕雷立柏（Leopold Leeb）：《論基督的大與小：1900-1950年華人知識分子眼中的基督教》（北京市：社會科學文獻出版社，2000年），頁126。

34 〔法〕沙百里著，耿昇、鄭德弟譯：《中國基督徒史》（北京市：中國社會科學出版社，1998年），頁112-119。

在林林總總的文獻資料中，平信徒經常被演繹成一串串冰冷的資料。」[35]儘管關於中國本土女性基督徒的研究尚未引起足夠的重視，仍然有部分學者涉足於此並作出了有意義的嘗試。法國漢學家沙百里曾在相當程度上突破了傳統宗教傳播史的研究路徑與框架，凸顯了中國基督徒自身的歷史，正如他所說：「儘管論述中國基督教史的著作已卷帙浩繁。在大部分情況下，這類著作始終是指傳教史。外國傳教士們在那裡占據了前臺。中國基督徒往往被當做配角對待，完全是在幕後活動的⋯⋯最好應該是再次將中心轉向中國人本身一方。」[36]

郭佩蘭在其博士論文《中國婦女與基督教：1860-1927》中，以美國差會檔案及中國婦女作品為原始史料，從華人女性的角度出發，將她們的經歷與更大範圍的婦女運動連為一體。文章認為在教會內部和差會學校平等關係的形成以及領導能力的提升，使得華人女性基督徒開始進入公共領域，包括天足、醫療、教育和政治。而中國婦女與基督教的關係隨著時間而變化，並且遠遠要比此前的研究所揭示的複雜，女信徒意識的覺醒在相當大程度上受全國範圍的女權運動的影響。男女平等觀念使得女信徒自己意識到教會內部的性別歧視，而非基運動對基督教的批評也促使她們從事基督教內的女權運動。[37]

關於女人女性基督徒個案研究，在此需要先概述《光與鹽》系列叢書，該書側重於梳理中國近代史上的著名基督徒的生平事蹟。《光與鹽》所收錄的女性基督徒有吳貽芳、丁淑靜、石美玉、林巧稚、曾寶蓀、王立明，該書對於她們的生平及主要事蹟都作了一番簡要介

---

35 康志傑：《基督的新娘：中國天主教貞女研究》（北京市：中國社會科學文獻出版社，2013年），頁370。

36 〔法〕沙百里著，耿昇、鄭德弟譯：《中國基督徒史》（北京市：中國社會科學出版社，1998年），頁2。

37 Pui-lan Kowk, *Chinese Women and Christianity: 1860-1927*, Ph.D., Harvard University, Cambridge, Massachusetts, 1989.

紹，並為後人之研究提供了一定的史料。[38]以上諸人，研究最為豐富的當屬吳貽芳。吳梓明從心理學的角度入手，借用美國哈佛大學心理學家艾力遜（Eric Erikson）的「人生成長八階段」理論，嘗試從正常經驗的角度看宗教信仰與個人成長的關係，以此檢視基督教信仰對吳貽芳的成長、工作以及人生態度所產生的影響。[39]而其他論著則多側重於吳貽芳與金陵大學的社會變遷及吳氏的教育思想等。[40]楊笛則以金陵女子大學畢業生吳貽芳、徐亦蓁、毛彥文和鄔靜怡四人為個案，分別展現了民國時期女性精英生命的不同維度，尤其是面對婚姻與事業兩難的處境之下知識女性的艱難抉擇以及內生性的女性解放。[41]李淨昉側重於以劉王立明為個案，如何將基督教信仰與婦女解放相結合，宣導女性獨立，婦女解放，推動中國婦女節制運動的發展。[42]而包克強（John Stawart Barwick）也曾在其文章中對王立明有所涉及。[43]美

38 參見〔美〕李可柔（Dr.Carol Lee Hamrin）、畢樂思（Stacey Bieler）編，單傳航、王文宗、劉紅譯：《光與鹽》（第一卷）（北京市：中國檔案出版社，2009年）；〔美〕李可柔（Dr.Carol Lee Hamrin）、畢樂思（Stacey Bieler）編，彭萃安、李亞丁、王文宗、楊海利譯：《光與鹽》（第二卷）（北京市：團結出版社，2014年）。

39 吳梓明：〈從吳貽芳個案看個人成長與宗教信仰〉，陶飛亞主編：《性別與歷史：近代中國婦女與基督教》，（上海市：上海人民出版社，2006年），頁105-125。

40 參見王奇生：〈金陵女子大學校長吳貽芳〉，吳梓明主編：《基督教大學華人校長研究》（福州市：福建教育出版社，2001年），頁192-204；程思輝、孫海英：《厚生務實，巾幗楷模——金陵女子大學校長吳貽芳》（濟南市：山東教育出版社，2004年）；金一虹：《吳貽芳的教育思想與實踐》（南京市：江蘇人民出版社，2005年）；Mary Jo Waelchli, *Abundant Life: Matilda Thurston, Wu Yifang and Ginling College, 1915-1951*, Ph.D., The Ohio University, 2002等等。

41 楊笛：《在婚姻與事業之間——以四位金女大學生的傳記為中心》（南京市：南京大學博士學位論文，2012年）。

42 李淨昉：〈劉王立明與民國時期中國婦女節制運動〉，《史林》2008年第5期，頁120-127。

43 包克強：〈西方宣教機構，中國基督徒精英，與民國公共領域的建造〉，李靈、李向平主編：《基督教與社會公共領域》（上海市：上海人民出版社，2012年），頁158-160。

國學者韓起瀾（Emily Honig）在〈基督教、女性主義與共產主義：鄧裕志的生平及其時代〉一文，旨在探討中華基督教女青年會總幹事鄧裕志一生之中基督教、女性主義與共產主義三者之間的關係，以及鄧氏自身身分的確定與內心的糾葛。[44]黃慧賢（Wong Wai-yin Christina）則以鄧裕志與吳耀宗兩人為切入點，探討他們一九三〇年代的救亡運動中的角色與參與。[45]

褚季能曾在《東方雜誌》上刊文，詳細介紹了康愛德、石美玉、許金訇和金雅妹四人生平事蹟，高度評價了四人留學經歷及歸國後的成績，呼籲婦女解放，構建新式女性。[46]孫石月曾在《近代中國女子留學史》一書中也曾對上述四位留學生作過一些介紹，但語焉不詳。[47]查時傑《中國基督教人物小傳》將石美玉和康愛德的生平作了一些梳理，同樣相對比較簡單。[48]隨後，希曼（Connie Anne. Shemo）以二人為研究物件，所撰寫之博士論文《「一支婦女的部隊」：康成和石美玉的醫療傳教，1873-1937》，重點闡釋了中美文化互動中權力關係的複雜性，揭示了文化雙重性者通過跨越國界，強調流動性以及注重適應的過程。作者認為石美玉和康愛德兩人整合了美國女性的福音派政治文化和中國民族主義改革者的雄辯之詞，以此建構出了一幅中國女

---

44 Emily Honig, "Christianity, Feminism and Communism: The Life and Times of Deng Yuzhi", Daniel H. Bays ed., *Christianity in China: From the Eighteenth Century to the Present*, Stanford University Press, 1996, pp.243-262.

45 Wong Wai-yin Christina, *"Expending Social Networks: A Case Study of Cora Deng and Y. T. Wu on Their Roles and Participation in the National Salvation Movement in 1930s China"*,邢福增主編：《大時代的宗教信仰：吳耀宗與二十世紀的中國的基督教》（香港：基督教中國宗教文化出版社，2011年），頁291-340。

46 褚季能：〈甲午戰前四位女留學生〉，《東方雜誌》，第31卷第11號（1934年6月），頁10-14。

47 孫石月：《近代中國女子留學史》（北京市：中國和平出版社，1995年），頁43-50。

48 查時傑：《中國基督徒人物小傳》（臺北市：中華福音神學院出版社，1983年），頁91-100。

性基督徒參與創建富強國家的藍圖。[49]該文無論是在史料，還是在立論方便，皆堪稱經典。此外，胡纓通過對梁啟超〈記江西康女士〉一文和基督教會檔案中關於不同時期康愛德的文本解讀，揭示了近代歷史書寫與性別觀念之間的關係。[50]楊宏認為，石美玉和康愛德兩人學成歸國之時，適逢維新派宣導女性解放，故而梁啟超等人借助報刊對其進行宣傳，以求塑造建構出一種新型的婦女觀。[51]曹媛媛在比較詳盡地考證了許金訇生平的基礎上，並進一步指出，許氏主持過嶺後婦幼醫院和媧氏紀念醫院，對福州地區的醫療衛生事業，作出了相當的貢獻。此外，曹文將許金訇放在整個女性逐漸啟蒙與解放的時代背景下，具體闡釋了許氏作為覺醒的新女性，參與社會公共活動，實現由「教會人」向「社會人」的轉變。[52]

關於二十世紀初期中國著名女布道家余慈度的研究，吳秀良〈余慈度（1873-1931）：20世紀中國復興運動中的首位女傳道家〉一文，使讀者得以瞭解余慈度早年的宗教經驗、求學經歷，乃至福音布道的大致過程。而後吳秀良為余慈度作傳，著重介紹余慈度的屬靈經歷和奮興布道活動，藉以探討二十世紀初中國教會復興的內在因素。[53]此

---

49 Connie Anne. Shemo, *"An Army of Women": The Medical Ministries of Kang Cheng and Shi Meiyu, 1873-1937*, Ph.D., State University of New York at Binghamton, 2002.

50 胡纓：〈歷史書寫與新女性形象的初立：從梁啟超《記江西康女士》一文談起〉，《近代中國婦女史研究》第9期（2001年8月），頁1-29。

51 楊宏：〈中國新型女性形象的構畫：從維新報刊對康愛德、石美玉的描繪說起〉，中國社科院近代史編：《中國社會科學院近代史研究所青年學術論壇：2007年卷》（北京市：社會科學文獻出版社，2009年），頁257-273。

52 曹媛媛：《福建歷史上首位女西醫許金訇研究》（福州市：福建師範大學碩士學位論文，2014年）。

53 Silas H. L. Wu, "Dora Yu (1873-1931): Foremost Female Evangelist in Twentieth-Century Chinese Revivalism", Dana L.Robert ed., *Gospel Bearers, Gender Bearers:Missionary Women in the Twentieth Century*, Meryknoll, New York: Orbis Books, 2002, pp.85-98; 吳秀良：《余慈度傳》（北京市：九州出版社，2012年）。

外，還有梁家麟關於二十世紀上半葉的中國女奮興布道家以及王成勉
關於二十世紀初期女基督徒傳記的研究。[54]陶飛亞在關於中國的基督
教烏托邦——耶穌家庭的研究中，有專文通過以左順真和陳碧璽為個
案，借助比較不同時段的文本史料和口述史料來探討耶穌家庭中婦女
信徒之間在共和國初期的控訴運動中的衝突。[55]

關於天主教女性個案的研究，目前學界研究較為成熟的是徐甘第
大。沙百里在《中國基督教徒史》一書中為徐光啟孫女專闢一章，介
紹其宗教活動，尤其是對神父傳教事業的支持，展現了一名社會上層
女性天主教徒的生存狀態。[56]其實，此前已有柏應理為徐甘第大作
傳，不過意在傳教和弘教，即「傳之西土，使彼都人循覽深省。知我
中國昭事之誠，閨閣中亦有豐功偉烈，足以感發人心者。」[57]另外，
King Gail也長期致力於徐甘第大的研究，不僅縷清徐甘第大的生平事
蹟，也試圖以徐甘第大為個案透視中國十七世紀天主教在華的具體概
況。[58]周萍萍也在《明清之際天主教三位女信徒》一文中，介紹了楊
廷筠的女兒阿格奈斯、佟國器的夫人阿加斯和徐光啟的孫女甘第大三
人的生平，並進一步指出她們三人繼承了明末天主教「三大柱石」的

---

54 梁家麟：〈二十世紀上半葉中國女奮興布道家〉，氏著：《華人傳道與奮興布道家》
（香港：建道神學院，1999年），頁92-163；王成勉：〈建立女基督徒的典範——二
十世紀初期女基督徒傳記之研究〉，李金強、吳梓明、邢福增等編：《自西徂東——
基督教來華二百年論集》（香港：基督教文藝出版社，2009年），頁753-766。

55 陶飛亞：〈衝突的解釋：耶穌家庭中女基督徒的控訴〉，氏著：《邊緣的歷史：基督
教與近代中國》（上海市：上海古籍出版社，2005年），頁257-276。

56 〔法〕沙百里著，耿昇、鄭德弟譯：《中國基督徒史》（北京市：中國社會科學出版
社，1998年），頁112-119。

57 柏應理著，許采白譯：〈序〉，《許太夫人傳略》（上海市：土山灣印書館，1927年），
頁10。

58 King Gail, "Couplet's Biography of Madame Candida Xu (1607-1680)", *Sino-Western
Cultural Relations Journal*, 18, 1996; King Gail, "Candida Xu and the Growth of
Christianity in China in the Seventeenth Century", *Monumenta Serica*, 46, 1998.

遺產，繼續推動天主教在華的發展，堪稱是眾多中國女教徒的代表。
當然，作者也坦誠，由於資料有限，無法對三位女教徒進行更加深入
的研究。更不用說那些更為普通的女信徒，她們甚至連名字都未曾留
下，悄無聲息地湮沒於歷史的長河之中。[59]

　　隨著學術界關於中國史學視角的下移，底層婦女也逐漸進入研究
者的研究視野。關於女性徒群體的研究，比較成熟的當屬關於天主教
貞女群體的研究。較早的是鄢華陽（Robert Entenmann）關於四川地區
貞女群體的研究，不僅展現了十八世紀四川地區貞女群體對基督教信
仰的忠誠，也勾勒出了貞女群體對基督教傳播所作之貢獻，在一定程
度上改變了中國女信徒邊緣化的尷尬處境。[60]康志傑《基督的新娘：
中國天主教貞女研究》一書對天主教貞女作出了扎實詳盡的研究，不
僅梳理了天主教貞女的發展歷程，還將貞女群體與教案結合起來，使
這一長期被忽視而無法發聲的群體有些許發聲的機會與可能。[61]此外，
張先清、周萍萍、秦和平等人也對貞女有一定的研究。[62]李紀利用其

---

59 周萍萍：〈明清之際天主教三位女信徒〉，《世界宗教文化》2008年第2期，頁38-60。

60 Robert Entenmann, "Christian Virgins in Eighteenth-Century Sichuan", Daniel H. Bays
   eds., *Christianity in China: From the Eighteen Century to the Present*, Stanford :Stanford
   University Press, 1996, pp.180-193.

61 康志傑：《基督的新娘：中國天主教貞女研究》（北京市：中國社會科學出版社，
   2013年）。

62 張先清：《官府、宗族與天主教：明清時期閩東福安的鄉村教會發展》（廈門市：廈
   門大學博士學位論文，2003年）；張先清：〈貞潔故事：近代閩東福安的天主教守貞
   女群體與地域化〉，劉家峰主編：《離異與融會：中國基督徒與本色教會的興起》（上
   海市：上海人民出版社，2005年），頁351-370；康志傑：〈被模塑成功的女性角色——
   明末以後天主教貞女研究〉，陶飛亞主編：《性別與歷史：近代中國婦女與基督教》
   （上海市：上海人民出版社，2006年），頁126-154；湯琳：《中國明清時期的天主教
   貞女》（上海市：上海師範大學碩士學位論文，2013年）；周萍萍：〈明末清初的天
   主教貞女群體〉，《江蘇社會科學》2010年第6期，頁196-199；秦和平：〈關於清代川
   黔等地天主教童貞女的認識〉，《四川大學學報（哲學社會科學版）》2004年第6期，

在巴黎外方傳教會所發現的三封中國婦女信徒所寫的中文書信，並以
此為基礎，基於對文本的分析，推進了東北天主教女信徒的研究，有
助於理解天主教如何影響身處鄉村社會的中國普通教徒。[63]周萍萍、
劉鼎寅則主要分析了明清之際中國天主教女信徒入教的困境以及入教
的動機。[64]另外，周萍萍的博士論文主要探討了明清時期耶穌會與江
南地區地層百姓與婦女信徒之間互動關係。[65]

新教方面，薛伊君的碩士論文《中國基督教婦女生活的研究
（1900-1937）》著力於展現庚子至抗戰爆發之前中國女性基督徒在宗
教與婦女關係上的掙扎，以及基督教對中國女性基督徒的個人生活、
宗教信仰乃至公共空間所產生的影響，認為基督教有利於中國近代的
女性解放運動。全文從四個角度切入：女信徒的婚姻、家庭生活；女
信徒的宗教生活；教會學校的女子教育；女信徒的社會福利與改革事
業，以此說明教會婦女仍是處在中國禮教傳統與西方基督宗教傳統對
家庭結構、兩性關係等不同準則與期待的夾縫中，尋求自己的性別自
由與事業出路。[66]鍾瓊文（Mary Keng Mun Chung）以一種跨文化的
研究視角探討基督教牧職的中國女性，儘管該書並不能稱作是純粹的
歷史學專著，但其歷史學、神學和社會學的跨學科結合的研究方法，
更有利於闡述教會內部影響女性地位的神學與文化因素，甚至更加客

頁110-119；Eugennio Menegon, *Child Bodies, Blessed Bodies: The Contest Between Confucian Chastity and Christian Virginity*, Nan Nu 6, No.2 (2004), pp.177-240.

63 李紀：〈信仰、性別、表達：杜氏書信與19世紀東北天主教研究〉，《清華大學學報
（哲學社會科學版）》2014年第2期，頁5-14。

64 周萍萍、劉鼎寅：〈明清之際的天主教女信徒研究〉，《雲南社會科學》2008年第3
期，頁143-147。

65 周萍萍：《明清間入華耶穌會士與江南信徒——以平民百姓和婦女為研究中心》（南
京市：南京大學博士學位論文，2000年）。

66 薛伊君：《中國基督教婦女生活的研究（1900-1937）》（嘉義市：國立中正大學歷史
學研究所碩士學位論文，1999年）。

觀、全面評價基督教新教對中國女性的影響。[67]徐炳三《民國時期福州基督教女信徒研究（1912-1949）》與〈從近代福州基督教會看女信徒的教會地位〉兩文，針對整個西學東漸的社會變革的大背景，全文對福州基督教會女信徒進行了比較詳盡地考察，指出了福州女信徒作為一個特殊的群體對福州地區教會的發展和民國社會的進步所作的貢獻。[68]同為關於福州女信徒的研究，楊秀麗截取了數位福建地區的女信徒，展現了他們蒙受呼召、走出家門，而致力於傳布福音的一種社會群像。[69]魯珍晞對於晚清廣東地區客家婦女皈依基督教的經歷與經驗也進行了詳細的闡釋，而且文筆、體裁皆十分精彩。[70]胡衛清通過對嶺東地區女基督徒的研究指出，儘管從數量而言，女基督徒人數已然由少數變成了大多數，而且對基督教的傳播做了大量工作，但這依舊沒有改變教會內部由男性主導的基本格局，作為邊緣化群體的女基督徒依然處於「隱身」和「失語」的狀態，而教會內部的性別分工似乎悄然化解了此種性別衝突。[71]而蔡香玉關於潮汕地區福音姿娘的研究，揭示了在以男性人口流動性強的潮汕社會裡，留守女性在教會影響下的自主選擇，探討了宗教、婚姻和職業三個因素在女基督徒生活

67 Mary Keng Mun Chung, *Chinese Women in the Christian Ministry: An Intercultural Study,* New York: Peter Lang, 2005.

68 徐炳三：《民國時期福州基督教女信徒研究（1912-1949）》（福州市：福建師範大學碩士學位論文，2005年）；徐炳三：〈從近代福州基督教會看女信徒的教會地位〉，《宗教學研究》2007年第2期，頁210-215。

69 楊秀麗：《典範與模仿：清末民初的女傳教士與本地女信徒的對比研究（1877-1922）》（濟南市：山東大學碩士學位論文，2008年），頁38-50。

70 Jessie G. Lutz and R. Ray Lutz, *Hakka Chinese Confront Protestant Christianity, 1850-1900: with the Autobiographies of Eight Hakka Christians, and Commentary,* New York: M. E. Sharp, 1998.

71 胡衛清：〈苦難的模式：近代嶺東地區女基督徒的傳道與證道〉，陶飛亞主編：《性別與歷史：近代中國婦女與基督教》（上海市：上海人民出版社，2006年），頁283-303。

中所扮演的角色。[72]而尹翼婷博士論文《近代中國婦女宣教運動研究：以東方女子教育促進會和英國聖公會女部為中心》，雖不是專門研究中國女信徒的著作，但因其著力點在於外國女傳教士對中國婦女的宣教運動，故而亦可從側面瞭解中國女信徒的具體情況。[73]

二○○五年五月二十八日至二十九日，在上海大學召開「性別與歷史：近代婦女與基督教學術研討會」，是國內史學界首次以性別研究與基督教史為主體的研討會，主要探討了基督教組織中婦女及其社會生活與宗教生活，會後結集出版的《性別與歷史：近代中國婦女與基督教》一書也是至今大陸史學界關於中國女性基督徒研究方面難得的佳作。[74]在歐美學界，魯珍晞主編之論文集《華人女性基督徒的先驅——性別、基督教和社會流動性》是近年來海外學界關於中國婦女與基督教研究的典範之作，也是關於女信徒研究緩慢推進之後的難得成果，所收集之論文對於深化中國女性基督徒研究大有裨益。儘管此書所關注之對象大多是一九一九年以前的中國女性基督徒先驅，且旨在重塑中國早期女性基督徒在教會和社會中所扮演的角色，以及性別是如何影響她們對基督教義的理解和對自身事業的選擇，探求基督教和差會在女性解放中所扮演的角色，女信徒的國民身分認同乃至基督教事業的發展。[75]

---

72 蔡香玉：《堅忍與守望：近代韓江下游的福音姿娘》（北京市：生活・讀書・新知三聯書店，2014年）。

73 尹翼婷：《近代中國婦女宣教運動研究：以東方女子教育促進會和英國聖公會女部為中心》（濟南市：山東大學博士學位論文，2013年）。

74 陶飛亞主編：《性別與歷史：近代中國婦女與基督教》（上海市：上海人民出版社，2006年），頁12-13。

75 Jessie G. Lutz (ed.), *Pioneer Chinese Christian Women—Gender, Christianity, and Social Mobility*, Bethlehem: Lehigh University Press, 2010.

（三）關於基督徒身分的研究

一直以來，基督徒的身分問題，都是困擾中國基督徒的核心問題。為此，吳義雄曾指出：「對基督徒來說，如何界定自己的身分，決定著他們如何看待和處理與國家及社會之間的關係；對國家政權和社會大眾來說，如何看待基督徒的身分，則決定著他們對這一特殊群體的政策和態度。」[76]高師寧也提出過相似的看法：「基督徒對於自己的信仰身分認同有一個順序：中國人——基督徒——中國基督徒。」[77]以往學界關於基督徒身分問題的研究多從社會學的角度切入，其中尤以楊鳳崗為代表，他認為華人、美國人和基督徒三種身分之間存在著不同的融合模式，分別是部分整合（fragmentary integration）、融合整合（fusive integration）和複合整合（adhesive integration）。[78]但是，以歷史學的視角，探討中國歷史上基督徒的身分問題的論著則相對較少。

首先需要指出的是關於明清天主教徒身分的研究，黃一農曾以「兩頭蛇」一詞對明清天主教徒的身分進行了非常形象的概括與描述。[79]康志傑關於中國天主教貞女群體的研究之中，以基督徒、女性、獨身者三個維度，來探討天主教貞女的多重身分。[80]鄧常春在對晚清基督徒身分的分析與論述之中指出，晚清中國教民不僅在民教衝

76 吳義雄：〈信耶穌的國民：民族主義與1920年代中國基督徒的身分問題〉，《安徽大學學報（哲學社會科學版）》2013年第5期，頁104。

77 高師寧：〈中國基督徒是自我身分認同〉，許志偉主編：《基督教思想評論》（第15輯）（上海市：上海人民出版社，2012年），頁197。

78 〔美〕楊鳳崗著，默言譯：《皈信・同化・疊合身分認同：北美華人基督徒研究》（北京市：民族出版社，2008年）。

79 黃一農：《兩頭蛇：明末清初的第一代天主教徒》（上海市：上海古籍出版社，2015年）。

80 康志傑：《基督的新娘：中國天主教貞女研究》（北京市：中國社會科學文獻出版社，2013年），頁356-362。

突中扮演著重要的角色，甚至正由於其夾在華洋之間的尷尬身分，「在平民眼裡，教民是沾了『洋』氣的『二毛子』；在官方眼裡，教民是疏離大清的的另類百姓；在洋人眼裡，教民則是官府應該一視同仁，一體保護的大清子民。」[81]不過，自民國以後，「教民一詞漸漸消失，而代之以教徒之稱謂，其身分也僅僅指明其宗教信仰而不復承載許多社會含義。」[82]與此類似，楊雄威認為：「晚清民教之間的畛域一定程度上是由官紳通過對教民的敵對身分建構而實現的。」[83]

但到了民國時期，中國基督徒的身分特徵，多以職業劃分：教員、醫護工作人員、教會人員，少量的參政者或律師或商人等。當然，大多數時候，他們的身分是統屬於中國基督徒這個大的身分之內。正如楊念群所言：「二十世紀中國基督徒在劇烈變動的時代風潮的擠壓催迫下，必須獨立解決『文化身分認同』、『社會認同』和『政治認同』等多項問題。」[84]與此相似，吳義雄基於一九二○年代中國的民族主義背景之下，探討中國基督徒的政治身分問題，並以教會學校立案問題和國民黨黨化教育問題為例，展現了教會與國家和社會之間的衝突。[85]何慶昌聚焦於一九五○至六○年代華人的離散處境，以謝扶雅為個案，探討謝氏一九四九年以後在離散處境中透過與海外華人知識分子和基督徒社群的交流，得以拓展其關於「華人」和「基督

---

81 鄧常春：〈晚清教民的尷尬身分：「二毛子」、另類百姓、大清子民〉，《西南民族大學學報（人文社科版）》第177期（2006年5月），頁217。

82 鄧常春：〈晚清教民的尷尬身分：「二毛子」、另類百姓、大清子民〉，《西南民族大學學報（人文社科版）》第177期（2006年5月），頁221。

83 楊雄威：〈教民敵對身分建構與晚清民教畛域〉，《宗教學研究》2013年第4期，頁220。

84 楊念群：〈「社會福音派」與中國基督教鄉村建設運動的理論與組織基礎〉，王曉朝、楊熙楠主編：《信仰與社會》（南寧市：廣西師範大學出版社，2006年），頁22。

85 吳義雄：〈信耶穌的國民：民族主義與1920年代中國基督徒的身分問題〉，《安徽大學學報（哲學社會科學版）》2013年第5期，頁104-113。

徒」身分的離散視野，有助於形成自身的離散身分和強化非地域化身分的理解與表述，揭示了這位身兼離散華人和華人基督徒身分的知識分子背後的思想如何在歷史處境中做出貢獻。[86]

三　研究的創新與難點

在近代中國，如何定義基督徒的身分，一直都是一大難題。因為對於基督徒而言，「如何界定自己的身分，決定著他們如何看待和處理與國家及社會之間的關係；對國家政權和社會大眾來說，如何看待基督徒的身分，則決定著他們對這一特殊群體的政策和態度。」[87]而研究基督徒身分的論著多是從社會學角度論述當代基督徒在公民社會中如何處理宗教身分與公民身分的雙重處境。當然，也有部分社會學或人類學學者在關注海外移民基督徒群體時，亦會指出其移民、教徒和公民三者之間的衝突與調適。對於近代中國基督徒身分的論述，以往史學界也都從民族主義的視角出發，論述基督徒的公民與教民的雙重身分。但是，以上研究卻忽視了中國作為一個宗法社會的獨特國情，即基督徒在家族內部，尤其是在整個家族中基督徒成員占少數的情況下，基督徒的宗族身分應該如何書寫也是相當關鍵的。不可忽視的是，在近代中國的女性解放運動之中，女性基督徒精英是整個運動中最早的受益者，並在相當大程度上參與和領導了這場運動。因此，在筆者看來，研究中國女性基督徒，必須理性處理女性基督徒在家

---

86 何慶昌：《1950-1960年代離散中華人基督徒身分的建構——以謝扶雅（1892-1991）為個案的研究》（香港：香港中文大學哲學博士學位論文，2006年）。按：何慶昌後以博士論文為基礎出版成書，參見何慶昌：《離散中的基督徒身分建構——謝扶雅思想歷程》（新北市：臺灣基督教文藝出版社有限公司，2013年）。

87 吳義雄：〈信耶穌的國民：民族主義與1920年代中國基督徒的身分問題〉，《安徽大學學報（哲學社會科學版）》2013年第5期，頁104。

族、教會內部、性別差異，乃至世俗社會中的位置，方能比較全面客觀地再現中國女性基督徒的社會處境。此外，學界以往多關注基督徒的身分認同問題，認為基督徒在面對自身的多重身分的問題時，總是盡力嘗試去調適諸種身分之間的尷尬。但不可否認的是，在某些基督徒看來，基督徒身分與中國人身分天然地融合在一起，根本沒有必要在民族——國家的建構之下，強行塑造出一種對立的身分衝突。

　　儘管學術界已經有數篇關於中國女性基督徒（主要是指女性精英）的學術論著，但中國女性基督徒作為一個人數相當龐大的群體，顯然不是幾個個案就能將其概述，應該正視其在近代中國歷史上的多面性與豐富性。從個案入手，從個別至一般，逐步推進中國女性基督徒的研究，對婦女史研究合中國基督教史的研究大有裨益。從整體上而言，以往學界關於曾寶蓀之研究，大都並非針對曾寶蓀個人的專門研究，只是在其試圖要解決的問題中提及曾寶蓀。因此，論述之處，大都比較粗淺，或概論式的勾勒曾寶蓀作為民國時期著名的女性基督徒領袖所反映出的時代問題。因此，進一步推動關於中國女性基督徒的個案研究，從以男性為主的或宏大敘事的中國基督教史的研究視角中抽離出來，弱化傳統意義上的中國基督教史的時代分期，以個體生命史為斷代的基本依據，對個案進行精細化的研究，對於推動中國基督教史的研究仍有一定的意義。

　　以性別而論，在中國基督教史研究領域中，不論是關於女信徒群體還是個案的研究，顯然不能與男性相提並論。陶飛亞曾意指出中國婦女基督徒研究未來可以著力的三個方面，即個人與群體的研究；女基督徒的信仰特色；女基督徒的身分與社會生活。[88]本文之立意即在於對上述三個方面作出一些回應，曾寶蓀在近代中國社會與教會內部

---

88 陶飛亞主編：《性別與歷史：近代中國婦女與基督教》（上海市：上海人民出版社，2006年），頁12-13。

的地位，不是依靠男性領導或成員讓渡、施予，而是因其作為一名新式女性知識分子和教會領袖而實至名歸的。全文分別從曾寶蓀個人的多重身分（曾氏後裔、教育家、教會領袖和女權主義者等）入手，展現一個獨立個體身分的複雜性與多面性，以個體生命剪輯歷史，以時序性為基本參照標準，兼顧同一時間身分的雙重性乃至多重性，探討每種身分背後曾寶蓀個體與社會的互動，尤其是家族身分、社會身分、宗教身分和性別身分四者之間的折中與相容性。

當然，關於中國女性基督徒的研究之所以難以得到有效推進，主要原因即在於史料的匱乏。儘管在整個中國近代女性基督徒群體中，曾寶蓀作為宗教領袖人物，所存之史料已然遠遠超過一般信徒，但仍不脫史料不足之虞。即使是曾寶蓀自身所留之文字史料，也無法全部搜齊。由於歷次戰爭與社會動盪，曾寶蓀輾轉於國內外各地，顛沛流離之中對於自身資料未能精心保存。故而曾寶蓀所寫之日記以及私人信件，幾乎遺失殆盡。國共兩黨政權更迭之後，曾寶蓀移居臺灣。但是，寓臺期間曾寶蓀的個人材料由何人保管，至今不得而知。以上諸多因素無疑給論文的完成造成一定的困難。尤為重要的是，曾寶蓀所創辦之長沙藝芳女校在一九五二年被新中國正式接管，其所在大陸的遺產因此不復存在。鑑於此，本書的研究時限定在一八九三至一九五二年。

第一章
儒家基督徒女性精英

　　曾寶蓀既是孔子之徒曾參的第七十三代孫，也是曾國藩的長曾孫女，她一生經歷了由孔門弟子到耶穌門徒的轉變，也見證了近代中國經過無數次陣痛之後所完成的社會轉型。曾寶蓀回顧自己一生時特意指出：「我這一生的遭遇，幼年經過大世家的家塾教育，過渡時代女子學校教育，早年的英國女子教育，看見中國改朝換代的轉變……可謂極盡人生的經驗了，所以一言難盡。」[1] 不過，曾寶蓀的一生大抵可以分為三個階段：第一個階段是一八九三年出生至一九一七年留學歸國，此階段是學生時期；第二階段是一九一八年創辦藝芳女校至一九四九年前往印度出席世界和平大會，即回國時期；第三個階段是一九五一年至一九七八年寓居臺灣時期。

第一節　學生時期

　　曾寶蓀出生於一八九三年，因與屈原是同一日出生，故取名為寶蓀，字平芳，號浩如。曾寶蓀的幼時成長經歷，與家中的幾位長輩關係密切。

　　曾寶蓀祖母郭筠（1847-1916），字誦芳，湖北蘄水人，從曾紀鴻[2]。

1　曾寶蓀：《曾寶蓀回憶錄》（香港：基督教文藝出版社，1970年），頁211。
2　曾紀鴻（1848-1881），字栗誠，邑庠生，曾國藩三子，兵部武選司郎中，誥授奉政大夫，誥贈中憲大夫，享年三十四歲。著有《圓周率考真》、《對數詳解》、《粟布演草》等書行世。參見《傳豫房紀字派齒錄》，《曾氏四修族譜》，卷十，1946年三省

郭筠之父郭沛霖[3]與曾國藩為同年，後同在翰林院為官。曾國藩與郭沛霖兩人由同年、同僚結為姻親。郭筠自署書齋藝芳館，晚年自號藝芳老人。郭氏詩文皆工，常與晚輩唱和，有《藝芳館詩鈔》傳世，為近代著名女詩人。一九一六年農曆三月十二日，病逝於湘鄉富厚堂。郭筠有五子一女，除次子曾廣鈳早殤，其餘四人分別是曾廣鈞、曾廣鎔、曾廣銓（出撫曾紀澤為嗣）、曾廣鐘。生女曾廣珊，從宛平俞明頤。[4]由於丈夫曾紀鴻早逝，青年守寡的郭筠一人打理整個富厚堂。[5]郭氏極為關心曾氏晚輩子弟的學業，對於中西之學也頗為開明，並常常督促子孫：「時局日迫，若盡通舊學，即無暇治西文，中學半之，西學半之，可也。」[6]因此，李肖聃盛讚郭筠：「仰賢母之風儀，式華宗之則範，賢孫承教，式述祖徽。」[7]祖母郭筠的教育理念對曾寶蓀的一生影響至為深遠，以至於她曾稱讚祖母「高瞻遠矚」。[8]

堂刻本，頁84；《傳豫房紀字派齒錄》，《湘鄉大界曾氏五修族譜》，1946年三省堂刻本，卷十三，頁75-76；〔清〕諸可寶編：《國朝後續補四・曾紀鴻》，《疇人傳》，江陰南菁書院，光緒十二年，卷六，頁11-13。

3 郭沛霖（1809-1859），字仲濟，號雨三，湖北蘄水人，道光十八年（1838）考中戊戌科進士，殿試位列二甲第八名，而同年曾國藩為三甲第四十二名。後選庶起士，散館授翰林院編修，因與曾國藩同在翰林院為官，且過從甚密，故而結成兒女親家。郭沛霖官至江蘇淮揚道，咸豐九年（1859）死於太平軍之亂。著有《日知堂文集》等書。

4 《傳豫房紀字派齒錄》，《曾氏四修族譜》，卷十，1900年三省堂刻本，頁84；《傳豫房紀字派齒錄》，《湘鄉大界曾氏五修族譜》，1946年三省堂刻本，卷十三，頁76。按：俞明頤（1873-？），字壽臣，一九○一年，以道員銜分發湖南，一九○二年，任湖南武備學堂總辦，一九○五年，任湖南督練公所兵備處總辦，一九○六年，任湖南辰永沅靖道。辛亥革命之後，退出官場。曾擔任商務印書館董事一職。

5 Tseng Pao Swen, "My Religious Experience", *The Chinese Recorder*, Vol. 66, No. 8 (Aug.1935), p. 457.

6 曾廣鈞撰：〈誥封一品夫人曾母郭太夫人事略〉，http://book1.news.cn/bookChannel.do?method=bookContent&cpId=47832，查閱日期：2014年5月30日。

7 李肖聃撰，喻嶽衡點校：《李肖聃集》（長沙市：嶽麓書社，2008年），頁368。

8 曾寶蓀：〈序言〉，郭筠：《藝芳館詩存》（臺北市：學生書局，1974年），頁4。

　　曾寶蓀父親曾廣鈞（1866-1929），字重伯，號伋安，曾國藩長孫、曾紀鴻之子，光緒己丑科（1889）進士，翰林院編修、國史館協修。甲午戰爭時期，曾任湘鄂四十九營總翼長、前敵翼長，統領綱武馬步炮隊全營出關援助朝鮮。一八九九年，轉任廣西知府。辛亥革命之後，即已歸田。著有《環天室詩集》、《河洛算術》等。[9]曾廣鈞詩文俱佳，也是曾國藩直系後裔中唯一的一位進士。因此，在曾廣鈞考中進士之後，曾國荃欣慰地寫道：「文正公後五十二年，科名繼起，先志勉承，此堪告慰遠注耳。」[10]曾廣鈞兼修中西之學、思想開明，身為長女的曾寶蓀深得其憐愛。因此，曾昭桓曾經回憶道：「曾廣鈞不願女兒學師範，他要女兒『窮經史之後，再去泰西學』這種先窮經後出國學習的計畫，是晚清洋務運動以來，曾家的不見於形式的教育計畫。」[11]當然，曾寶蓀也是沿著這條祖宗定下的教育計畫而度過其早年求學生涯的。曾廣鈞不給曾寶蓀纏足，不為她幼時指婚，還准許其加入基督教和出洋留學。[12]

　　曾寶蓀之母陳安期（1873-1937），乃曾廣鈞側室，廣東電白（今茂名）人，梁鼎芬義妹，以平妻之禮（廣東風俗）嫁與曾廣鈞。同治十二年十月二十八日（1873年12月17日），卒於一九三七年十一月十七日。生子曾昭樺，女曾寶蓀。[13]陳安期生性溫柔敦厚，不但對婆婆

9　《傳豫房廣字派齒錄》，《曾氏四修族譜》，1900年三省堂刻本，卷十，頁85；《傳豫房廣字派齒錄》，《湘鄉大界曾氏五修族譜》，1946年三省堂刻本，卷十三，頁77。

10　〔清〕曾國荃著；梁小進整理：《覆湯小秋》（光緒十五年五月），《曾國荃全集‧書劄電稿》（第四冊）（長沙市：嶽麓書社，2004年），頁418。

11　曾昭桓：〈我所瞭解的曾寶蓀〉，中國人民政治協商會議湖南省委員會文史資料研究委員會編：《湖南文史資料選輯》（第二十輯）（長沙市：湖南人民出版社，1986年），頁199。

12　曾寶蓀：《曾寶蓀回憶錄》（香港：基督教文藝出版社，1970年），頁16-17。

13　《傳豫房廣字派齒錄》，《曾氏四修族譜》，1900年三省堂刻本，卷十，頁85；《傳豫房廣字派齒錄》，《湘鄉大界曾氏五修族譜》，1946年三省堂刻本，卷十三，頁78。

極為順服，而且對丈夫從無怨言。[14]陳安期是一位十分傳統的中國婦女，其身上所展現的婦德給曾寶蓀留下了深刻的印象。

曾寶蓀因家學淵源，在年幼之時，蕙質蘭心，儼然已有大家風範。[15]曾寶蓀開蒙之時，不過四五歲。曾廣鈞任職翰林院，閒時甚多，常常輔導曾寶蓀學習。曾廣鈞還曾作詩描繪曾寶蓀年幼時學習的場景：「四齡小女學牽裾，玉雪聰明花不如。弄筆偷描元旦字，發蒙試讀旁行書。殘形利屣吾無取，隆準珠衡守有餘。王母看渠作兒戲，任牽竹馬引鳩車。」[16]詩中以「元旦字」和「旁行書」，指出曾寶蓀不僅學習中國經典，還兼學西文。「殘形利屣吾無取」反映出了曾廣鈞對曾寶蓀實行天足。「竹馬」和「引鳩」，是古代的兩種童車。在詩中，曾寶蓀呈現出一種天真爛漫之態，父親對女兒的憐愛之情也躍然紙上。

戊戌政變、庚子事變的相繼發生，使得曾國藩家族備受打擊，不僅家室錢財被洗劫一空，甚至有人命喪於此。因此，曾氏家族後裔任官者，大多分遣各地，而家眷則返回富厚堂。曾廣鈞分發廣西武鳴府，曾廣鐘指浙江同知，只有曾廣銓一人因任刑部員外郎一職而無法出京。一九〇〇年，曾寶蓀隨家人返回湘鄉老家，開始讀《論語》和《御批通鑑》等。一九〇二年，曾寶蓀隨家人遷至南京，與曾約農、曾昭權和曾寶齡一同由祖母郭筠教養，不學八股、不考秀才，但要學習外文。此時的曾寶蓀已經讀過了紀曉嵐的《閱微草堂筆記》、俞樾的《春在堂筆記》等書，寫作能力長進不少。一九〇三年，曾寶蓀隨祖母返回湘鄉，與曾昭權繼續在湘鄉讀書。是年冬，郭筠在湘鄉老家

---

14 曾寶蓀：《曾寶蓀回憶錄》（香港：基督教文藝出版社，1970年），頁4。

15 李宜：〈曾寶蓀教授昨病逝榮總〉，曾寶蓀治喪委員會主編：《曾寶蓀女士紀念集》（臺北市：曾寶蓀治喪委員會印行，1978年），頁35。

16 曾廣鈞：《環天室詩集》，宣統三年刻本，卷四，頁18。

析分家產。定居湘鄉富厚堂期間，曾寶蓀開始研習中國舊式經典，並聘請家教學習洋文。[17]一九〇四年秋，曾寶蓀與曾寶齡，曾寶荷由七叔曾廣鐘帶至上海進入晏摩氏女校（Eliza Yates Memorial School for Girls，浸信會）[18]。一九〇五年，曾寶蓀與曾寶齡、曾寶菡轉入上海西門務本女校，同校者還有張默君（時名張昭漢）。由於同鄉關係，外加思想維新，故而曾寶蓀常與張默君往來，張默君還向曾寶蓀灌輸了不少革命排滿的思想。[19]

一九〇六年，正逢郭筠六十大壽。曾寶蓀與七叔一家赴鄂拜壽。事後因二叔曾廣鎔[20]反對，曾寶蓀未回務本女校，遂於隨同祖母、母親和胞弟曾昭樺[21]暫住曾廣鎔湖北牙厘局衙門。一九〇七至一九〇八年，曾寶蓀與曾寶齡同入杭州省立女子師範學校（讀書一年半）。二十世紀初，曾寶蓀也深受《民報》、《新民叢報》、《革命軍》、《浙江潮》、《皇帝魂》等刊物的影響。不過，曾寶蓀的革命思想，並不全是

---

17 Winifred Galbraith, "An Experiment In Christian Education", *The Chinese Recorder*, Vol.58, No.7 (Jul.1927), p.427.

18 晏摩氏女校是一八九七年由美國浸禮會柏樂緹女士（Miss Lottie W. Price）和吉慧麗（Miss Willie H. Kelly）創辦，最初名為桂秀女學，後改名為晏摩氏女校。參見何曉夏、史靜寰：《教會學校與中國教育近代化》（廣州市：廣東教育出版社，1996年），頁362。

19 曾寶蓀：《曾寶蓀回憶錄》（香港：基督教文藝出版社，1970年），頁27-28。

20 曾廣鎔（1870-1929），曾紀鴻三子，特賞員外郎，選授刑部員外郎，花翎二品銜，湖北補任道，湖北牙厘局總辦，簡授湖北施鶴兵備道，署理湖北按察使，辛亥歸田。參見：《傳豫房廣字派齒錄》，《湘鄉大界曾氏五修族譜》，1946年三省堂刻本，卷十三，頁78。

21 曾昭樺（1906-1951），曾廣鈞三子，香港大學文學士，天津、煙臺、南寧、貴陽、重慶各海關幫辦，稅務司財政部專門委員，廣西省政府高級顧問。一九五一年，曾昭樺在香港乘坐飛機時，飛機撞山，曾昭樺遇難。參見：《傳豫房昭字派齒錄》，《湘鄉大界曾氏五修族譜》，1946年三省堂刻本，卷十三，頁80；曾寶蓀：《曾寶蓀回憶錄》（香港：基督教文藝出版社，1970年），頁190。

種族革命式的，而是關乎社會人心的。她尤其鍾意於梁啟超《中國積弱溯源論》一文，並常常思索如何才能挽救積弱的中國。[22]而此種想法後來成為了曾寶蓀受洗入教的一大緣由。

　　一九〇九年，曾寶蓀經由陳伯原先生介紹進入馮氏高等女學校（Mary Vaughan High School，聖公會）。在馮氏女校求學期間，曾寶蓀的英文水準進步不少，各方面也都有所進益。她深受其師巴路義（Louise H. Barnes，時任浙江馮氏高等女學校校長）的影響，使她逐漸改變了之前對基督教的觀感，故而在一九一一年耶誕節前夕在杭州聖公會受洗入教，施洗牧師是俞顯庭[23]。曾國藩家族的祖訓是「不信僧道，也不許唱戲飲酒，賭錢打牌。」[24]傳統以儒家信徒自命的家族，在辛亥革命之後竟然出現受洗入教的另類後裔，卻也一定程度反映了曾氏家族的近代轉型。儘管如此，在曾寶蓀也感慨：「在這樣的家庭裡，舊禮教之深，舊風俗之重要，要一個女子來擺脫，是很不容易的。」[25]

　　一九一二年三月中旬，曾寶蓀便與巴路義前往英國留學，[26]由聶

---

22 趙紫宸著，燕京研究院編：《趙紫宸文集》（第三卷）（北京市：商務印書館，2003年），頁642-643。

23 俞顯庭（1865-1926），祖籍安徽，生於浙江寧波，聖公會牧師，早年在浙江寧波等地傳道。一九〇一年，因沈再靈病故而接替其職。自一九〇一至一九一五年，俞顯庭在杭州傳教，殷勤作工。後因英牧伊悅理在東京創辦留日中華聖公會而前往東京襄助。一九二三年三月，與馬伯援等人共任共濟會董事，長期在留日華僑教會工作。一九二五年秋，調任橫濱華人教會牧師，因與教徒衝突而被迫返國，歸國不久即離世。

24 曾寶蓀：《曾寶蓀回憶錄》（香港：基督教文藝出版社，1970年），頁8。

25 曾寶蓀：《曾寶蓀回憶錄》（香港：基督教文藝出版社，1970年），頁13。

26 按：事實上，雖然曾寶蓀是曾氏家族第四代（以曾國藩為第一代計算）年紀最長的，但是，此輩最早留學的卻是三弟曾昭權（七叔曾季融之子），曾昭權考取了庚款第一班清華留美。而二弟曾約農（五叔曾廣銓之子），在一九〇九年以弱冠之年考取第一屆庚子賠款赴英留學，在倫敦大學攻讀礦冶。

雲台和曾廣鐘延請伍廷芳作踐行詞。在出發之前，郭筠特意為曾寶蓀賦詩一首，勉勵其發奮求學，將來報效祖國：「相憶每惆悵，今茲更遠遊。終軍□未冠，今尹攜通侯。裕國在商戰，水衡求善猷。男兒志四海，破浪繼箕裘。」[27]此外，為了感謝巴路義對曾寶蓀的照顧，郭筠也贈詩一首以示感謝：「英才教育稱三樂，文采風流擅五洲。鴻爪遍留全世界，龍門魚惠我同儔。早欽伏女開新派，況有佳兒托勝游。沂水詠□知見憶，朵雲遙寄海西樓。」[28]四月二十日，曾寶蓀與巴路義抵達英國，借宿在巴路義好友克以斯夫人（Mrs.Keith）家。

　　五月四日，曾寶蓀進入瓦津禮堂學校（Worthing Church House School）。瓦津是一所維多利亞時代式的女校，只開設文學、藝術、音樂、舞蹈等科，每天都有禮拜、查經等課程。在此期間，曾寶蓀接受了聖公會的堅信禮和路易司主教的按手禮。九月，轉入黑山高級女子中學（Blackheath High School）。曾寶蓀與二十世紀初期入教的基督徒精英並無二致，都將基督教事工視為表達自身愛國情懷的一種方式。[29]為此，她秉持科學救國和基督救國的理想，選擇主修生物和化學以便將來能夠學習醫學。在黑山高級女子中學，查經課程是選修。但每天早晨的朝會禮拜，學生必須參加，由校長帶領，先讀《聖經》，後讀名人訓詞，最後禱告。[30]每逢禮拜日，曾寶蓀、曾約農都與

---

27 郭筠：《蓀孫留學英京詩以勖之》，《藝芳館詩存》（臺北市：學生書局，1974年），頁155。

28 郭筠：〈巴女士來華掌教育多年，為吾國女界頃放異彩，辛壬冬春之際，挈孫女寶蓀遠涉英倫求學，余感其意，聊吟俚句，敬候起居，伊人秋水，葭遡無從，弄斧班門，不無山雞之誚耳〉，《藝芳館詩存》（臺北市：學生書局，1974年），頁187。

29 Philip West,"Christianity and Nationalism: The Career of Wu Leich'uan at Yenching University", John K. Fairbank ed., *The Missionary Enterprise in China and America*, Cambridge Massachusetts: Harvard University Press, 1974, p.226.

30 曾寶蓀：《曾寶蓀回憶錄》（香港：基督教文藝出版社，1970年），頁46。

巴路義去教堂參加禮拜，牧師是勞倫斯（Cannon Barnes-Lawrence）。曾寶蓀用的是聖公會公禱的儀式，跪拜和查經較多。在她看來，聖公會的禱文措辭簡短、意義深長，有時甚至覺得比某些教會的臨時口禱（多冗長雜亂）要莊嚴典雅。不過她也承認在黑山時期自己的信仰仍然處於幼稚漸進的階段，尚未得到重大的啟示，僅僅覺得基督教優於其他宗教，基督徒的人格很好。[31]

一九一三年九月，曾寶蓀進入倫敦大學西田書院，以生物學為主科、數學為副科。在西田書院，八點實行早禱，學生自願參加。[32]除此之外，還設有神學課程，仍是自願參加，而曾寶蓀每逢主日都和巴路義去聖公會教堂做禮拜。西田書院常常安排名人演講，例如湯樸大主教（Archbishop W. Temple）、李查先生（Dr. Richards）、龐博士（Dr. Barnes）、羅以敦女士（M. Roydon）、施特里教牧（Cannon Streeter）等人，受他們演講的影響，曾寶蓀的思想逐漸開闊，也開始關心基督教與社會問題。後來，她又接觸了霍德進（Dr. Hodgkin），意識到如欲改良社會，則必須依靠基督教的精神不可。[33]因此，留學時期的曾寶蓀接觸了不少宗教領袖，對於豐富自身對於宗教的認識大有裨益，也在很大程度上更新了自身的宗教觀念。曾寶蓀對於基督教觀念耳目一新，使其信心由謙卑進為虛心領受和刻意求真。此外，曾寶蓀還常在實驗室內發現上帝的美妙作工及其不變的律法。在她看來，上帝是愛美的、是有秩序的、是使萬物向上而又進步的。[34]

在校期間，曾寶蓀參加了學生基督徒會和由校長瑟琳珂女士（Miss de Selinecourt）所領導的約翰福音班。由於要讀《新約》，曾

---

31 曾寶蓀：《曾寶蓀回憶錄》（香港：基督教文藝出版社，1970年），頁47。

32 曾寶蓀：《曾寶蓀回憶錄》（香港：基督教文藝出版社，1970年），頁64。

33 曾寶蓀：《曾寶蓀回憶錄》（香港：基督教文藝出版社，1970年），頁76。

34 曾寶蓀：〈我的宗教經驗談〉，徐寶謙主編：《宗教經驗談》（上海市：青年協會書局，1934年），頁63。

寶蓀還加入了讀希臘文新約班，但因功課甚多，最終半途而廢。[35]除了參加學校的宗教和主日活動以外，曾寶蓀還邀曾約農參加貴格會。貴格會的特點在於其既不講道也不唱詩，只要求大家靜坐，靜靜地等候聖靈的指導。有時有人站起來讀經、講話、證道、禱告等，但有時從始至終都沒有一人出聲。起初，曾寶蓀感覺靜坐之後容易思想紊亂，其後她開始慢慢適應，並且逐漸做到集中思想，專門為個人、國家甚至世界大戰默禱。在中西文化對視之下，她認為朱熹也主張靜坐，佛教更加提倡靜默、甚至要求閉關多日。貴格會既沒有牧師和傳道人，也沒有洗禮和領聖餐等儀式，所以有人譏諷「這種靜坐不語，就是儀式」，但曾寶蓀卻承認這使她受益不少。[36]

在二十世紀初期的英國，學生志願運動（Students Volunteer Movement）曾經風靡各個大學。曾寶蓀也曾參與其中，並先後兩次前往斯王尼克（Swanwick）開會，與會大學生有一千至二千人。每日召開大會一次，然後分成眾多小組，研究和探討宗教與社會問題，小組討論之後將結論報告給大會以供採納。曾寶蓀第一次去的時間是一九一四年七月，適逢第一次世界大戰爆發不久，此時的曾寶蓀英文還不甚流利，故而發言較少。大會談論的戰爭問題也不過是一種理論而已。戰爭初期的英國並未實行徵兵制度，人民自願加入軍隊。因此，對於此時的基督徒而言，從軍與信教之間的衝突還不甚明顯。到一九一五年，實行徵兵制度以後，就出現了所謂的「良心非戰者」，部分人（主要是貴格會成員）就呼籲「非戰」，曾寶蓀也認為：「（1）耶穌不要人殺人。（2）耶穌不要彼得用刀抵抗。（3）耶穌雖有大權能，並沒有從天上降下火來燒撒瑪利亞人。（4）耶穌沒有自衛。（5）耶穌也

---

35 曾寶蓀：《曾寶蓀回憶錄》（香港：基督教文藝出版社，1970年），頁79-80。

36 曾寶蓀：《曾寶蓀回憶錄》（香港：基督教文藝出版社，1970年），頁80。

沒有因衛護弱者（他的門徒）而拔刀爭鬥。」[37]因此，效法基督者才是真正的「非戰」者。為此，曾約農甚至也加入了貴格會，儘管曾寶蓀並未加入，但她十分同情貴格會的想法。

　　一九一六年，曾寶蓀獲得倫敦大學理學學士學位，成為該校首位獲此學位的中國女性。當時正逢第一次世界大戰，交通受阻，曾寶蓀無法回國。無奈之下，她被迫選擇先到牛津大學進修英文。春季開學之後，繼續讀英文、理學、算學、教授法等科目，同時在倫敦師範學院（London Day Training College）和聖瑪麗師範專科學院（St Mary's Training College）求學。此外，曾寶蓀不僅曾到劍橋大學複習植物心理學，而且還曾在紐納姆學院（Newnham College）讀過兩次暑假學校。[38]

圖一　曾寶蓀倫敦大學註冊表　　圖二　曾寶蓀大學畢業照

37 曾寶蓀：《曾寶蓀回憶錄》（香港：基督教文藝出版社，1970年），頁77。

38 曾寶蓀：《曾寶蓀回憶錄》（香港：基督教文藝出版社，1970年），頁85。

　　綜觀曾寶蓀長達五年的留學經歷，不難發現，曾寶蓀在英國讀過私立學校、公立中學、倫敦大學、劍橋大學、牛津大學和師範大學等等，可以稱得上是民國第一代出外留洋的女性代表，以致於蘇雪林晚年依舊豔羨曾寶蓀早歲能夠遠遊海外，接受高等教育，而自嘲自身為一個「粗製濫造品」。[39]曾寶蓀在此期間，結識了一大批對自身事業裨益甚大的英國友人和曾在中國傳教或生活的對華友好人士（如李提摩太）。趙紫宸就曾指出，曾寶蓀在英國所結交的人士都是「社會上佼佼的人士，教會中錚錚的領袖」，因此，她的國際眼光與宗教觀念開曠豁達，不是一般人所能企及。[40]總體而言，一九一二至一九一七年，既是曾寶蓀留學英倫的五年，也是她思想日益成熟的五年，更是她基督教信仰日益堅定的五年。在此期間，曾寶蓀由一名思想稚嫩的基督徒逐漸變成了近代中國的女性基督徒精英。

　　一九一七年十月三十日，曾寶蓀一行乘船由利物浦港出發離開英國。自一九一二年四月二十日至一九一七年十月三十日，曾寶蓀駐足英國的時間整整有五年半的光陰。由於當時英、德兩國已經開始交戰，且在大西洋海面實行潛艇戰，為了躲避德國的潛水艇，曾寶蓀等人所乘之船的行進路線迂迴曲折，每日戴著救生圈，十天之後方才抵達加拿大蒙特利爾港（Montreal）。由加拿大進入美國需要特別許可，不過曾寶蓀等人在倫敦時，就已經請駐美大使施肇基代為辦妥。在紐約時，蒙其表叔聶其焜、表嫂李敬萱介紹，得以認識正在美國念書的胡適，參觀哥倫比亞大學。後又去拜訪陳衡哲，一併參觀瓦瑟學院（Vassar College）。隨後曾寶蓀等人返回加拿大乘坐火車至溫哥華，

39　蘇雪林：《蘇雪林自傳》（南京市：江蘇文藝出版社，2006年），頁202。

40　趙紫宸：〈曾寶蓀女士小傳〉，《真理與生命》第9卷第7期（1935年12月）；趙紫宸著，燕京研究院編：《趙紫宸文集》（第三卷）（北京市：商務印書館，2003年），頁643-644。

然後坐亞洲皇后號輪船回國，在船上遇到前去長沙創辦湘雅醫院的顏福慶牧師。船至上海後，曾寶蓀先後借住在聶府和俞府。[41]

第二節　回國時期

一九一七年十二月下旬，曾寶蓀離開上海，溯江而上前往湖南。在漢口得蒙吳德施主教（Bishop Roots）接濟，住在拉牧師（Lassalle）家中。兩日後，方與顏福慶、陳友古同至長沙。曾寶蓀將巴路義安排住在循道會任修本（Mr. Warren）牧師處，自己和曾約農前去湘鄉省親。數日之後，與巴路義借助在聶潞生家中，著手準備創辦女校。[42]

一九一八年，曾寶蓀創建長沙藝芳女校，先借地龍英溪西園，後遷至曾文正公祠浩園。「藝芳」一詞乃是曾寶蓀表示紀念祖母之意，並取孔子之「游於六藝」的思想，將學生分為六個班級，分別命名為禮、樂、射、御、書、數。與傳統的基督教學校相比，它是「第一個完全不靠任何教會的資助」，是一所「十足中國本色化的基督教學校」。[43]當時有報刊也稱讚其：「經費未受政府津貼，多係私人捐助。其中以英國捐款為最多，然能自保主權，不受教會之干涉，故雖帶有宗教性質，而能不掛洋旗，此為其一特色。」[44]長沙藝芳女校在湖南省頗有知名度，且特色鮮明：第一，從來不叫學生死讀書，而是常讓學生走出校門，參加社會活動。第二，緊抓德育，極為重視做學生的思想工作。[45]

---

41 曾寶蓀：《曾寶蓀回憶錄》（香港：基督教文藝出版社，1970年），頁87-92。
42 曾寶蓀：《曾寶蓀回憶錄》（香港：基督教文藝出版社，1970年），頁93-95。
43 曾寶蓀：《曾寶蓀回憶錄》〈自序〉（香港：基督教文藝出版社，1970年），頁1。
44 〈省城各校現況調查記：藝芳女校〉，長沙《大公報》，第6版，1922年3月2日。
45 周秋光、莫志斌主編：〈曾寶蓀與藝芳女中〉，《湖南教育史》（第二卷）（長沙市：嶽麓書社，2008年），頁779-780。

一九二二年六月，曾寶蓀為了養成女子高等智識，特意在藝芳女校中創辦大學部。並在呈文中特意交代，基金、校舍、圖書、儀器、師資各項，都已準備就緒。[46]一九二二年九月，藝芳女校本科已經開辦，並有大學生七人。[47]一九二三年十月二十九日，曾寶蓀將所開設之本科定名為私立藝芳女子學院，並呈懇教育司備案，請領校印。[48]次日，藝芳女校得到回覆，准予備案，並准頒發校印。[49]而在湖南，直至一九二四年，方才有真正意義上的大學。[50]因此，藝芳女子學院可謂是近代湖南第一所女子大學。

一九二五年七月，全國學聯在上海召開第七次大會，通過了〈全國學生總會議決議〉並規定在耶誕節前後一個星期為反基督教運動周，要求各地反基督教運動積極向反帝國主義方向前進。[51]在學聯的影響之下，全國大多數地方都成立了非基同盟以開展反教運動。一九二五年的耶誕節，湖南各地學生三五成群前往各處教堂散發傳單，呼籲打倒基督教，堪稱「湖南反教第一聲」。[52]其後在湘潭、瀏陽、岳陽等地，基督徒被抓走遊街，甚至有教會領袖被石頭、梭鏢打死。在長沙，湖南聖經學校蕭慕光、遵道會張君俊、湘雅醫院顏福慶和趙運文、青年會譚信一等人，不僅遭受報紙的攻擊，還遭到恐嚇與通緝。[53]同

46　〈女子大學之成立〉，長沙《大公報》，第6版，1922年6月21日。

47　〈省城各校現況調查記：藝芳女校〉，長沙《大公報》，第7版，1922年9月17日。

48　〈藝芳女校開辦大學本科〉，長沙《大公報》，第6版，1923年10月30日。

49　〈藝芳女校開辦大學照準〉，長沙《大公報》，第6版，1923年11月1日。

50　張朋園：〈中國現代化的區域研究：湖南省，1860-1916〉，《中國現代化的區域研究：湖南省,1860-1916》（臺北市：中央研究院近代史研究所，1983年），頁170。

51　張欽士輯：〈全國學生總會會議決議〉，《國內近十年來之宗教思潮》（北京市：燕京華文學校，1927年），頁397-400。

52　庸：〈湘省舉行反基督教運動〉，《申報》，第11版，1926年1月1日。

53　張君俊：〈暴風疾雨以後的湖南教會〉，中華續行委辦會編訂：《中華基督教會年鑑》（第10冊）（臺北市：中國教會研究中心、橄欖文化基金會聯合出版，1983年），第二部分，頁2-3。

時，曾寶蓀也成為了抨擊的對象，她一人集土豪、劣紳、地主、封建餘孽、帝國主義走狗五種身分。[54]《湖南民報》署名「少林」者，便直接將曾寶蓀定名為反革命校長，批評藝芳學生是受了「帝國主義者及反動校長曾寶蓀的豢養」，並進一步指出：「只要擁護革命便有民權，不革命的不配有民權，洋奴不配有民權！」[55]一九二七年四月八日，湖南省農民協會正式進駐長沙藝芳女校。次日，曾寶蓀等人由長沙潛入漢口，躲避革命勢力之鋒芒。四月十一日，葉德輝、俞誥慶等人被湖南省農民協會以土豪劣紳的名義就地處決。[56]隨後，曾寶蓀等人乘船抵達上海，借住在聶府和俞府。此時，巴路義因為藝芳女校慘遭封閉，中國政局動盪不安，突發心臟病而亡，葬於上海法租界八仙橋。[57]

　　一九二八年復活節前後，曾寶蓀作為中國代表出席耶路撒冷世界宣教大會。中華全國基督教協進會在確定大會名額時，依據區域、事工、國籍、男女、公會五方面的條件，經過數次篩選，最終確定代表二十人，其中有華人十四名，西人六名，分別是余日章、誠靜怡、趙紫宸、韋卓民、陳崇桂、曾寶蓀等十四位華人，羅炳生、吳哲夫、倪斐德、戈德白等六位西人。這些人選既「代表中國基督教事業各方面的思想與趨向」，也「代表中國基督教中少數有勢力有覺悟的信徒」。[58]見下表：

---

54 曾寶蓀：《曾寶蓀回憶錄》（香港：基督教文藝出版社，1970年），頁117。

55 少林：〈為藝芳學友會進一解〉，《湖南民報》，第8版，1926年11月4日。

56 〈長沙市民之大示威〉，《申報》，第7版，1927年4月25日。

57 曾寶蓀：《曾寶蓀回憶錄》（香港：基督教文藝出版社，1970年），頁121。

58 趙紫宸：《朝聖雜錄（一）》，《趙紫宸文集》（第三卷）（北京市：商務印書館，2007年），頁319。

表1-1　耶路撒冷大會中國代表團成員表[59]

姓名	地點	所屬宗派	職銜
余日章	上海	聖公會	全國基督教協進會會長，青年會全國協會總幹事
誠靜怡	上海	中華基督教會	全國基督教協進會總幹事
趙紫宸	北京	監理會	燕京大學
羅運炎	上海	美以美會	上海《興華報》主筆
韋卓民	武昌	聖公會	華中大學代理校長
鮑哲慶	杭州	浸禮會	浸禮會大會幹事
陳崇桂	蒙古薩拉齊	信義會	西北軍協進會幹事
李天祿	濟南	美以美會	山東齊魯大學副校長
衣與林	不詳	不詳	不詳
譚沃心	廣州	中華基督教會	廣州中華基督教會大會幹事
費宗之	成都	浸禮會	華西大學神科教務長
高墨泉	奉天	長老會	奉天醫科大學
鄭成章夫人	上海	浸禮會	裨文女學校校長
曾寶蓀	長沙	聖公會	藝芳女學校校長
朗彼息女士	福州	聖公會	聖公會女學校校長
羅炳生	上海	長老會	全國基督教協進會幹事
吳哲夫	上海	加拿大長老會	中華基督教教育會總幹事
倪斐德		愛爾蘭長老會	
戈德白	長沙	信義會	信義會監督
麥美德女士	濟南	公理會	山東齊魯大學女子部教務長

---

59 'China Delegates to Jerusalem Meeting', *The Chinese Recorder*, Vol.59, No2., (Feb.,1928), p. 130. 按：但最終人員略有變動，原資料中來會理（D. W. Lyon）屬於耶路撒冷大會特約會員，並非中國代表團成員，而原定之江長川因故未去，以衣與林和麥美德女士二人易之。圖中鄭成章夫人本名盛祖新，乃近代中國著名女性基督徒領袖。

　　中方代表團還有討論會之組織，會長為余日章，副會長為誠靜怡和鄭章成夫人盛祖新，書記是趙紫宸和曾寶蓀，事務幹事為羅炳生。[60]不過，關於討論會之具體職務，趙紫宸記述之言與此略有出入，趙言余日章為主席，誠靜怡、曾寶蓀為副主席，趙紫宸、來會理為中西文書記，譚沃心、羅炳生為旅行中社交及事務雜事。[61]在耶路撒冷大會代表中，較有特色的是女性基督徒領袖的崛起，趙紫宸就曾寫道：

> 至於中國女界中，鄭盛祖新夫人抱純美的天資，懷廣博的經驗，與人接物，一以至誠，能使人不期然而深深敬服。曾寶蓀女士學術淹通，口才無礙，尚歷世亂而不驚；胸中蕩豪俠的情意，筆下走典麗的詩文，真是稀有的美材。以鄭曾兩位女士，列在世界基督教女領袖之中，不但是基督的榮耀，亦且是中國的光輝。[62]

　　而且，趙紫宸還將曾寶蓀視為服務社會的領袖。[63]此外，國際宣教協會的執行委員是由各國教會代表擔任，大會選舉穆德博士為會長，王舍斯博士和貝登惠廉先生為幹事。在中國方面，中國代表團一致公舉誠靜怡和曾寶蓀代表中國的基督教運動，作為國際宣教協會的執行委員。趙紫宸由此感慨：「由此觀之，中國將來在國內與國際基

---

60 〈耶路撒冷大會的種種〉，《廣濟醫刊》第5卷第4號（1928年4月），頁13。

61 趙紫宸：《朝聖雜錄（一）》，《趙紫宸文集》（第三卷）（北京市：商務印書館，2007年），頁320。

62 趙紫宸：〈萬方朝聖錄〉，《趙紫宸文集》（第三卷）（北京市：商務印書館，2007年），頁342。

63 趙紫宸：〈萬方朝聖錄〉，《趙紫宸文集》（第三卷）（北京市：商務印書館，2007年），頁343。

督教運動中，實有一切後起教會中最重要的位置。」[64]

　　曾寶蓀在耶路撒冷世界大會結束以後，便前往歐洲旅遊、訪友和問道，直至一九二九年六月，方才與趙紫宸同坐船回國。在逗留義大利期間，曾寶蓀拜訪了老友曼殊，並經由她得以與詩人龐德（Ezra Pound）相識。[65]龐德在義大利瑞帕洛城的鄰居曼殊是長沙藝芳女校的教師，北伐期間被迫離開中國，藝芳女校第二次復校之後，曼殊再次來藝芳任教，與曾寶蓀關係熟稔。龐德雖不懂中文，但對《七湖詩章》興趣甚大，甚至最為鍾意的詩篇就是《七湖詩章》。[66]《七湖詩章》是對《瀟湘八景》水墨畫的一種跨文化創作，瀟湘八景分別的是平沙雁落、遠浦帆歸、山市晴嵐、江天暮雪、洞庭秋月、瀟湘夜雨、煙寺晚鐘、漁村落照。《瀟湘八景》後輾轉傳入日本，並成為日本詩畫創作的一個重要源流。曾寶蓀是湖南人，對於瀟湘八景甚是瞭解，外加兼通中西文，因而得以與龐德合作翻譯《七湖詩章》。在曼殊的引見之下，龐德與曾寶蓀合作翻譯《七湖詩章》，曾寶蓀口譯八首中文詩。一九二八年七月三十日，龐德親自還抄錄了曾寶蓀的譯文，現在藏於美國耶魯大學拜納基圖書館（Beinecke Rare Book and Manuscript Library）。[67]有學者認為：如果沒有曾寶蓀給龐德介紹中國的文化、詩詞和傳統道德，「光憑佐佐木的冊頁，龐德根本無法深入理解『瀟湘八景』題畫詩豐富的文化內涵和悠久的歷史傳承。」[68]而

64　趙紫宸：〈萬方朝聖錄〉，《趙紫宸文集》（第三卷）（北京市：商務印書館，2007年），頁378。

65　曾寶蓀：《曾寶蓀回憶錄》（香港：基督教文藝出版社，1970年），頁124。

66　Daniel D. Pearlman, *The Barb of Time: On the Unity of Ezra Pound's Cantos*, Oxford: Oxford University Press, 1969, p. 304.

67　錢兆明、歐榮：〈《七湖詩章》：龐德與曾寶蓀的合作奇緣〉，《中國比較文學》2012年第1期，頁92。

68　錢兆明、歐榮：〈《七湖詩章》：龐德與曾寶蓀的合作奇緣〉，《中國比較文學》2012年第1期，頁98。

此次合作給龐德也留下了深刻的印象，甚至一度想再度與曾寶蓀取得聯繫。[69]晚年寓居臺灣時期的曾寶蓀就曾與龐德的太太通過書信，甚至還在回憶錄中特意提及與龐德合作翻譯一事，可見此次合作在其一生中的影響。

就在曾寶蓀在義大利與龐德合作翻譯《七湖詩章》的同時，在中國東北爆發了震驚中外的皇姑屯事件，張作霖殞命，張學良隨即承襲父位，宣布東北易幟，國民政府從形式上實現了統一。但中日兩國關於日人在東北的行為，存在兩種截然不同的論調。無論是官方還是民間，都在東北問題上針鋒相對。

一九二九年五月中旬，曾寶蓀收到太平洋學會（Institute of Pacific Relations）的邀請函，邀其作為中國代表前往日本京都參加第三屆太平洋國際學會。由於東北問題在此次大會上的重要性，一九二九年七月，曾寶蓀與余日章、徐淑希、鮑明鈐、陳立庭、王正黻、劉廷芳、陶孟和等人在瀋陽召開了一個預備會，以便在京都大會上應對中國東北問題。在大會之外，他們還參觀了東北地區的工廠、商場、學校等。十月中旬，曾寶蓀回到上海並加入中國代表團。在上海的中國代表團有余日章、吳貽芳、桂質良、陶孟和等十餘人，而北平地區的徐淑希、陳衡哲、鮑明鈐等人直接去東北，然後坐船前往日本，故而整個中國代表團是分途行走。[70]

京都會議的流程是上午召開大會，下午分組討論，晚上公開邀請社會人士參加。十月二十九至三十一日，圓桌會議討論「機械時代與傳統文化」（the machine age and traditional culture），探討資本主義工業時代的現代文明對於傳統社會的建築、藝術、禮儀、婚姻、家庭和宗

---

69 Qian Zhaoming, *Ezra Pound's Chinese Friends: Stories in Letters*, Oxford: Oxford University Press, 2008.

70 曾寶蓀：《曾寶蓀回憶錄》（香港：基督教文藝出版社，1970年），頁135-137。

教的影響。討論之中，意見紛呈，如肖特維爾認為機械文明雖然在其誕生的時候對傳統藝術造成了相當破壞，但是到了現代，已然與藝術協調發展了。此種觀點受到了以曾寶蓀為代表的東方學者的質疑。[71]不過，隨後的文化問題，卻在一定程度上緩解了緊張的氣氛，在大會上，曾寶蓀和陳衡哲等女性代表表現引人注目，語出驚人，贏得中外輿論界的好評。[72]在討論中西文化的比較之時，曾寶蓀積極發言並指出：「東洋文化，有人論道德，個人思想自由（不受報章雜誌的宣傳），重義輕利的教訓，實在可補西洋唯物主義及唯利是圖的缺點。」[73]

　　一九三〇年七月二十五日，彭德懷等人率領工農紅軍占領長沙，何鍵被迫撤退至湘江西岸。自次日起，由八軍留守長沙，而彭德懷率領五軍向易家灣追擊。八月三日，何鍵率領所部在外國兵艦的掩護下，分別從上、下游度過湘江，南北夾擊長沙。紅軍寡不敵眾，於八月六日拂曉退出長沙，實際占領長沙十一天。[74]炮火之下，藝芳女校房屋大部分都已經遭到破壞，書籍、衣服無一倖免，校址幾成廢墟，校內還有駐兵。

　　第三屆太平洋國際學會曾開會討論文化問題，但中國文化卻少為人所研究，故而中國代表團決定在第三屆太平洋國際學會[75]上召開一次中國文化研討會。為此，陳衡哲邀請當時一批重要的知識分子撰文，向讀者提供一幅中國當代文化的素描畫卷，後結集出版《中國文

---

71 張靜：《中國太平洋國際學會研究（1925-1940）》（北京市：社會科學文獻出版社，2012年），頁37。

72 〈曾女士之詞鋒〉，《時事新報》，第1張第2版，1929年11月10日。

73 曾寶蓀：《曾寶蓀回憶錄》（香港：基督教文藝出版社，1970年），頁137-138。

74 關於工農紅軍第一次占領長沙的具體情形，參見彭德懷：《彭德懷自傳》（北京市：解放軍文藝出版社，2002年），頁158-160。

75 按：第三屆太平洋國際學會上原本確定一九三一年第四屆太平洋國際學會在杭州舉行，後因為九一八事變的影響，將會址改為上海等地。

化論文集》。[76]曾寶蓀既是中國代表團成員，又長期關注中國女性解放運動，因而作文詳細闡述了中國婦女從古自今社會地位、教育水準等方面所發生的變化，以及當代社會影響或制約女性解放的因素。[77]曾寶蓀撰寫文章時，正逢中國共產黨率領工農紅軍進攻長沙導致學校毀於戰火，為此，陳衡哲特意在序言之中對其如期交稿表示感謝。此外，第四屆太平洋國際學會特意舉行了一次圓周會議，即「大學與文化交往」，[78]可以稱得上是當時學者對中國文化問題的回應，而且此書還「特別批評了西方關於中國文化『停滯不變』、『保守排外』、『缺乏宗教情感』三個觀念。」[79]

自一九二九年京都會議以來，東北問題已然成為中日兩國代表在大會上辭鋒相對的一大問題。尤其是萬寶山事件、中村事件相繼發生，無疑給中日關係的前景抹上了一層暗淡的色彩。就在杭州會議召開的前夕，各國代表都在來華的途中，發生了九一八事變。原本跌宕起伏、命運坎坷的杭州會議，最終確定如期召開已屬不易。此時突發九一八事變導致國民反日、仇日的情緒驟然上升，不少人提議延遲甚至取消會議。而日本代表出於對於自身的人身安全的考量，也拒絕出席杭州會議。[80]不過，仍然有不少人主張會議如期舉行，尤其是蔣介

---

76 "Editorial Forward", Sophia H. Chen Zen ed., *Symposium on Chinese Culture*, Shanghai: China Institute of Pacific Relations, 1931.

77 P. S. Tseng, "The Chinese Woman, Past and Present", in Sophia H. Chen Zen ed., *Symposium on Chinese Culture*, Shanghai: China Institute of Pacific Relations, 1931, pp.281-292.

78 張靜：〈太平洋國際學會第一至六屆會議議題及各議題所占分量〉，《中國太平洋國際學會研究（1925-1940）》（北京市：社會科學文獻出版社，2012年），頁212。

79 歐陽軍喜、李明：〈1930年代中國知識分子對中國文化的認識與想像——以陳衡哲主編的《中國文化論集》為例〉，《東南大學學報（哲學社會科學版）》第7卷第6期（2005年11月），頁73。

80 張靜：《中國太平洋國際學會研究（1925-1940）》（北京市：社會科學文獻出版社，2012年），頁77。

石希望利用杭州會議，實現其解決東北問題的方針，即一方面依靠
國聯、非戰公約，以求公理戰勝；另一方面團結國內民眾，共赴國
難。[81]最終太平洋理事會議決定大會地址改為上海公共租界，並於十
月二十一日在靜安寺路萬國體育會正式開幕。曾寶蓀作為中國代表團
的成員之一（中國共有三十一名代表，大會主席是胡適），出席了開
幕式。在曾寶蓀看來，上海會議的氛圍不如京都會議，外加又有一批
自由派知識分子加入中國分會，導致不少討論的問題都不能得到解
決。因此，曾寶蓀之後便退出了太平洋國際學會。[82]一九三二年，太
平洋國際學會中國分會實行改組，不少基督徒領袖離開，換作以胡適
等人為首的自由派北平知識分子。曾寶蓀等不少基督徒領袖也不再參
與之後的歷屆大會。

早在一九二九年，因為藝芳女校大學部已經停辦，曾寶蓀便將左
景馨（基督徒，左宗棠曾孫女）、陳昭炳、徐少英送往英國留學。一
九三一年秋，左、陳、徐三人發電稱即將回國並力主恢復藝芳女校，
曾約農便與她們返回長沙，聯繫董事會和校友，與駐紮在校園內的軍
隊交涉。不久，藝芳女校二度復校。左景馨任訓育主任兼地理教員，
陳昭炳為歷史教員兼管圖書，徐少英為高中算學教員兼管園藝與衛
生，譚蘩為化學教員兼管醫藥，曾約農為教務主任，李琬為副主任兼
管出版雜誌校刊，蕭孝薇為總務主任兼初高中算學，彭澤芬為體育教

---

81 張靜：《中國太平洋國際學會研究（1925-1940）》（北京市：社會科學文獻出版社，
 2012年），頁78。

82 曾寶蓀：《曾寶蓀回憶錄》（香港：基督教文藝出版社，1970年），頁139。按：曾寶
 蓀退出太平洋國際學會的緣由，是否與基督徒知識分子和自由派知識分子之間的人
 事糾葛有關，目前仍不得而知。不過，以結果而論，前三次的大會主席都是余日
 章，而且基督徒知識分子在其中扮演者重要的角色。而自第四屆大會開始，以胡適
 為首的自由派知識分子開始發揮主導作用。基督教色彩大為淡化，逐漸讓渡給國民
 外交／民間外交。其中緣由，尚待進一步查考。

員，周壽如為初中公民教員，彭仲炎、李月浦等人為國文教員，言自芳為算學教員兼辦對外關係。[83]

自藝芳女校第二次復校至第三次毀校這段時期內，此時的長沙相對比較安定，藝芳校務也發展較快，逐年添置圖書儀器，僅圖書館就有中西圖書三千餘冊，校園池塘中有兩輛遊艇、一輛汽艇，而滅火器、無線電、活動電影應有盡有。甚至還是湖南省第一所在廚房中安置了避蠅設備的學校。[84]一九三八年八月十七日，日機空襲長沙，藝芳女校亦未能倖免，落入藝芳校園之內的炸彈有十五枚之多。此時，藝芳女校有遷至湘鄉曾文正公祠之議。但是，由於曾寶蓀被中華基督教會派往印度瑪德拉斯出席世界宣教大會，旋又受英國教會之聘前往英國講學，同時受國民政府之命，借此為中國抗戰作國際宣傳。此時的藝芳女校並無實際負責人，故而與福湘女校合併，並由彭澤芬率領學生二十六人，於八月二十四日，隨同福湘師生一百餘人一同前往沅陵繼續辦學。[85]一九四二年，藝芳女校正式停辦。

作為唯愛運動的代表之一，曾寶蓀的非戰態度由來已久，而且還發表不少文章反對戰爭以及一切招致戰爭的原因。曾寶蓀在留學英國期間，正逢第一次世界大戰爆發，她親眼目睹了英國國民關於是否參戰的爭論，還與曾約農多次參加貴格派活動，相當贊同貴格派反戰的言論。不過，在九一八事變發生以後，曾寶蓀深受民族主義思潮的影響，也積極投入到抗日戰爭的時代洪流之中。

一九三三年三月，熱河省被日本侵略者占領劃歸偽滿洲國，在此情勢之下，曾寶蓀創辦《婦女日報》呼籲女界同胞投袂而起，喚醒沉

---

83 曾寶蓀：《曾寶蓀回憶錄》（香港：基督教文藝出版社，1970年），頁146-148。

84 文質：〈二度中興〉，《藝芳》（三十周年紀念特刊）（1948年9月20日），頁8-9。

85 彭澤芬：〈日寇入境雞犬不寧〉，《藝芳》（三十周年紀念特刊）（1948年9月20日），頁15。

酣，共同奮鬥。曾寶蓀認為，中國女性運動「出於女子自力之奮鬥者少，出於潮流之恩賜者多。」因此，女權運動多為虛名，猶如花瓶。值此抗日戰爭背景之下，正是女界貢獻社會的時機，亟需服務社會，創辦刊物正可指導女性，促其自覺。《婦女日報》所刊載之內容都湮沒於史海之中而無從發掘，但從僅存的隻言片語中，依稀可以挖掘出曾寶蓀辦報之主旨與緣由。她在《婦女日報》的發刊詞中談到：

> 東北已矣，熱河又陷，國難亟矣，此何時也，而有婦女日報之刊行。其使命之重大，倍於平時。近代戰爭，非軍士之爭，非炮火之爭，直全民族精神與物力之爭也。故內政不敵者敗，外交不敵者敗，學術不敵者敗，道德不敵者敗。方吾民與倭寇戰，凡我女界，焉能不投袂而起？喚醒沉酣，共同奮鬥哉。此本報創刊之故一。維新以來，女權運動，日有所聞。而究其實際，出於女子自力之奮鬥者少，出於潮流之恩賜者多。故所謂女權者，亦虛名也，花瓶之誚，同人恥之。今欲以實在之貢獻，作權利之代價，則婦女服務社會，寧能再緩？新聞事業，為女子服務社會最適宜者之一端。此本報創刊之故二。西哲瑪志尼（引者按：今譯馬志尼）有言：「民族之文明不能高過其婦女程度。」女權雖可貴，而女子之道德、知識尤為可貴，否則權利雖多，亦將無能運用。設有濫用，其弊且甚於無權，故凡可以促成女子之自覺，領導女界之進行者，不可無一專刊以集其成。此本報創刊之故三。[86]

一九三八年六月，抗戰正酣，宋美齡召集全國婦女領袖組織談話

---

86 曾寶蓀：〈發刊辭‧轉載婦女日報〉，《藝芳季刊》第1卷第1期（1933年6月），頁226-227。

會，商討抗日戰爭期間全國婦女的各項問題，會後還發表〈告全國女同胞書〉。宣言指出，自盧溝橋事變以來，全國上下民眾為保衛國家民族的生存、維護人類的文化與正義，展開了艱苦卓絕的奮鬥。值此危難之秋，占全國人口半數的中國婦女，對於救國工作，責無旁貸：

> 當此國難期間，我們婦女應該全體動員，以應目前大時代的需要，集體的力量，團結的精神，可以排除巨難，可以將本來散漫的能力，變作保衛國家的長城。每個人的能力，雖有差別，但各界婦女，乘此時機，或多或少，都能盡她們一份子的責任。無論是農村的或都會的婦女，是家庭裡或有職業的婦女，無論在戰區或在後方，都應當負起抗戰及建國的責任。不但為目前抗戰的直接需要，應當從事救護，慰勞，徵募，救濟，保育，宣傳，組訓以及其他的戰時工作。就是為鞏固後方，也應當鼓舞社會，宣傳民眾，昌明愛國大義，喚起女界責任，剷除漢奸，肅清敵探。尤其是為穩固國民經濟的基礎，加強長期抗戰的力量，我們應當特別從事生產建設。[87]

就在此時，曾寶蓀擔任新運婦女工作委員會十名委員之一，在這批常務委員中，有一半以上都是基督徒。而且，新運婦指會吸收大量婦女領袖參與其中，也為戰時的婦女工作做出了一定的貢獻。[88] 同時，此舉也反映了中國女性基督徒精英的崛起及其在國難下的國族認同。

---

87 〈婦女談話會閉幕：決設幹部工作人員訓練班，推動婦女界努力生產建設〉，《申報》，第2版，1938年6月8日。

88 宋青紅：〈抗戰期間「新運婦指會」組織者群體研究〉，《抗日戰爭研究》2012年第2期，頁95-108。

表1-2　新運婦女工作委員會十大委員情況一覽表[89]

職務	姓名	身分、派別、學歷、經歷等
常務委員	宋美齡	國名黨員，國民黨總裁、國民政府主席、軍事委員會委員長蔣介石夫人，航空委員會秘書長。
	譚祥	航空委員會委員、第九戰區司令長官陳誠夫人，國民黨元老譚延闓之女。
	宋靄齡	國民黨員，行政院長孔祥熙夫人，宋美齡之姐。
	鄭毓秀	國民黨員，行政院秘書長魏道明夫人，法學博士，女律師，曾任上海法政大學校長、江蘇省政務委員會委員。
	李德全	第三、第六戰區司令長官馮玉祥夫人，中國戰時兒童保育會副理事長。
	沈慧蓮	國民黨員，國民黨中央黨部社會部副部長馬超俊夫人。
	曾寶蓀	曾國藩曾孫女、英國倫敦大學理科學士，後入讀劍橋大學、牛津大學，女教育家、基督徒、國民參政會參政員。
	吳貽芳	美國密西根大學生物學博士學位，金陵女子文理學院校長、教育家、社會活動家，基督徒，國民參政會參政員。
	張肖梅	英國倫敦大學經濟學博士，國民參政會參政員。
	劉蘅靜	國民黨員，江蘇省立南京女子中學校長、南京新運婦委會常務委員、國民政府軍事委員會政治部設計委員、國民參政會參政員。

　　盧溝橋事變爆發之後，中國進入了全民族抗擊日寇的階段。隨後，淞滬會戰打響，日軍迅速占領了長江下游。原本計畫在杭州召開的基督教世界宣教大會，也因為日軍占領杭州而無法正常舉行。為此，大會組織者決定在東方大國中遴選一地作為大會會址，後經篩選

---

89 宋青紅：〈抗戰期間「新運婦指會」組織者群體研究〉，《抗日戰爭研究》2012年第2期。

與討論，決定改在印度瑪德拉斯（Madras）如期舉行。[90]一九三八年耶誕節，曾寶蓀應邀出席在瑪德拉斯世界宣教大會，中國代表主要是趙紫宸、劉廷芳、誠靜怡、梁小初、徐寶謙、陳文淵、吳貽芳等人。大會期間，每日召開全體大會一次，然後分組討論，曾寶蓀參加了教會與文化及其他宗教、文化教育、婦女問題等組的討論。連續出席耶路撒冷大會和瑪德拉斯大會之後，曾寶蓀發現大會有兩個重要的目標：第一，物質文明不能離開宗教道德。第二，此前的傳教都將異教視為大敵，如今卻將絕對的唯物哲學才看作是宗教的大敵。[91]在大會之後出版的《瑪德拉斯大會印象集》一書中，曾寶蓀撰文向國內讀者介紹曾寶蓀在大會中所接觸的各國代表，在他們當中，「有世界聞名的明星，也有世界尚不知的璞玉。」[92]

瑪德拉斯大會結束以後，曾寶蓀應蔣介石之邀，在世界範圍內作抗日宣傳。同時，國民政府也基於曾寶蓀在青年中的廣泛影響而號召其在青年之中從事民族服務。[93]曾寶蓀與鄭少懷等人應英國教會之邀前往英國布道，他們在英國還受到了坎特伯雷大主教的祝福，在聖保羅教堂舉行按手禮拜。他們的布道活動是由南向北，且多以演講的形式進行。曾寶蓀曾在伊頓公學圖書館內演講，作為第一位站在大書桌上演講的東方女性，她的演講題目是「中國抗戰必勝」，聽眾是伊頓公學最高班的一百名最優秀的學生（First Hundred）。[94]曾寶蓀還是第

---

90 〈社言：世界基督教大會開會地點的商榷〉，《興華》第34卷第16期（1937年5月），頁1。

91 曾寶蓀：《曾寶蓀回憶錄》（香港：基督教文藝出版社，1970年），頁125。

92 曾寶蓀：〈坦白蘭之明星與璞玉〉，吳耀宗主編：《瑪德拉斯大會印象集》（上海市：中華全國基督教協進會，1939年），頁89。

93 "Miss Pao-Swen Tseng: A Heroine of Today", *India's Women and China's Daughters*, May, 1939, p.71.

94 曾寶蓀：《曾寶蓀回憶錄》（香港：基督教文藝出版社，1970年），頁126-127。

一位上倫敦電視節目的中國女性，她向西方觀眾描述了中國女性的工作，即經常在槍林彈雨中為難民提供庇護所，救濟傷患，組織青年集訓。儘管曾寶蓀個人也希望能夠對女生實施不同的訓練，使她們著不同的服裝，但是大眾的要求是男女一致。這些女生訓練使用卡賓槍，負重行軍。[95]

此後不久，曾寶蓀還在英國做了「中國婦女與民族危機」（*Chinese Women and the Nation Crisis*）的演講，主要闡述了中國婦女在民族危機中的貢獻。國難中的中國婦女在政府的引導之下參加紅十字會和急救訓練，她們被派遣到醫院、難民營、前線和城市之中救護空襲之後的病患。而稍通文墨的女性，則教授中國農民知識，為士兵讀、寫家信，幫助政府作大量抗戰宣傳工作以增強民眾的愛國主義精神。還有不少女性在男性同胞上陣殺敵之時進入工廠接替他們的工作，或者參加兒童救濟工作。此外，民間婦女組織還在絕大多數火車站或港口開設小型食堂，等待運載傷兵的火車從前線開來，滿足他們的需求並確保能將其送到後方醫院，而且她們還為士兵趕製了多套軍裝等等。最後，曾寶蓀還呼籲所有的中國女性要盡其所能，以確保中國能夠成為捍衛世界和平的一股力量而非其他國家的威脅。[96]

一九三九年七月，曾寶蓀乘坐輪船返回香港。一九四〇年六月，寓居香港的曾寶蓀參加香港女青年會二十周年慶典活動時，特意演講「民族危機中中國女性的貢獻」（*Chinese Women's Contribution in the National Crisis*），闡述中國女性為中國的抗日戰爭所做的貢獻。[97]一

---

95 "London Visitor: Miss Tseng Describes Work in China", *South China Morning Post*, Feb. 4, 1939, p.16.

96 "Chinese Women and the National Crisis", *South China Morning Post*, May 12, 1939, p.5.

97 "Y. W. C. A. Anniversary: Twenty Years of Work in the Colony: Chinese Girl of Today", *South China Morning Post*, Jun 18, 1940, p.5.

九四一年十二月七日，珍珠港事變爆發，隨後美國對日宣戰，英國也捲進了第二次世界的遠東戰場。一九四一年十二月二十五日，港督楊慕琦舉降旗，香港陷落。一九四二年六、七月間，香港糧食匱乏，致使餓殍遍野，慘不忍睹。無奈之下，日本人開始同意大陸人返回內地。八月三十日，曾寶蓀得余鐵六、廖傅亞、朱志群等人的幫助，乘坐日輪白銀丸到廣州灣，後經柳州、衡陽等地返回湘鄉。[98]自此以迄抗戰勝利，曾寶蓀等人都居住在富厚堂，一方面支持地方的抗日遊擊隊，一方面興辦教育，興辦公共事業。

一九四六年，張純士、李琬等人勸曾寶蓀第三次復校。一九四六年五月二十四日，曾寶蓀返回長沙，復校速度加快，並逐漸走上正軌。總體而言，學校規模與師資力量已不如從前，但是，學生們既能和眾，又有獨立的精神；既能欣賞中國文化，又具有科學的精神；既能崇信基督，又不忘記孔孟之道。[99]

一九四八年，國民政府召開第一屆國民大會，曾寶蓀在曾氏宗親的幫助以及地方民眾的支持下，被推選為湘鄉縣國民大會代表，前往南京參加會議。曾寶蓀在此次大會中成了主席團中僅有的三名女性之一（其他兩人是沈慧蓮、張希文）。曾寶蓀還與胡適、于斌、陳啟天、孫亞夫等四名黨外人士聯合調解副總統競選一事。

曾寶蓀自南京回湘後，時局日益動盪。適逢印度總理尼赫魯繼承聖雄甘地的遺志，於一九四九年召開世界和平大會，並邀請曾寶蓀和曾約農兩人參加大會。當時正處於國共政權更迭之際，國民政府已經遷都廣州，所占地盤僅西南一隅，原本在邀請名單之列的幾名中國代表因故無法與會。但是，曾寶蓀、曾約農突破重重阻礙，前往廣州辦理護照，並如期到達加爾各答，與來自英、美、法、日等國三十多名

---

98 曾寶蓀：《曾寶蓀回憶錄》（香港：基督教文藝出版社，1970年），頁157-162。

99 曾寶蓀：《曾寶蓀回憶錄》（香港：基督教文藝出版社，1970年），頁176。

代表一同討論世界和平問題。[100]當時大陸政權已經完全易手，印度政府也正式承認了中華人民共和國政權，會議結束之後，曾寶蓀經過羅家倫等人的幫助，方才於一九五〇年三月順利抵達香港。

第三節　寓臺時期

　　曾寶蓀在香港滯留大概半年之後，孫沂芳攜宋美齡信件來訪，邀其前往臺灣。一九五一年年初，曾寶蓀輾轉抵臺。期間一度返回香港料理曾昭樺喪事。抵臺之後，應宋美齡的邀請，曾寶蓀擔任婦女工作委員會委員，並加入中華婦女祈禱會。一九五一年復活節時，在《中央日報》上發表《論復活》一文，闡述身處二十世紀科學昌明的時代，如何認識復活的歷史性和時代性。曾寶蓀主要從「耶穌復活是否歷史上一件事實」，「耶穌是復活了」，「耶穌在教會上的重要」，「復活在今日中國的意義」四個方面論述，號召國民「跟從主耶穌，由死入生，由肉入靈，由敗轉勝。」[101]

　　作為一位民族主義者，常常閱讀時事新聞和報章雜誌的曾寶蓀，對於馬來西亞等國的民族解放運動也頗為關注，甚至還發表文章，以馬來半島為例，闡述英帝國主義在其殖民統治的失敗，以及美國捲入馬來半島的經過。最後，曾寶蓀指出：所有亞洲國家的民眾都走在民族解放的道路上，馬來半島也不例外，可是，殖民主義者和帝國主義者顯然沒有從中國經驗中吸收教訓。韓國、中南半島和馬來半島反抗壓迫與剝削的自由鬥爭已經到了公開戰鬥的階段，其最終必將以勝利而告終。[102]在闡述菲律賓政府的危機（包括民眾起義、經濟危機等）

100　曾寶蓀：《曾寶蓀回憶錄》（臺北市：龍文出版社股份有限公司，1989年），頁216。

101　曾寶蓀：〈論復活〉，《中央日報》，第2版，1951年3月25日。

102　Tseng P. S, "British Face Defeat in Malaya", *China Weekly Review*, Sept 1, 1950, pp.16-18.

之時，曾寶蓀甚至認為當下之菲律賓與三四年前的中國在諸多方面是
有可比較之處的。[103]這兩篇文字，表面上是寫馬拉西亞和菲律賓的民
族解放運動，認為在英國勢力退出這些地區之後，新進入的美國勢力
不僅沒有解決之前的問題，反而更使得這些地區陷入了「美元危
機」。實際上是暗含曾寶蓀自身的民族主義思想，即將西方帝國主義
勢力和殖民者趕出亞洲，實現亞洲各國自由與民主的目標。

　　一九五二年，曾寶蓀就任臺灣駐聯合國婦女地位委員會的首席代
表，前往日內瓦開會，討論婦女在政治、經濟、法律、職業和社會上
的種種問題。[104]畢其一生，曾寶蓀始終置身於近代中國女性解放事業
之中。早年留學英國，而後又多次遊歷各國，已經留下不少關於各國
女權運動的文字。但是，與之前不同的是，此次是代表政府，與各國
婦女領袖討論婦女問題，自然更加深了其對於世界女權運動的認識。
當然，曾寶蓀仍然堅持其一貫的觀點，即女子教育乃女權運動之根
本。她甚至在《自由中國》上發文指出：

> 吾人統觀全球婦運，其實際發展之國，皆女子教育充分之國。
> 此所謂教育，包括學校教育及實際經驗在內。女子教育落後之
> 國家，法律縱然開明，仍只少數女子，得享女權之利。反之，
> 女子教育普遍提高，且有服務成績之國家，法律縱然於女子不
> 利，仍能逐漸擴展女權，俾日益接近男女平等。[105]

此外，曾寶蓀甚至還進一步指出：「教育一個男人，就是教育一個人；

---

103 Tseng P. S, "Philippine Liberation Movement", *China Weekly Review,* Jan. 1, 1951, pp. 15-17.

104 曾寶蓀：《曾寶蓀回憶錄》（臺北市：龍文出版社股份有限公司，1989年），頁197。

105 曾寶蓀：〈談世界婦女地位〉，《自由中國》第9卷第11期（1953年12月），頁16。

教育一個婦女，就是教育一家人。」[106]針對婦女代表的種種苦衷與弊端，曾寶蓀建議婦女代表要接受高等教育，尤其是應該對中國文化歷史有深刻的研究；要熟悉世界大事；要至少能講一門外語；要有高尚的社交態度；要有良好的演講經驗。[107]

　　一九五三年十一月十一日，正逢美國副總統尼克森訪問臺灣，並由其主持臺灣東海大學破土典禮。身為東海大學校董的曾寶蓀也參與其中。尼克森的主題演講是「勉勵中國把握住下一代青年及保存中國國粹」。[108]事後，曾寶蓀特寫竹枝詞以紀念此事：「四牡東末歷九垓，金鼇玉棟一齊開。臺中破土開東海，博得邦人讚美來。」[109]

表1-3　東海大學歷任董事表[110]

年份	董事長	董事
1953	杭立武	蔡一諤、蔡培火、彌迪理（Harry Daniel Beeby）、魏德光、高天成、誠恩慈、狄卜賽夫人、黃武東、張靜愚、明有德、陳明清、安迪生、曾寶蓀、黃彰輝、葛蘭翰
1954	杭立武	蔡一諤、蔡培火、彌迪理、魏德光、高天成、誠恩慈、狄卜賽夫人、黃武東、張靜愚、明有德、陳明清、安迪生、曾寶蓀、黃彰輝
1955	杭立武	蔡一諤、蔡培火、彌迪理、魏德光、誠恩慈、狄卜賽夫人、黃武東、張靜愚、明有德、陳明清、曾寶蓀、黃彰輝、林宗義、麥克納斯（Rev.Donald MacInnes）

---

106 〈曾寶蓀抵臺，準備出席亞盟會議〉，《中央日報》，第1版，1955年5月18日。

107 曾寶蓀：〈去年世界女權運動的觀感〉，《自由中國》第14卷第2期（1955年1月），頁10。

108 曾寶蓀：《曾寶蓀回憶錄》（臺北市：龍文出版社股份有限公司，1989年），頁214。

109 曾寶蓀治喪委員會主編：〈尼克森辭職竹枝詞〉，《曾寶蓀女士紀念集》（臺北市：曾寶蓀治喪委員會印行，1978年），頁76。

110 東海大學史編纂委員會：《東海大學史：民國44年-69年》（臺北市：東海大學出版社，1981年），頁505-506。

以曾國藩為代表的曾氏先人之手澤，原本保存在湘鄉曾氏大宅之中。抗日戰爭爆發以後，戰火波及湘省，曾約農作為長房，在將老父安置在南寧之後，隨即返回老家，帶齊工友將先人手澤及重要文件運送至南寧，後又因戰火進一步擴大而輾轉至香港。珍珠港事件爆發以後，香港淪陷，曾寶蓀姐弟易名返鄉，先人手澤得以順利繼續保存。曾寶蓀姐弟離開大陸去臺時，亦將曾氏家族先輩手澤帶往臺灣，並代表曾氏家族保存。但此舉畢竟屬於私人行為，且為居住條件所限，未能保證妥善處理。此類文獻前後在各地輾轉，殊為不易。最後由吳相湘、毛子水等人建議，由學生書局影印一部分，以便流傳世界。一九七一年，正逢曾國藩誕辰一百六十周年農曆十月十一日（曾國藩生辰），曾氏姐弟邀請曾氏家族後裔（包括俞大維、俞大綱等外姓成員），商討保存辦法。經過討論，最終決定寄存臺北故宮博物院。一九七二年二月七日，曾氏姐弟正式將曾氏文獻轉交給蔣復璁院長。

　　一九七三年，正逢曾寶蓀與曾約農八十大壽。藝芳校友在婦女之家為其舉行八十大壽的壽典，並特意選在藝芳女校第一次被毀的日子（四月八日），蔣介石夫婦頒贈壽軸，嚴家淦親來祝壽，同行者還有張群等人，場面甚是熱烈。[111]藝芳女校學生給曾寶蓀拜壽也是藝芳女校的一大傳統。藝芳女校三十周年校慶時，唐士嫻就曾寫道：「曾寶蓀主持藝芳女校期間，注重人格之感化，以至於『同學於畢業後，常以校長之訓誨，奉為處世圭臬，屢思返校，重沾雨澤。遇有疑難，常以遠離校長，不能請示為恨。迄今每屆校長誕辰，必相約返校拜壽。』」[112]

---

111 〈曾寶蓀八秩大慶，弟子們定明上壽〉，《中國時報》，第3版，1972年4月7日；〈死裡逃生，難忘此日：曾寶蓀曾約農昨歡度壽辰〉，《中國時報》，第3版，1972年4月9日，劉克銘：〈曾寶蓀八十壽慶憶往〉，《中央日報》第3版，1972年4月7日。

112 唐士嫻：〈校長偉大人格之感化力〉，《藝芳》（三十周年紀念特刊）（1948年9月20日），頁18。

一九七八年七月二十七日下午二點四十八分，曾寶蓀因心臟病而病逝於臺北，享年八十六歲。八月七日上午八點二十分開始，在臺北市立殯儀館舉行公祭，十點舉行追思禮拜，由周聯華牧師主禮，十點五十分發引安葬陽明山公墓。[113]

曾寶蓀女士之喪，昨在臺北市立殯儀館舉行追思禮拜[114]

曾寶蓀治喪委員會撰寫祭文陳於曾寶蓀靈前：「緊維女士，遠紹遺芬。襟懷豁達，識見超群。負笈英倫，力求深造。興學培才，瘁心文教。膺選國代，聲譽彌隆。贊襄大計，懋著精忠。天不憗遺，隕星台海。布奠申誠，歆此脯醢。」[115]

113　〈曾寶蓀之喪，今公祭安葬〉，《中國時報》，第3版，1978年8月7日；〈曾寶蓀之喪：昨舉行公祭〉，《中央日報》，第3版，1978年8月8日。

114　〈曾寶蓀之喪：昨舉行公祭〉，《中央日報》，第3版，1978年8月8日。

115　曾寶蓀治喪委員會主編：〈治喪委員會祭文〉，《曾寶蓀女士紀念集》（臺北市：曾寶蓀治喪委員會印行，1978年），頁8。

但是，真正意義上能將曾寶蓀的一生經歷與多重身分囊括概盡，當屬藝芳校友會所題之祭文：

衡嶽湘鄉，水遠山長。文正一脈，日月同光。篤生女傑，立志遠航，虔信基督，豐獲靈糧。育才敭校，著績藝芳。菁莪廣植，詩禮含香。師嚴母愛，訓誨慈祥。栽培陶冶，一秉義方。因其材智，示以行藏。銜華佩寶，入奧升堂。中庸垂範，上達成章。倭氛殄滅，赤禍披猖。乘桴行道，邁于小康。憲壇獻替，讜論明詳。折衝樽俎，正義弘揚。光復大計，鼎力勖勤。胡天弗弔，賢哲云亡。山頹木壞，同服心喪。滂沱涕淚，摧折肝腸。音容宛在，長憶門牆。仰瞻天國，厚德難忘。追思致奠，聖潔並彰。靈其不昧，來格來賞。[116]

曾寶蓀病歿之後，費海璣為其作悼亡詩一首：

天國近了！
上帝召你去了。
最後的審判開庭了！
苦難的中國同胞的冤情，
賴你在上帝前作證了！[117]

曾寶蓀去世三年之後，其親友、同鄉、門生以及女界代表在臺北

---

116 〈藝芳校友會祭文〉，曾寶蓀治喪委員會主編：《曾寶蓀女士紀念集》（臺北市：曾寶蓀治喪委員會印行，1978年），頁11。

117 費海璣：〈追悼曾寶蓀先生〉，曾寶蓀治喪委員會主編：《曾寶蓀女士紀念集》（臺北市：曾寶蓀治喪委員會印行，1978年），頁49。

市新生南路懷恩堂為其舉行追思禮拜，仍由周聯華牧師證道，然後《中央日報》董事長曹聖芬報告曾寶蓀生平行誼，並指出曾氏有三點值得青年認識與效法：「（1）冒險精神：敢於衝破傳統牢籠，放棄舒適尊榮生活，成為華中女子第一個出國留學女學生。（2）創造能力：不受任何資助，創辦藝芳女校，成為一所十足中國本色的基督教學校，本著倫理、民主、科學本質辦學。（3）虔誠的信仰：永遠的感激，以基督的信仰，充實勇氣，實現理想，迭次完成國家交付任務，對周遭人常懷著感激之心。」[118]大抵可以稱得上是對曾寶蓀的蓋棺定論。

　　曾寶蓀一生勤於著述，其著有《歧路》、《實驗宗教學教程》、《婦女對文化之貢獻》、《曾寶蓀回憶錄》、《中國卜算術》（*The Chinese Horoscope*）等，並與張心漪合譯凱薩琳‧福布斯（Kathryn Frobes）《慈母心》一書。至於曾寶蓀的文章、演講和詩文，則散見於《教務雜誌》、《中華基督教教育季刊》、《女青年月刊》、《藝芳季刊》、《中央日報》、《自由中國》等刊物。

118　〈曾寶蓀逝世三周年，各界舉行追思禮拜〉，《中央日報》，第4版，1981年7月28日。

第二章
曾國藩家族的基督化

　　曾國藩家族作為近代中國歷史上赫赫有名的大家族，經過半個世紀歐風美雨的浸淫，西化程度日漸加深，並在此過程之中，其內部成員的泛基督化的過程亦與之相伴始終。民國肇建前後，曾國藩家族一直都面臨著「國難」與「家變」的雙重壓力，同時，維繫家族情感與認同的儒家思想信仰開始為少數思想日漸新潮的家族成員所撕裂，基督教信仰適時地填充了撕裂地帶，造就了曾氏家族的第一批基督徒，導致曾國藩家族作為一個典型的儒學家族開始「變色」，曾國藩家族後裔始終以孔門弟子自居，卻同時又在近代歐風美雨之中日漸西化，甚至部分成員由儒入耶，搖身一變，成了耶穌門徒。最終，曾國藩家族實現了由獨宗孔孟的單一信仰型家族向儒耶並峙的多元信仰型家族的轉變。曾國藩家族的轉型不僅僅是自身教育方針的衍變，更是對激盪時代裡如何自處與生存的一種抉擇。

第一節　西學東漸與曾國藩家族的社會轉型

　　美國漢學家韋慕庭（C. Martin Wilbur）曾指出：「假使不考慮出洋留學及西方教育對於中國之影響，則不能瞭解近代之中國。」[1]作為晚清士大夫家族中較早出洋的代表，曾國藩家族一直注重對西學知

1　Y. C. Wang, *Chinese Intellectuals and The West, 1872-1949*, Chapel Hill: University of North Carolina Press, 1966, p.v.

識的吸收，曾國藩家族在近代的轉型與整個近代中國的社會轉型暗相
契合，似乎是一種同步同源的關係。

中年以前的曾國藩本對夷物無甚興趣，心中的世界就是孔孟名教
和程朱理學。但自鴉片戰爭以後，社會形勢大變。太平天國運動的爆
發，徹底改變了曾國藩及其家族的命運，也改變了他對夷物的態度，
尤其是在剿滅太平天國起義的過程之中，曾國藩認識到了西方科學技
術，主要是軍事技術上遠勝於中國，轉而引導中國開始洋務運動。
「師夷長技以制夷」已然成為那個時代洋務派的精神圭臬。因此，曾
國藩除了創辦軍械工廠，還試圖派遣留學生前往歐美國家學習新式科
技。因此，可以說，曾國藩是曾氏家族第一位真正意義上開始接觸西
學之人，也是曾氏家族開啟西化之旅的領頭羊和開拓者。

在曾國藩的子嗣之中，曾紀澤科場失意，卻同時又最醉心於西
學。他很早就已經接受西藥，還喜歡照相、逛洋貨店、學洋琴，日記
所載之西洋物件顯微鏡、鐘錶、照相機等不下數十百種。[2]當然，最
突出的表現就是自學英文，常常謄抄英文單詞，以英文聖經為入門教
材，甚至以無人對話練習口語而苦惱。曾紀澤在出使域外之時所作之
日記，對於當時國人乃至後人而言都不失為接觸西洋的一種有效的載
體，[3]他甚至還用英文發表了對後世影響深遠的《中國先睡後醒論》。[4]
曾國藩三子曾紀鴻，「幼年好學不倦，精通算學，兼用苦功念英文，
以求能讀外國書籍。」[5]他曾將圓周率推演至一百多位，此乃從古未

---

2 林維紅：〈面對西方文化的中國女性：從《曾紀澤日記》看曾氏婦女在歐洲〉，《浙
   江學刊》2007年第4期，頁213。

3 Rev. A. P. Parker, "The Dairy of Marquis Tseng", *The Chinese Recorder*, Vol. 22, No. 8
   (Aug., 1891), pp.345-353.

4 Marquis Tseng, "China's-The Sleep and the Awakening", *The Chinese Recorder*, Vol. 18,
   No. 4 (April 1887), pp. 146-153.

5 曾寶蓀：《曾寶蓀回憶錄》（香港：基督教文藝出版社，1970年），頁1。

有之事。[6]

　　曾紀澤撫子、曾紀鴻四子曾廣銓，字靖彝，號敬貽，曾出任兵部武選司員外郎、英法參贊、出使韓國大臣欽差、德國大臣等職。[7]曾廣銓擅長譯學，精通英、法、德及滿洲語。他之所以精通數種外語，多次出任外交使節，是因為年幼之時，即已隨父生活在歐洲，不僅為其創造了良好的語言環境，也為其增長見識、出任外交使節奠定了良好的基礎。戊戌變法前後，曾廣銓作為維新人士，積極參與變法運動，還擔任《時務報》（後改名《昌言報》）的總翻譯，譯介了不少外國學說。

　　至於曾國藩的曾孫輩，青少年之時正逢中國廢除科舉制度。正如有學者指出，在科舉制度廢除以後，原本的文化世家也同時在適應新的社會潮流，並改變自身原有的教育方向，因此，曾經產生過若干狀元、進士和舉人的科舉世家，在轉變之後，亦轉型成為新式教育體制下的院士、教授和工程師世家。[8]在此形勢之下，曾國藩家族也悄然開始轉變自身的教育策略。據曾寶蓀回憶，在其年幼之時，祖母郭筠「不贊成八股文章，也不願兩孫去考秀才，但她要我們學外國文字，因為那時正是留日高峰，所以我家裡也聘了一個日本人森村要教日文。」[9]此外，不少曾孫輩成員還出洋留學，因此，他們的西化程度要遠勝父祖。以《湘鄉大界五修族譜》中所記載傳豫房昭字派成員為

6　〔清〕諸可寶編：《國朝後續補四‧曾紀鴻》，《疇人傳》，江陰南菁書院，光緒十二年，卷六，頁12。

7　《湘鄉大界曾氏五修族譜》，1946年三省堂刻本，卷十三，頁76。關於曾廣銓的研究，參見姚翠翠：〈曾氏第二位外交官曾廣銓〉，《內蒙古農業大學學報（社會科學版）》第12卷第4期，頁329-332。

8　徐茂明：〈西學東漸與近代蘇州文化世家的教育轉向〉，復旦大學歷史系編：《江南與中外交流》（上海市：復旦大學出版社，2009年），頁83-84。

9　曾寶蓀：《曾寶蓀回憶錄》（香港：基督教文藝出版社，1970年），頁20。

例，有出洋經歷者如下：曾昭樅（約農，以字行）英國倫敦大學理科
工程科學學士，英國皇家礦學院採礦系工程師畢業；曾昭權美國麻省
理工大學電機工程學士；曾昭桓乃美國意利諾大學鐵路土木工程學
士。其他成員，除幼殤者外，曾昭杭（上海美術專門學校，長沙華中
美術學校校長，湖南省政府參議）、曾昭樺（香港大學文學士，天
津、煙臺、南寧、貴陽、重慶各海關幫辦，稅務司財政部專門委員，
廣西省政府高級顧問）、曾昭柯（中央陸軍軍官學校第十五期，軍政
部外事局少校參謀）、曾昭億（國立南洋大學鐵路管理科學士，湘鄂
株萍兩路聯合辦事處會計主任，津浦鐵路會計處主任，北平鐵路管理
學院交通博物館主任，軍政部兵工署會計主任，會計科長，稽核專
員，購料委員會薦任會計科長兼代兵工署昆明辦事處主任秘書）、曾
昭楗（湖南大學商科學士，川滇公路局宣威段會計主任）、曾昭棉
（上海無線電專門學校，漢口公路局無線電臺臺長）、曾昭諫（交通
大學公務管理科經濟學士）。[10]從其所選擇之專業與職業，不難發現，
曾國藩家族昭字派成員受西方影響之深，儼然已成為與舊時代截然不
同的新中國的新國民。

　　至於女性成員的情況如何，林維紅指出：「曾氏家族婦女一方面
在保持婦道和名教上是這個時期上層官宦家族婦女的代表；另一方面
也因曾氏男性的勇於接觸西方新事物，而有了不同於當時絕大多數上
層官宦人家婦女的機運。」[11]曾氏家族由男性成員（主要是曾國藩、
曾紀澤父子）而不是傳統意義上的族內年長女子主導家族內部女性成
員的教育。另外，由於個性的不同與時代的差異，導致曾國藩、曾紀
澤父子對於子侄女性成員的教育方式也出現了較為明顯的差異，即在

10 《湘鄉大界曾氏五修族譜》，1946年三省堂刻本，卷十三，頁79-82。

11 林維紅：〈面對西方文化的中國女性：從《曾紀澤日記》看曾氏婦女在歐洲〉，《浙
　　江學刊》2007年第4期，頁211。

曾紀澤時代曾氏家族女性成員開始逐漸突破傳統的女紅習俗與閉塞的社會風氣，初步接觸了西學（西方社會的科學知識與文明禮儀），並在曾紀澤主導之下在中西之間做了一個基本的折中。曾紀澤的個人性格、際遇與時代的變化，將曾國藩家族造就成為一個「西化色彩頗為濃厚的官宦家庭」，曾氏家族的女子也如曾紀澤一般，「既遵守舊禮法，也接受西方新文化」。[12]而曾紀澤作為一個既守舊又趨新的過渡式人物，為曾氏家族「最早的『新女性』鋪排好了邁向未來之路」。[13]但同時，曾紀澤及曾氏家族成員的此種轉變，即由守舊到迎新，卻也反映出當時西化過程中步履之艱難。甚至林維紅還曾進一步指出：「紀澤家人子女與西方新事物的接觸，實際上可能遠遠超過他日記中所曾記載的。這種潛移默化的教育，不見於功課單，意義與影響卻同樣重大。」[14]

質而言之，曾國藩家族的早期女性仍然呈現出從屬於男性成員的一種社會狀態，她們自身的獨立性尚未完全凸顯出來。雖然她們在一定程度上已經開始接觸西方文化與社會知識，但是由於自身沒有發聲的機會與能力，多已湮沒史海。縱令如曾廣珊等人，即使有詩集傳世，所作詩文也多為閨閣之作，難見西學身影。與男性成員相似，曾氏家族女性成員也遲至昭字派（女性以「寶」字入名），方才出現接受西式教育的新式女性。曾廣鐘次女曾寶菡，是浙江廣濟醫院的醫學博士，上海骨科醫院主任醫師，杭州廣濟醫院兒童骨科部主任，英美

---

12 林維紅：〈婦道的養成：以晚清湘鄉曾氏為例的探討〉，黃克武主編：《第三屆國際漢學會議論文集：性別與醫療》（臺北市：中央研究院近史所，2002年），頁117。

13 林維紅：〈婦道的養成：以晚清湘鄉曾氏為例的探討〉，黃克武主編：《第三屆國際漢學會議論文集：性別與醫療》（臺北市：中央研究院近史所，2002年），頁113。

14 林維紅：〈婦道的養成：以晚清湘鄉曾氏為例的探討〉，黃克武主編：《第三屆國際漢學會議論文集：性別與醫療》（臺北市：中央研究院近史所，2002年），頁121。

德法瑞士五國研習醫師。[15]曾廣銓之女曾寶荀上海滬江大學畢業，曾
廣鑾之女曾寶蘇華中大學理科學士，曾廣鎔之女曾寶菰燕京大學畢
業。[16]此外，《湘鄉大界曾氏五修族譜》還允許家族內部的女性成員入
譜，已然打破了傳統私家修纂家譜的慣例。以往之家譜，存在著嚴重
的性別歧視，只允許男子成員入譜，女性成員只能以女兒或妻子的附
屬身分入譜，且有姓無名。但在《湘鄉大界曾氏五修族譜》中卻載
明：「女子不字，且經親支公人有承嗣權者，得照男丁例提行。」[17]此
次收錄家譜之女子，乃守貞不字者，即終生不嫁的人。除了這批浸染
西學的曾國藩家族的直系女性後裔之外，昭字派的曾氏後裔所娶之妻
也多為國內外大學畢業者，因而也更進一步加深了曾國藩家族的西化
程度、推進了曾國藩家族的社會轉型。

因此，經過半個世紀歐風美雨的浸淫，曾國藩家族已經由一個傳
統的儒學宗族轉變成了新式的西化家族。昭字派成員的出國留學或接
觸西學，在民國肇建之時，已經成為了民國時期真正意義上的新國
民。而在辛亥革命之後，曾國藩家族已經完全由一個官僚型家族轉變
成了學者型家族。而毫無疑問的是，曾國藩家族的昭字派成員正是這
次轉型的見證者與完成者。

第二節　辛亥革命以前的曾氏族人與基督教

以曾國藩為代表的深受儒學傳統影響，始終以曾子後裔自居的曾
國藩家族早期成員，雖然一生都在堅守自身的儒家傳統，但在中西文
化對視與華夷大變的形勢之下，他們或因時勢需要（中外交涉、國窮

15　《湘鄉大界曾氏五修族譜》，1946年三省堂刻本，卷十三，頁82。

16　《湘鄉大界曾氏五修族譜》，1946年三省堂刻本，卷十三，頁79-82。

17　〈凡例〉，《湘鄉大界曾氏五修族譜》，1946年三省堂刻本，卷首，頁11。

民弱），或因自身興趣使然（基督教教義、教理），逐漸摒棄了早期的反教言論，並加深了對基督教的理性認知，而這一過程既與曾國藩家族的西化同宗同源，也為曾國藩家族的泛基督化奠定了基礎。

一　曾國藩、曾國荃兄弟的基督觀

曾國藩的天命觀是以儒學為主體，兼及其他各家尤其是老莊思想。[18]美國學者黑爾也認為：「除了向家族祭祀和偶爾地向本地的神靈祭祀外，曾國藩對於宗教組織並不感興趣。」[19]事實上，中年以前的曾國藩志在修習義理之學，並不熱衷於洋務，遑論當時被視為「洋教」的基督教。直至太平天國運動自廣西席捲而來，曾國藩奉旨督練湘軍，試圖鎮壓信奉拜上帝教的太平天國軍隊。在「反孔」與「衛道」直面交鋒的時刻，一八五四年二月二十五日，曾國藩發表〈討粵匪檄〉闡述其關於基督教的認識：

> 粵匪竊外夷之緒，崇天主之教。自其偽君偽相，下逮兵卒賤役，皆以兄弟稱之。謂惟天可稱父，此外凡民之父，皆兄弟也；凡民之母，皆姊妹也。農不能自耕以納賦，而謂田皆天王之田；商不能自買以取息，而謂貨皆天王之貨；士不能誦孔子之經，而別有所謂耶穌之說、《新約》之書。舉中國數千年禮義人倫、詩書典則，一旦掃地蕩盡。此豈獨我大清之變，乃開

18　李育民：《曾國藩傳統文化思想研究》（長沙市：湖南師範大學出版社，2006年），頁151。

19　〔美〕黑爾著，李宵、李辰揚譯：《外國人眼中的中國人：曾國藩》（北京市：東方出版社，2013年），頁231。

關以來名教之奇變，我孔子、孟子之所痛哭于九原！[20]

此外，曾國藩還指斥太平天國運動的存在三大問題，分別是「迷惑人民、虐殺人民」、「破壞中國良風美俗」和「暴虐無道」。[21]因此，曾國藩甚至告誡曾國荃等人：「既已帶兵，自以殺賊為志，何必以多殺人為悔？此賊之多擄多殺，流毒南紀；天父天兄之教，天燕天豫之官，雖使周孔生今，斷無不力謀誅滅之理。既謀誅滅，斷無以多殺為悔之理。」[22]

〈討粵匪檄〉中內含的反教言論對於整個湘軍和湖南地區的反教傳統產生了相當之大的影響。[23]在魯珍晞看來，可能是由於太平天國運動時期所遺留下的反基督教情緒造就了湖南反教中心的地位。[24]梁啟超就指出：「發逆之役，湘軍成大功，故囂張之氣漸生，而仇洋之風以起。」[25]正是由於湖南的保守主義傳統與反教勢力的強盛，使得湖南成為近代中國最後一個允許洋人入境的省分。[26]

此時的曾國藩對於基督教與天主教之間的差異不甚了了，甚至將

---

20 〔清〕曾國藩：〈討粵匪檄〉，《曾國藩全集‧詩文》（第14冊）（長沙市：嶽麓書社，2011年），頁140。

21 〔日〕櫻井信義著：〈曾國藩〉，東京，1943年，第32頁，轉引自張玉法：《近代變局中的歷史人物》（北京市：九州出版社，2013年），頁16。

22 〈致沅弟季弟〉（咸豐十一年六月十二日），鄧雲生編校標點：《曾國藩全集‧家書一》（長沙市：嶽麓書社，1985年），頁737。

23 李恩涵：〈咸豐年間反基督教的言論〉，劉小楓主編：《「道」與「言」：華夏文化與基督教文化相遇》（上海市：生活‧讀書‧新知三聯書店，1996年），頁159-160。

24 〔美〕傑西‧格‧盧茨著，曾鉅生譯：《中國教會大學史（1850-1950）》（杭州市：浙江教育出版社，1988年），頁33。

25 梁啟超：《戊戌政變記》（北京市：中華書局，1954年），頁126。

26 Arthur Vale Casselman, *It Happened in Hunan*, Philadelphia, PA: The Continental Press, 1953, p.26; G. Thompson Brown, *Earth Vessels and Transcendent Power: American Presbyterian in China, 1837-1952*, Maryknoll, New York: Orbis Books, 1997, p.169.

二者混為一談。其中緣由在於，曾國藩發布〈討粵匪檄〉之前，曾以
衡陽和湘潭為基地籌建湘軍水師，且於秋後進駐衡陽。而衡陽和湘潭
是湘省天主教的主要傳布地區，曾國藩在兩地的生活經驗使得他對於
天主教有相當感性的認知。[27]但是，當時尚未有基督教傳教士進入湖
南，直到一八六三年，才有第一個基督教傳教士進入湖南，即華中循
道會的創立者郭修禮（Josiah Cox）牧師。[28]清政府雖然已經承認宗教
自由，但遲至第二次鴉片戰爭之後方才允許西方傳教士進入內地自由
傳教。因此，曾國藩錯將基督教當作天主教。[29]

　　此外，〈討粵匪檄〉在一定程度上也是曾國藩有意歪曲基督教的
產物，其意在爭取當時的士紳以對抗太平天國運動。因此，一八六二
年，曾國藩去函王家璧時特意檢討其在〈討粵匪檄〉中文過飾非的問
題，並進一步批評反教者借助〈討粵匪檄〉製造教案：

> 昔年所作之檄文，偶及粵匪之教，天父天兄，昆父祖母，大紊
> 倫紀，文字粗淺，不足稱述。近乃有好事者，為檄痛詆天主
> 教，詞旨鄙穢，輾轉傳播，頗滋事端。璧意我苟求勝於彼，不
> 必錙銖較量，尤不在語言文字——今審時量力，茫無足恃，一
> 時快意，不過揚湯止沸，將來招侮，仍不免掩耳盜鈴。[30]

27 易惠莉：〈士紳言論與晚清中國——圍繞《海國圖志》、《討粵匪檄》的分析〉，《思想與文化》2007年第7期，頁61。

28 Kenneth Scott Latourette, *A History of Christian Missions in China,* New York: The Macmillan Company, 1929, pp. 375-376; G. Thompson Brown, *Earth Vessels and Transcendent Power: American Presbyterian in China, 1837-1952,* Maryknoll, New York: Orbis Books, 1997, p. 169; Arthur Vale Casselman, *It Happened in Hunan,* Philadelphia, PA: The Continental Press, 1953, p.26.

29 趙曉陽：〈譯介再生中的本土文化和異域宗教：以天主、上帝的漢語譯名為視角〉，《近代史研究》2010年第5期，頁78。

30 〔清〕曾國藩著；江世榮編注：〈覆王孝鳳駕部〉，《曾國藩未刊信稿》（北京市：中華書局，1959年），頁128。

在鎮壓太平天國之後，曾國藩位列地方大員，在整個一八六○至一八七○年代，正是教案迭發的時代。[31]至於民教衝突產生的原因，曾國藩認為：「凡教中犯案，教士不問是非，曲庇教民；領事不問是非，曲庇教士。遇有民教爭鬥，平民恒屈，教民恒勝。教民勢焰愈橫，平民憤鬱愈甚，鬱極必發，則聚眾而思一逞。」為此，曾國藩建議朝廷擬定，「此後天主、仁慈各堂，皆歸地方官管轄。堂內收入一人，或病故一人，必應報明註冊，仍由地方官隨時入堂查考。如有被拐入堂，或轉賣而來，聽本家查認備價贖取。教民與平民爭訟，教士不得干預杠幫。」[32]但同時，這一時期也正是曾國藩深化關於基督教的認識、摒棄此前陋見的過程。因此，曾國藩在兩江總督和直隸總督任上處理了不少與基督教有關的事務（如教案）。例如，曾國藩處理天津教案之時，曾在進行充分調查之後並向國人宣布：傳教士並未拐賣中國人口，也未有挖眼、掏心之舉。[33]除此之外，曾國藩還曾與雷遹駿、徐博理、白振鐸等傳教士交談，傳教士的多次造訪，加深了曾國藩對基督教的認識。後來，曾國藩結合自身經驗論述在華各種宗教之時指出：

> 自中外通商以來，各國皆相安無事，惟法國以傳教一節，屢滋事端。即各教流傳，如佛道回等教，民間皆安之若素；雖西人之耶蘇教，亦未嘗多事。惟天主一教，屢滋事端，非偏有愛憎

---

31 Paul A. Cohen, *China and Christianity: The Missionary Movement and the Growth of Chinese Antiforeignism (1860-1870)*, Harvard University Press, 1963.

32 〔清〕曾國藩：〈天津府縣解京請敕部從輕定擬並請嗣後各教堂由地方官管轄片〉（同治九年八月二十六日），《曾國藩全集・奏稿》（第十二冊）（長沙市：嶽麓書社，2011年），頁85。

33 〔美〕費正清、賴肖爾著，陳仲丹等譯：《中國：傳統與變革》（南京市：江蘇人民出版社，2014年），頁288。

也。良由法人之天主教，但求從教之眾多，不問教民之善否。
其收入也太濫，故從教者良民甚少，莠民居多。[34]

　　無獨有偶，天津教案結束之後，曾國藩去京面聖時指出「教堂近
年到處滋事，教民好欺不吃教的百姓，教士庇護教民，領事官好庇護
教士。」[35]針對天主教與新教的問題，曾國藩曾上奏朝廷：「兩派相互
仇視得利害，往往會相互拆臺，因而中國政府可以利用它們之間的矛
盾，不必對雙方都採取進攻性政策。」[36]在此，曾國藩不再將基督教
與天主教混為一談，大抵此時已然明瞭二者之間的差異。曾氏甚至進
一步闡明自身立場：並非對基督教和天主教有厚此薄彼的想法，而是
因為法國但求增加教民數量而不問教民是否良善，導致天主教徒良莠
不齊。因此，在民教衝突中，傳教士庇護教民，而領事又庇護傳教
士，致使頻頻誘發教案、屢生事端。曾氏此種觀點概括了當時教案的
基本特點，而這也恰恰反映出了曾國藩對基督教認識水準的提高。

　　此外，隨著曾國藩對基督教認識的不斷加深，也逐漸分清天主教
和基督教之間的差異，甚至對於世界大勢（佛教、伊斯蘭教、天主教
和基督教的源流與現狀）都有了一定程度的瞭解，但仍未曾絲毫改變
其作為孔孟弟子的立場。一八六七年，曾國藩寫道：

　　　　查天主教之始專以財利餂人，近日外國教士貧窮者多，彼之利

34　〔清〕曾國藩：〈天津府縣解京請敕部從輕定擬並請嗣後各教堂由地方官管轄片〉
　　（同治九年八月二十六日），《曾國藩全集‧奏稿》（第十二冊）（長沙市：嶽麓書
　　社，2011年），頁84。

35　〔清〕曾國藩：《曾國藩全集‧日記》（同治九年九月二十七日）（長沙市：嶽麓書
　　社，1994年），頁1787。

36　〔英〕李提摩太著，李憲堂、侯琳莉譯：《親歷晚清四十五年：李提摩太在華回憶
　　錄》（天津市：天津人民出版社，2005年），頁108。

有所不給，則其說亦將不信。自秦漢以後，周孔之道稍晦，而佛教漸行。然佛教興於印度，今日之印度，則所從回教，而反疏佛教。天主教興於泰西，今日之泰西，則另立耶穌教，而又攻天主教。可見異端之教，時廢時興，惟有周孔之道，萬古不磨。[37]

同時，曾國藩建議朝廷改革，使「修政齊俗，禮教昌明」。如此，縱令傳教士如何開拓傳教，終難有信奉者。不過，紫山川崎三郎卻據此認為曾國藩對於來華傳教士「持不偏不倚的見解」，持論最為平正。[38]

與〈討粵匪檄〉中截然相反的是，晚年曾國藩承認天主教的教義在於勸人為善，並在奏摺中特意指出：「天主教本係勸人為善，聖祖仁皇帝時久經允行，倘戕害民生若是之慘，豈能容於康熙之世？即仁慈堂之設，其初意亦與育嬰堂、養濟院略同，專以恤窮民為主，每年所費甚巨，彼以仁慈為名，而反受殘酷之謗，宜洋人之忿忿不平也。」[39]因此，此時的曾國藩對於基督教的認識已經日益客觀化，也是一種典型的「去妖魔化」的漸進式過程，而遠非〈討粵匪檄〉中所折射出的儒耶衝突。縱然如此，曾國藩的認識水準也僅停留在反對傳教士庇護教民，干涉中國內政和司法主教的行徑，並未多少關注基督教教義及其精神內核。當然，其作為孔孟弟子的身分認同也始終未曾改變。因此，在華洋雜處的中西對視之下，曾國藩既維護了傳統又超

---

37 〔清〕曾國藩：〈遵旨預籌與外國修約事宜密陳愚見以備採擇折〉（同治六年十一月十五日），《曾國藩全集・奏稿》（第九冊）（長沙市：嶽麓書社，2011年），頁582。

38 〔日〕紫山川崎三郎著，王紀卿譯：《曾國藩傳：日本人眼中的曾國藩》（香港：中和出版有限公司，2012年），頁136-137。

39 〔清〕曾國藩：〈查明天津大概情形折〉（同治九年六月二十三日），《曾國藩全集・奏稿》（第十二冊）（長沙市：嶽麓書社，2011年），頁494。

越了傳統，既保守舊物又衝撞了舊物。[40]

　　與兄長曾國藩不同，曾國荃的宗教信仰則顯得更為複雜，其對佛老之學頗為推崇。一八七六年四月，曾國荃給曾國潢的信中指出：「近明於學佛之理，方以求解五十三年以前之孽障，為孜孜不遑，未暇新增意志，倘再修造有得，道心堅定，斯不至於自誤耳。」[41]曾國荃主政山西之時，適逢發生丁戊奇荒。為解決長年持續的乾旱問題，他曾在給何璟的信劄中指出：「月餘以來，設壇遍禱，日日呼天請命，迄未能感召和甘。」[42]同年十二月，他又寫道：「省外仍無雪澤，刻擬設壇續禱，弗知能如願否？」[43]

　　此外，曾國荃還曾多次募款興修寺廟。一八八〇年，湘省士紳重修南嶽大殿時，曾國荃「發函致各省知交，同結善緣，力襄盛舉。期年之內，約計數萬金，或可湊齊。」他之所以如此，是因為他認為南嶽在五嶽之中獨稱壽嶽，修復大殿，可使「祝融壯色、天柱增輝，並以忠愛之忱，為國祈福。異時嶽靈顯應，申甫降生，世澤綿長。」為此，他甚至還以李鴻章為例，此前李鴻章敬禮南嶽，整修一次，致使「十數年來坐領兼圻，官民交孚，身名俱泰。至其家簪纓之盛、科第之榮，方興未艾。太夫人起居八座，既壽而康，慶事萃於一門。」[44]

　　曾國荃雖然並不認同基督教教義，但其仍然對傳教士在華賑濟災民的義舉給予了相當正面的評價。一八七八年六月，曾國荃上書總理

40　楊國強：〈曾國藩簡論〉，《歷史研究》1987年第6期，頁94。

41　〔清〕曾國荃著；梁小進整理：〈致仲兄〉（光緒二年四月），《曾國荃全集・書劄》（第3冊）（長沙市：嶽麓書社，2004年），頁438。

42　〔清〕曾國荃著；梁小進整理：〈覆何筱宋〉（光緒五年四月），《曾國荃全集・書劄電稿》（第四冊）（長沙市：嶽麓書社，2004年），頁46。

43　〔清〕曾國荃著；梁小進整理：〈覆江蓉舫〉（光緒五年十二月），《曾國荃全集・書劄電稿》（第四冊）（長沙市：嶽麓書社，2004年），頁101。

44　〔清〕曾國荃著；梁小進整理：〈致李玉帥〉（光緒六年七月），《曾國荃全集・書劄電稿》（第四冊）（長沙市：嶽麓書社，2004年），頁151。

衙門指出他一直都在按照和約，發給來晉傳教之人護照並妥為保護。而對於當時在山西賑濟災民的李提摩太，曾國荃寫道：「英國教士李提摩太等，攜銀來晉放賑，迭准直隸來諮，當即分委妥員會同辦理，先在陽曲徐溝，諸稱平順。嗣該教士聞省南災務尤重，願赴平陽散發，亦經分飭照料辦理，均極妥協。」[45]不過，在李提摩太看來，曾國荃認為傳教士賑濟災民只是為了收買人心，使得民眾對政府離心離德。[46]

關於粵東的傳教士，曾國荃曾寫道：「示諭甫傳教士即相率避匿，非我公之神力不及此，惟是聖朝寬大之德至於如此，若再鷹眼不化，韓吏部弓矢具在，欲終免於鱷魚之悔也，蓋亦難矣。」[47]而針對粵東揭陽、普寧地區激烈的民教衝突，曾國荃認為正本清源之法使：「於郡縣總分各局添選公正紳士董理其事，並委員赴鄉查明房族正副選舉補充，飭令嚴束子弟交匪補良。」他甚至感慨道：「以家法之嚴，佐官司之所不能及，即以暗制之道，銷異端之害於無形。一族舉一端人，而子弟之不肖皆戢；族族得一正士，而地方之邪莠皆除。此即周官族師黨正之規，聖人以智成仁之道。」[48]

在一定程度上而言，曾國荃可以稱得上是曾國藩家族傳統儒家信仰的第一位「叛教者」。他在中晚年之時於儒教信仰之內另闢一條道路，即篤信佛教的同時又以周孔之道應對基督教的挑戰，此舉也與當時的反教士紳並無二致。

---

45 〔清〕曾國荃著；梁小進整理：〈上總理衙門〉（光緒四年六月），《曾國荃全集·書劄》（第三冊）（長沙市：嶽麓書社，2004年），頁574-575。

46 〔英〕李提摩太著，李憲堂、侯琳莉譯：《親歷晚清四十五年：李提摩太在華回憶錄》（天津市：天津人民出版社，2005年），頁107。

47 〔清〕曾國荃著；梁小進整理：〈覆彭雪琴〉（光緒十年十二月），《曾國荃全集·書劄電稿》（第四冊）（長沙市：嶽麓書社，2004年），頁249。

48 〔清〕曾國荃著；梁小進整理：〈致方照軒〉（光緒八年），《曾國荃全集·書劄電稿》（第四冊）（長沙市：嶽麓書社，2004年），頁199。

二　曾紀澤與傳教士之交誼

　　曾紀澤（1839-1890），作為曾國藩的長子和襲爵之人，年輕之時，即已深受其父曾國藩及洋務運動的影響而醉心西學，曾在守制期間依靠英文詞典和英文《耶穌書》等材料自學英語。[49]而且，此時的曾紀澤關於基督教的認識完全在洋務中，而且他還比較瞭解天主教在湖南的傳教概況。一八七八年，曾紀澤在回京面聖履職時，慈禧太后問及湘省洋人情況，曾氏回道：「湖南沒有洋人入境，惟衡州、湘潭有天主堂，偶有洋人改扮中國裝束者來傳教者，卻也不常有。」[50]

　　儘管出洋之前的曾紀澤對於基督教的認識尚不全面，但面對中外實力相距甚遠的現狀，他因勢而為，理性地指出：「中國臣民當恨洋人，不消說了，但須徐圖自強，乃能有濟，斷非毀一教堂，殺一洋人，便算報仇雪恥。」[51]並以其父曾國藩處理天津教案一事為例，進一步指出：

　　　　近觀近來時勢，見得中外交涉事件，有時須看得性命尚在第二層，竟須拼得將聲名看得不要緊，方能替國家保全大局。即如前天津一案，臣的父親先臣曾國□（避家諱：引者注，下同），在保定動身，正是臥病之時，即寫了遺囑，分付家裡

49　〔美〕丁韙良著，沈弘、惲文捷、郝田虎譯：《花甲記憶——一個美國傳教士眼中的晚清帝國》（桂林市：廣西師範大學出版社，2004年），頁245；〔清〕曾紀澤著，劉志惠點校：《曾紀澤日記》（光緒四年正月元日），（長沙市：嶽麓書社，1998年），頁719。

50　〔清〕曾紀澤著，劉志惠點校：《曾紀澤日記》（光緒三年七月十六日）（長沙市：嶽麓書社，1998年），頁679。

51　〔清〕曾紀澤著，劉志惠點校：《曾紀澤日記》（光緒四年八月廿八日）（長沙市：嶽麓書社，1998年），頁776。

人，安排將性命不要了。及至到了天津，又見事務重大，非一
死所能了事，於是委曲求全，以保和局。其時京城士大夫罵者
頗多，臣父親引咎自責，寄朋友的信常寫「外慚清議，內疚神
明」八字，正是拼卻聲名，以顧大局。其實當時時勢，舍曾國
□之所辦，更無辦法。[52]

因此，出使期間的曾紀澤，多次參觀教堂、教會學校和教徒的婚禮，
並在日記中對於其中的基督教儀式也描述得相當詳細。[53]在曾紀澤看
來，教堂在歐西諸國所承擔的角色類似於中國的宗廟，「自天子至於
庶人，典禮儀文皆舉行於教堂。升冕之典，蓋合教廟為一禮也。」[54]
他在參加法蘭亭（法國人，信仰天主教）婚禮之後，在日記中指出：
「教師祈禱，手舞足蹈，秉鐸揮塵，默誦經咒，間以樂歌，與中華僧
道大致相同。或言天主教緣飾佛教，殆有據也。」[55]曾紀澤和郭嵩燾
等早期出使西洋的使節一樣，也認為基督教與東方佛道等相似，是承
續佛道思想與儀式，甚至老子西出流沙之後上古三代的思想西傳之說
亦不無道理。[56]為了比對中西文化，曾紀澤還特意「將二十八星宿、

---

52 〔清〕曾紀澤著，劉志惠點校：《曾紀澤日記》（光緒四年八月廿八日）（長沙市：嶽麓
　　書社，1998年），頁776-777。

53 〔清〕曾紀澤著，劉志惠點校：《曾紀澤日記》（長沙市：嶽麓書社，1998年），頁
　　857-858、898-899。

54 〔清〕曾紀澤著，劉志惠點校：《曾紀澤日記》（光緒九年四月廿一日）（長沙市：嶽麓
　　書社，1998年），頁1248。

55 〔清〕曾紀澤著，劉志惠點校：《曾紀澤日記》（光緒五年六月初八日）（長沙市：嶽麓
　　書社，1998年），頁898-899。

56 關於基督教的起源，郭嵩燾秉承「西教東源說」的觀點，但其語境中的「東方」，
　　並非傳統地理學中的「近東地區」，而是比「東方」更「東方」的印度和中國，即
　　佛教與儒教文明的發源地。郭氏認為基督教之學說不僅沒有佛教的精微，而且祖其
　　學說之處頗多，如生死輪回、捨身救世之說，即：「西洋基督之教，佛氏之遺
　　也。」而「基督教門原本摩西，而西方佛氏之流傳以慈悲為宗，以生死禍福為說，

生肖禽獸寫記一圖，以證西洋禮拜七日分配日月五星之恰相符合也。」[57]曾紀澤也曾閱讀傳教士所贈之基督教經典。例如，他就曾詳細翻閱傳教士韋廉臣（Alexander Williamson）所贈送的《福音書圖說》一書。[58]同時，曾紀澤對於民教衝突也有了一些新的看法：「各省難辦之案，常因民教不和，若能撤去邀譽於紳民，陽遵條約，暗拒教士之成見，專論其事之有理無理，不問其人之是教非教，則棘手之事，亦當減少。」[59]

此外，曾紀澤也與李佳白（Gilbert Reid）、德貞（John Dudgeon）、樊國梁（Pierre Marie Alphonse Favier）等來華傳教士過從甚密。一八七八年二月二日，中國農曆新年，曾紀澤親自拜訪了丁韙良（William Alexander Parsons Martin）、德貞等傳教士好友，並久坐長聊，由此可見曾紀澤與德貞及丁韙良關係之密切。曾紀澤與他們接觸、交談，不僅可以練習口語，還可增進西學知識。使西時期的曾紀澤就多次翻閱丁韙良所撰關於國際法的論著，以便自身在出使英法等國之時，運用國際法知識維護國權。醫療傳教士德貞更是其家庭醫生，曾氏家族成員無分男女，一旦染疾，大都是延請德貞為其診斷。因此，德貞得以與曾紀澤子嗣建立密切的關係。例如，德貞甚至還通過曾廣銓以支持戊戌政變之後維新派人士的變法活動，而曾廣銓也在《昌言報》上多次翻譯德貞文章，如《德貞醫生論中英交涉事》。[60]

其教流遍西土，雖各自立宗主，而宣播推衍不離此旨。」參見〔清〕郭嵩燾：《郭嵩燾日記》（第三卷）（長沙市：湖南人民出版社，1982年），頁548、774。

57 〔清〕曾紀澤著，劉志惠點校：《曾紀澤日記》（光緒九年二月廿四日）（長沙市：嶽麓書社，1998年），頁1234。

58 〔清〕曾紀澤著，劉志惠點校：《曾紀澤日記》（光緒九年十一月廿八日）（長沙市：嶽麓書社，1998年），頁1295。

59 〔清〕曾紀澤著，喻嶽衡點校：〈巴黎覆陳俊臣中丞〉（壬午年九月二十一日），《曾紀澤遺集》（長沙市：嶽麓書社，1993年），頁195。

60 曾廣銓譯：〈德貞醫生論中英交涉事〉，《昌言報》第1期（1898年），頁11-12。

曾紀澤因梅輝立（William Frederick Mayers）引薦而得以認識丁韙良、艾約瑟（Joseph Edkins）和德貞，並雅稱他們為「四君子」，並概述各人之優長：

> 續精學之士英國艾君約瑟、德君約翰、美國丁君韙良，亦先後得訂交焉。德君專精醫術，求診者接踵於門，刀圭所投，噓枯起廢，暇則抉微洞幽者為一快，以正中華醫術之失而補其所未備。艾君經學邃密，於國朝錢戴段嚴之所撰述無不研精探討，衷諸至當，昌而非之，雖使諸公復生，未必不心折而首肯也。丁君為同文館總教習，取西學之有益於中國者，政治、學術、生明、文物逐漸翻譯纂輯成書。梅君則取中土載籍有裨於公若私者，敷陳其義，撰為西文，與丁君事異而意同，各盡其職云爾。[61]

艾約瑟曾應赫德之邀將泰西新出之書譯為中文，曾紀澤在序言中稱讚道：「今閱此十六種，探驪得珠，剖璞呈玉，遴擇之當，實獲我心。雖曰發蒙之書，淺近易知，究其所謂深遠者，第於精微條目益加詳盡焉耳，實未始出此書所紀範圍之外，舉淺近而深遠寓焉，詎非涉海之帆楫，燭暗之燈炬歟！」[62]無獨有偶，曾紀澤也曾為同文館教習丁韙良《文法舉隅》一書作序。[63]出使期間的曾紀澤也經常閱讀丁韙良所

---

61 〔清〕曾紀澤著，喻嶽衡點校：〈大英國漢文正使梅君碑銘〉，《曾紀澤遺集》（長沙市：嶽麓書社，1983年），頁158。

62 〔清〕曾紀澤著，喻嶽衡點校：〈《西學述略》序〉，《曾紀澤遺集》（長沙市：嶽麓書社，1983年），頁137-138。

63 〔清〕曾紀澤著，喻嶽衡點校：〈《文法舉隅》序〉，《曾紀澤遺集》（長沙市：嶽麓書社，1983年），頁135-136。

翻譯的《萬國公法》一書，以便使用國際法知識處理中外交涉之事。
烏石山教案之後，曾紀澤就主張延請律師，按照國際公法評斷是非曲
直，並認為：「中國通商各口，遇有華洋交涉案件，各執一辭，爭論
不休，自可延請狀師，按照西律評斷曲直。」[64]

　　曾紀澤自一八九〇年患病直至去世的整個治療過程，德貞都參與
其中。[65]曾紀澤自歐西歸京之後，幾乎每日與德貞有所交談，這些交
誼活動除卻一般意義上的友朋往來之外，他們還曾就某些中外交涉之
事有所交流。高晞曾統計了曾紀澤自英法歸國出任總理衙門大臣、戶
部右侍郎兼負責同文館事務至一八九〇年因傷寒去世共三年零五個月
的日記，發現德貞是曾紀澤生命最後三年多的時間裡見面次數最多、
交談最為頻繁的人。[66]曾紀澤去世之後，西方輿論界對他評價甚高，
盛讚其歸國之後盡力採用西法尋求改革的舉措。[67]

　　雖然曾紀澤頻頻與傳教士交往，亦曾閱讀基督教義書籍，但其並
不認同基督教，甚至認為《舊約全書》「可笑之至」。[68]但是，曾氏在
論及基督教時，卻又指出：「教者，所以束縛凡民，使不為惡。賢智
拔萃者創其說，而邦國之君師，因之義勸懲百姓。舉天下為天堂、地
獄之說者，立旨雖異而本源實同。上智不為教所縛，然亦不肯昌言攻

---

64 〔清〕曾紀澤著，喻嶽衡點校：〈巴黎致總署總辦〉（庚辰年六月十六日），《曾紀澤
　　遺集》（長沙市：嶽麓書社，1983年），頁181。

65 高晞：《德貞傳：一個英國傳教士與晚清醫學近代化》（上海市：復旦大學出版社，
　　2009年），頁163。關於曾紀澤的具體診斷記錄，參見劉志惠點校，王澧華審閱：
　　《曾紀澤日記》（下）（長沙市：嶽麓書社，1998年），頁1872-1876。

66 高晞：《德貞傳：一個英國傳教士與晚清醫學近代化》（上海市：復旦大學出版社，
　　2009年），頁165。

67 "The death of the Marquis Tseng", *The North-China Herald and Supreme Court &
　　Consular Gazette*, Apr.18, 1890, p.461.

68 〔清〕曾紀澤著，劉志惠點校：《曾紀澤日記》（光緒十一年十一月十二日）（長沙
　　市：嶽麓書社，1998年），頁1462。

之，以其有益於政治，可以補賞罰之不足也。」[69]

　　總體而言，曾紀澤主要將傳教士視為其學習西方器物與制度的一種媒介或載體，希求在傳教士獲得處理洋務和總理各國事務的技巧，因而與當時在京城的諸多頗有才華的傳教士密切交往。但是，他與父親曾國藩並無二致，也沒有對基督教義產生濃厚的興趣，其認知水準也停留在表面而未曾深入肌理，縱然他也曾翻閱基督教文獻。

三　曾廣鈞的詩文才情與西教知識

　　曾廣鈞對於基督教涉獵頗深，並認為基督教「以因信得義為教綱，亦似有其妙用與優點」，[70]並引《聖經》經文作典入詩，不僅豐富了典故的出處與源流，更是對中西文化融匯的一種有效嘗試。

　　曾廣鈞曾作《奧斯馬家國和吉長公主來滬遊歷二首》，並在序言中寫道：

> 奧斯馬家國和吉長公主來滬遊歷，蘇松太道龔仰蘧觀察宴之於製造局，余忝列末座。粵人張某，公主之譯曹也。述公主詢余家戰伐舊勳，及湖南風景甚詳。張頗解吟詠，贈余以詩，乃步韻以獻公主，且囑張譯以進，所運僻典，半出景教經藏。緣公主信教甚篤，有竇后黃老之風，故益以波瀾，投其嗜好。昔人言內典半出六朝，緣飾天主書，義趣甚卑，藻采尤略。緣飾之

---

69 〔清〕曾紀澤著，劉志惠點校：《曾紀澤日記》（光緒五年三月初八日）（長沙市：嶽麓書社，1998年），頁856。

70 《民國佛教期刊文獻集成·補編》（第八十三冊）（北京市：中國書店，2008年），第343頁；轉引自孫尚揚：〈曾國藩家族與基督教〉，《中國農業大學學報（社會科學版）》第26卷第1期（2009年3月），頁122。

功，良非易易。深通彼法者，必能知之。[71]

　　曾廣鈞何時作詩的時間已不可考，但據龔照瑗之生平及任職履歷，大抵可以得知是在一八八四至一八九〇年之間。曾廣鈞在序言中坦言，詩文所用之典故，稍顯偏僻，且多出自景教經典。甚至還不無得意地認為：「典半出六朝，緣飾天主書，義趣甚卑，藻采尤略。緣飾之功，良非易易。深通彼法者，必能知之。」由此可見，曾廣鈞接觸基督教之早，及對中國古代基督教經典涉獵之深。

　　第一首詩歌的內容如下：「是法無深淺，窺原見性真。長年禮神女，今日謁天人。自領玄言妙，方知藍石身。海州潮退早，七鴿證前因。」[72]奧斯馬家國即當時之奧匈帝國，其皇室信奉天主教，據《列國歲計政要》一書記載，奧斯馬家國（今譯奧匈帝國）信奉天主教者百分之六十六；信奉東正教者百分之二十；信奉基督教者百分之十。[73]故而曾廣鈞在詩中用「神女」指代聖母瑪利亞，意指天主教的聖母崇拜。「自領玄言妙，方知藍石身」之語出自於：「他的兩手好像金管，鑲嵌水蒼玉。他的身體如同雕刻的象牙，周圍鑲嵌藍寶石。」（歌5:14）預示著上帝與選民的關係，而「自領玄言妙」則是站在選民的立場揭示自身被揀選的過程。「海州」是「海洋」和「陸地」的意思，「七鴿」應是「七天」和「鴿子」的合稱。因此，「海州潮退早，七鴿證前因」一句是出自於《創世紀》八章八節至十二節，講述上帝耶和華以大能發洪水，淹沒一切，而後潮水漸從地面退去之故事。

　　第二首詩歌的內容如下：「飛鳥巢何處，群羊念已差。玉顏終土

71　曾廣鈞：《環天室詩集》，宣統元年刻本，卷三，頁5-6。

72　曾廣鈞：《環天室詩集》，宣統元年刻本，卷三，頁6。

73　〔英〕麥丁富得力編纂，〔美〕林樂知口譯，鄭昌棪筆述：《列國歲計政要》，上海圖書館整理：《江南製造局譯書叢編·政史類》（上海市：上海科學技術文獻出版社，2012年），頁106。

壤，寶血染塵沙。休毀葡萄樹，長吟百合花。定隨書拉女，歌舞上天家。」[74]此詩的大部分典故都出自於《雅歌》，而《雅歌》素有「舊約啟示錄」之稱，內容精深無比，曾廣鈞頻用此典，可見其學識之深。「飛鳥巢何處，群羊念已差」出自《但以理書》第四章第五之三十七節：尼布甲尼撒王臣因不聽至高者的命令而喪失權柄，後又因稱頌至高者而得享權柄之事。「飛鳥」原出自尼布甲尼撒之夢境。「寶血」為基督寶血之意，「你們既稱那不偏待人、按各人行為審判人的主為父，就當存敬畏之心，度你們在世寄居的日子。知道你們得贖、脫去你們祖宗所傳流虛妄的行為，不是憑著能壞的金銀等物，乃是憑著基督的寶血，如同無瑕疵、無玷污的羔羊之血。」（彼前1:17-19）「群羊」、「葡萄樹」和「百合花」皆為《雅歌》之中的掌故，「書拉女」是指書拉密女，「天家」應是「天堂」之意。「定隨書拉女，歌舞上天家」一句出自：「回來，回來，書拉密女！你回來，你回來，使我們得觀看你！你們為何觀看書拉密女，像觀看瑪哈念跳舞的呢？」（歌6:13）

通過這兩首詩歌的典故分析，不難發現，曾廣鈞擅長用典，且對於聖經內容，信手拈來。無獨有偶，狄葆賢在《平等閣詩話》中談及曾廣鈞時，也認為他「生有異稟，博覽群書，於世界各宗教學派莫不精研貫徹，故有時托之吟詠，微言妙諦，迥人出表。」[75]關於曾廣鈞善用西教典故一事，吳宓更是直接地指出：「環天室詩學六朝及晚唐，以典麗華贍、溫柔旖旎勝。用典甚豐，典多出魏晉書南北史，或出耶教聖經。」[76]在曾氏後裔受洗入教之前，曾廣鈞就已經開始大量涉獵世界各大宗教，並將基督教聖經故事化作典故引入詩歌。由此可見，曾廣鈞的國學功底之深與對基督宗教瞭解之透徹。

---

74 曾廣鈞：《環天室詩集》，宣統元年刻本，卷三，頁6。

75 平等閣主人編著：《平等閣詩話》（上海市：時報館，1908年），頁11。

76 吳宓著，吳學昭整理：《吳宓詩話》（北京市：商務印書館，2005年），頁212。

第三節　曾國藩家族基督徒成員的系譜

　　辛亥革命爆發之後，社會形勢紛繁複雜、人心陷溺，曾國藩家族後裔或去職還鄉、絕意仕途，轉而研究基督教義；或在教會學校求學，深受基督教氛圍的薰陶；或與傳教士和基督徒相交，得以窺見聖經奧義。同時，辛亥革命的爆發，也使得社會風氣大變，與晚清時期相比，儒家士紳及其子嗣入教的阻力大為減少。高伯雨就曾寫道：「在前清，入教還有些體制上的不便，到了民國，沒有拘束，號稱典型的名門宦裔，也就首先信起教來了。」[77]於是，不少曾國藩家族成員最終選擇了基督教，逐漸跨出了那重要的一步，即由孔門弟子轉變成為耶穌門徒。整個曾國藩家族的基督徒成員系譜如下。

一　曾國藩家族的曾氏基督徒成員

　　曾國藩家族基督徒成員中輩分最高者當屬曾紀芬（1852-1942），她幼年深受儒教教育，六十歲之後卻篤信基督教。[78]曾紀芬曾先後擔任基督教協贊會名譽幹事、中華基督教女青年會總會董事、基督教救國會女會長等職。

　　曾紀芬接觸基督教主要是受曾廣鐘、聶雲台兩人的影響。曾廣鐘多次到聶家宣傳基督教義，曾紀芬晚年曾回憶道：「渠常來為余說基督教真理，余深為開悟，遂有服膺之志。」[79]一九一五年二月十四日，曾

77　高伯雨：《聽雨樓隨筆》（三）（香港：牛津大學出版社，2012年），頁122。

78　張心漪：〈我的外婆──崇德老人聶曾紀芬〉，《曾氏會訊》1985年第30期，頁16。

79　曾寶蓀、曾紀芬：《曾寶蓀回憶錄‧崇德老人自訂年譜》（長沙市：嶽麓書社，1986年），第二部分，頁49。

紀芬與聶雲台、蕭敏春同時受洗於上海昆山路監理會禮拜堂。[80]關於曾紀芬等人受洗入教的重要性，瑪麗・蓋姆威爾（Mary N. Gamewell）認為他們的洗禮：「關係中華教會，實非淺鮮。吾人可目之為特殊之禮拜日。」[81]記者也感慨：「從此教會多一柱石，天國得一棟樑，不禁為吾道慶得人也。」[82]

受洗之後的曾紀芬：「通道彌篤，每日讀經，祈禱不輟。主日必赴堂禮拜，晚間則集子婿諸孫於一堂，親為講道，娓娓不倦。」[83]曾紀芬曾在兒媳蕭敏春殯儀當晚，以紙張畫了一幅精細的十字架，還特意與雇傭蘇州繡工刺繡，預備自己壽終之時而用：「余頗欲於臨終時，以此十字架置餘胸次，蓋不如是，人將不知余為基督徒而死也。」[84]此外，曾紀芬還嚴格遵照十一奉獻，並在一九一八年析分家產時特意強調：「余近奉基督教，稔知博愛之道，首重濟困扶危，謹遵《聖經》逢十獻一規律，提出一成，作為慈善經費，日後永遠不得處分，每年收入子金提作教會以及各公益水旱災疫捐款，母金非不得已不可提用，庶幾先人好善懿德可以垂諸久遠。」[85]

雖然曾紀澤認為《舊約全書》「可笑之至」，但其直系後裔卻成了

---

80 按：貝德士和王治心誤認為曾紀芬三人受洗時間是1914年。（參見章開沅、馬敏主編：《社會轉型與教會大學》（武漢市：湖北教育出版社，1998年），頁420；王治心：《中國基督教史綱》（上海市：上海古籍出版社，2004年），頁258-259。

81 Mary N. Gamewell，凌華富譯：〈聶雲台夫人之殯儀〉，《清心鐘》第2卷第1期（1919年1月），頁16。

82 曾寶蓀、曾紀芬：《曾寶蓀回憶錄・崇德老人自訂年譜》，頁49；陳春生：《民國教會大事記（民國三年七月至四年七月）》，中華續行委辦會編：《中華基督教會年鑑》第2冊（臺北市：中國教會研究中心、橄欖文化基金會聯合出版，1983年），頁18；〈名人皈道〉，《青年》第18卷第4期（1915年），頁146。

83 聶其焜：〈余何以為基督徒〉，《上海青年》第19卷第7期（1916年4月），頁243。

84 Mary N. Gamewell，凌華富譯：〈聶雲台夫人之殯儀〉，《清心鐘》第2卷第1期（1919年1月），頁20。

85 曾寶蓀、曾紀芬：《曾寶蓀回憶錄・崇德老人自訂年譜》，頁50。

基督徒。曾寶蘇，曾廣鑾（襲侯爵）之女，曾紀澤孫女，生於一九〇
一年，早年求學於長沙藝芳女校，一九三六年獲華中大學理科學士，
並任教於該校生物系。[86]晚年寓居臺灣、美國等地。在華中大學求學
期間，曾寶蘇經常參加武昌女青年會的活動。一九三五年，她還曾向
母校藝芳女校介紹在武漢三鎮的校友時指出：

> 華中是五個基督教的組合體組成的，宗教的空氣，自然是很濃
> 厚。當我們在母校的時候，對於基督也稍微有一點認識，所以
> 我們在這裡對靈性上的修養，並沒有一時懈怠，每天的早禱必
> 到，至於關於宗教上的事儀，只要是我們能力所能做到的，同
> 時有機會給我們服務，我們決不推辭，因為我們覺得這似乎是
> 人生必不可少的工作。[87]

　　曾國藩直系後裔中的基督徒大都出自曾紀鴻一脈。曾廣鐘（1875-
1924），字君融，號季融，甲午戰爭時期，曾統率忠、恕兩營出關援
助朝鮮。歸國以後，補道分發浙江杭州任職，辛亥歸田。一九一二年
三月受洗入教，並創辦中國基督教會和明誠小學。[88]此外，曾廣鐘還
曾撰寫《聖經提要偈子》，此書「乃將四福音及使徒行傳的要義，用
五言韻語編成。」[89]曾廣鐘是曾國藩家族成員接觸基督教過程中的重
要人物，他不僅向曾紀芬等人宣講基督教教理，還力促曾寶蓀等人離

86　《私立武昌華中大學歷屆畢業生同學錄》，華中師範大學檔案館藏，檔號：LS11-
　　260。

87　曾寶蘇：〈武漢三鎮的母校畢業生〉，《藝芳》第2卷第3期（1935年5月），頁1。

88　《傳豫房昭字派齒錄》，《大界曾氏五修族譜》，1946年三省堂刻本，卷十三，頁
　　79。

89　《最近二年內教會出版之新書》，中華續行委辦會編訂：《中華基督教會年鑑》（第6
　　冊）（臺北市：中國教會研究中心、橄欖文化基金會聯合出版，1983年），頁143。

湘赴滬、杭等地教會女校求學，進而受洗入教。

　　事實上，曾廣鐘最初接觸基督教也是十分偶然。曾廣鐘的子女皆在杭州教會學校求學，平時攜帶《聖經》回家，曾氏閱讀之後，甚覺有理。半年不到，便決志信主。[90]曾廣鐘指出，當時社會民眾對於耶穌的一般印象，都視其為異端。但是，在翻閱《聖經》之後，得以窺見要旨，認為其並非「惑世汙民之書」。不過，因基督教並非中國本土宗教，故而未對其進行深究。及至遍游長江流域之時，得以「結交彼中純正清潔之宗侶，沃聞緒論，心醉其教。」其後又得到某友人饋贈之基督教書籍，「受而讀之，有疑則質，有難則問，有心得則拳拳弗失，相與朝夕，討論不輟。於是沉然思，恍然悟，而知耶穌之教之見真道，耶穌之教之感人神也。」[91]

　　一九一五年，曾廣鐘應湘潭聯合布道會之邀作見證，並且回憶了自身通道過程中對其產生重要影響的人及事。首先，紹興司榷沽同事吳雪堂帶領曾廣鐘前往浸禮會處看書報，曾氏還買了一本《新約》，通讀一遍之後得以通曉基督教教義，但仍無所得。其後，聶雲台又贈以《青年》雜誌。閱讀之後，曾廣鐘最佩服謝洪賚的文章，甚至還親自拜訪謝氏，並回憶到：「（謝洪賚）乃為一多病之青年，而其信心及言論，則實有基督之真光。余因略問基督宗旨及洗禮教會等事。謝君答以基督如何奇峰，非旦夕能知其面目，愈久愈進，自有基督之真像，為吾人所見。」[92]得此良規之後，曾廣鐘返回杭州，並與家人、親友在家研讀聖經。每日會客之時，皆告以基督教之道理和耶穌事蹟。此外，寓杭期間的曾廣鐘，還曾贈送給杭州青年會數千卷的中國政治和歷史方面的書籍。他甚至宣布自己是基督徒，並決計將自己獻

90　聶其焜：〈余何以為基督徒（續）〉，《上海青年》第19卷第8期（1916年11月），頁288。

91　曾季融：〈釋耶穌上帝永生說〉，《上海青年》第14卷第9期（1911年10月），頁193。

92　〈曾廣鐘之證道談〉，《金陵神學志》第2卷第2期（1915年6月），頁2。

身於福音事業。[93]

　　辛亥革命爆發之時，曾廣鐘以基督教義印刷文言文和白話文兩種單張，「以為自作主人的榜樣」。內容為十字架與我之關係，散發單張於蘇州、南京和上海一帶，頗受社會歡迎。此時，基督徒會邀請曾廣鐘敘餐，曾氏得以認識徐維繪[94]、柴蓮甫、龔伯瑛[95]、俞宗周[96]、周亮亭[97]、曹雪庚、丁立美[98]、陳金鏞[99]諸人，他們都勸說曾廣鐘受洗入

93　"Report of Hangchow Presbyterian College, 1911-1912", *Archives of the United Board for Christian Higher Education in Asia, RG11-B162-F3041.*

94　徐維繪（1875-1942），號琢仙，浙江鄞縣人。七歲時進入寧波府前耶穌堂讀書，十二歲時至江北岸崇信書院肄業。由於當時傳教士蒲德立在主日教授讀經唱詩，徐維繪幼年便受洗信主。十八歲時考入上海鄭家橋電報學堂，畢業後先後在九江、贛州等地工作。二十五歲時考入海關，遇見傳教士范約翰，得以進入中國聖教書會。一九〇二年，翻譯《聖經典林》。一九〇六年，出版《袖珍分類英語》，銷量達到數十萬冊。在擔任虹口堂長老期間，徐維繪還積極參與並援助俞國楨等人領導的中國基督教自立、自養運動。此外，徐維繪還兼職龍山孤兒院等機構。一九四二年九月五日，徐維繪離世。

95　龔伯瑛（？-1915），生年不詳，曾上海基督教青年會幹事，並在商務印書館專門司廣告，後擢升中國圖書公司和記經理。一九一五年一月三十日，龔伯瑛逝世。

96　俞國楨（1852-1932），字宗周，浙江鄞縣人。中國耶穌教自立會創辦人，兼全國總會第一任會長。畢生服務教會，提倡自立運動。畢業於杭州育英學院（即之江大學）。一八六九年受洗入教，一八九二年至寧波高橋任教，先後至杭州、湖州等地傳教，並任杭州長老會新市堂牧師。一八九四年轉任上海虹口長老會堂任牧師。一九〇六年，約集基督徒組織中國耶穌自立會，實行自立、自養。一九二四年，俞國楨辭去牧職。一九三二年，俞國楨離世。

97　周亮亭（1855-1925），浙江上虞人，五歲喪父，七歲遭遇太平天國運動，全賴慈母撫養方得成年。二十五歲時，周亮亭信奉基督教，並在寧波府前教會受洗入教。隨後跟從包孔嘉牧師習道，不久便有傳道之志，並決志為主獻身。三十六歲時，周亮亭至上海任福音會牧師。一九一七年，在上海兆豐路塘山路轉角處發起建立了一座名為禧年堂的教堂，周亮亭一面研究中醫，並以醫術救人，一面宣講耶穌的救人之道，幫助教友，使得不少教友都能自立。此外，周亮亭還曾發明了一種解除鴉片的藥，主要由幾種中藥組合而成。一九二五年十一月六日，周亮亭逝世。十一月八日，舉行喪禮，主喪者為謝志禧牧師，前來憑弔者有江長川、陳金鏞、俞國楨等人。

98　丁立美（1871-1936），山東膠州人，出生於一個基督徒家庭，是我國二十世紀著名

教。但是，曾廣鐘並不想加入任何宗派，又聽聞馬相伯在南京，欲求馬相伯傅洗。不過，馬相伯認為以此法受洗不合教規，故而未能承其所請。曾廣鐘返滬之後，忽然患頭痛病，於是請楊樹浦循道會醫療傳教士顯女士醫治。顯女士平時贈衣施藥，還兼為工人布道。當曾廣鐘請教顯女士所在之堂能否施洗之時，顯女士認為其所在之堂乃傳福音的地方，如若想施洗，可請各會中西友人來此施洗。但是，當時的曾廣鐘腦中尚含國際思想，而且平時多讀教會主張自立的學說，故而不想加入著名教會。因此，曾廣鐘於民國元年陰曆元宵（1912年3月3日），與妻子蕭淑華同時受洗禮於長安裡之小教堂。[100]

曾寶蓀受洗時間為一九一一年十二月二十五日，稍早於曾廣鐘，因此，可以認為是曾國藩家族第一位基督徒成員。[101]受洗之後的曾廣

的奮興布道家、基督教學生運動領袖，被譽為「中國的慕迪」。丁立美早年求學於登州文會館，一八九八年被按立為牧師。義和團運動期間，飽受折磨，後經狄考文營救獲釋。其後立志傳布福音於中華各地，建立中國本土化的教會，拯救同胞。丁立美主領奮興布道會，成立布道團，足跡遍佈冀、豫、東北及長江中下游一帶。丁立美布道對於青年學生很有吸引力，簡又文、曾寶蓀以及謝扶雅等著名基督徒皆因其布道而立志歸主。晚年，丁立美由福音布道轉向神學教育，常年在北方服務，因肝癌而於一九三六年九月二十二日榮歸主的懷抱，著有《立志傳道阻礙解決法》等書。

99　陳金鏞（1869-1939），浙江上虞人，幼年曾在教會學校讀書，一八八八年畢業於杭州育英學堂。歷任南京、新市、上柏、杭州、寧波各地學校教師，以及南京聖道書院的教職，並在南京區會封立為宣教師，兼任南京教會義務牧師，金陵神學院教授長達十餘年之久。一九一九年十二月，陳金鏞移居上海，主持廣學會文字布道事業。一九二九年，陳金鏞以年老辭職。一九三九年五月二十八日，陳金鏞因心臟病蓬然離世。

100　〈曾廣鐘之證道談〉，《金陵神學志》第2卷第2期（1915年6月），頁2-3。

101　按：北京大學孫尚揚教授僅據《曾寶蓀回憶錄》兩處（且時間上有衝突）關於曾廣鐘受洗時間的回憶，認為曾廣鐘為曾國藩家族第一位基督徒，當屬誤判。而貝德士錯認曾廣鐘與曾季融是兩個人，甚至誤指曾季融是曾國藩的侄孫。參見孫尚揚：《曾國藩家族與基督教》，《中國農業大學學報（社會科學版）》第26卷第1期（2009年3月）；章開沅、馬敏主編：《社會轉型與教會大學》（武漢市：湖北教育

鐘，攜家眷回到湖南老家，並邀集顏福慶、郭銘涯、李振鐸、陳家軫
等人在長沙成立了中華基督教自立會。因此，在他看來，創辦中國基
督教會，實乃「萬國擔負主功榮耀基督之舉」[102]。曾廣鐘自任會長一
職，兼負責籌措經費事宜。時任湘督的譚延闓為此還贈銀一千兩，附
贈一馬路旁之地基給中華基督教自立會。中華基督教自立會會址和會
堂皆設在曾廣鐘表弟聶潞生在長沙的住宅之中，禮聘吳幹臣、郭仁銳
兩位牧師負責傳教工作。[103]一九一四年訪問長沙的李提摩太，對曾廣
鐘印象甚佳，甚至認為曾廣鐘是「一個誠實的基督徒」[104]。一九一八
年，曾廣鐘邀請歸湘不久的曾寶蓀、曾約農姐弟，在長沙瀏陽門外購
買地皮。後得益於曾紀芬、聶雲台等人的經濟支助，於一九二一年破
土動工，興建自立會建築。原初構想是建立一個四合院，「正中廳是
禮拜堂，東西兩邊有些房間，預備做牧師住處、查經室、閱讀室、教
徒休息室，樓上房間較多。」[105]不過，房子尚未建成，曾廣鐘就因病
去世，年僅四十九歲。

此外，曾廣鐘還在老家湘鄉富圫設立分堂，創設明誠小學。抗日
戰爭時期，長沙中華基督教自立會成員逃難至此，富圫分會會務興盛
一時。抗戰勝利之後，逃難會員次第返回長沙，會務再次衰微。一九
四九年，富圫分會正式停止活動。[106]曾廣鐘在長沙創辦的中國基督教

出版社，1998年），頁466、472。按：劉家峰教授在翻譯貝德士《中國基督徒名
錄》時，也誤將曾季融翻譯成了曾季庸。

102 〈曾廣鐘之證道談〉，《金陵神學志》第2卷第2期（1915年6月），頁4。

103 湖南省地方誌編纂委員會編：《湖南宗教志》（長沙市：湖南人民出版社，2012
年），頁446。

104 〔英〕李提摩太著，李憲堂、侯琳莉譯：《親歷晚清四十五年：李提摩太在華回憶
錄》（天津市：天津人民出版社，2005年），頁349。

105 曾寶蓀：《曾寶蓀回憶錄》（臺北市：龍文出版社股份有限公司，1989年），頁224。

106 湘鄉縣地方誌編纂委員會編：《湘鄉縣誌》（長沙市：湖南出版社，1993年），頁
919。

自立會與俞國楨等人中國耶穌教自立會遙相呼應。曾廣鐘常常去上海
參加基督教自立運動的大會。一九一九年十月，當中國耶穌教自立會
福建莆田分會陳天眷、郭維新在上海寶通路長老會堂報告福建教務情
形以及教會自立之要旨時，曾廣鐘就與中華布道團幹事龐子賢、以及
俞國楨同致歡迎詞。[107]十一月七日，曾廣鐘又邀請上海基督徒至青年
會食堂舉行討論會，通告徵求全國自立會調查表，並編行年刊，最後
產生曾廣鐘、俞國楨、聶雲台、誠靜怡、陳春生、范弼等十一位執行
委員。[108]大抵同時，趙義民曾將曾廣鐘、李化吾和吳漢民視為「湘贛
三傑」，重點稱讚其熱心傳道，其尤為佩服曾廣鐘，並為其撰寫小
傳，茲謄錄如下：

> 曾廣鐘，號季融，湘鄉曾文正公之嫡孫，世歷宦海，忽焉了
> 悟，信靠耶穌，受洗於上海某公會，大得靈感，返湘後倡立中
> 華基督教會於長沙，設堂於八寶街，提倡聖教統一，以符一體
> 之義，而於萍鄉教會之自立，亦多贊盡焉，是三人者中華基督
> 教會之健者，故樂為之傳，以勵當世。[109]

曾廣鐘之妻蕭淑華，乃衡陽蕭韶之女，清朝時誥封淑人，生於一
八七二年九月十九日，卒於一九四五年三月二十四日，享年七十四
歲。生子曾昭權、曾昭桓、曾昭柟（早逝），生女曾寶荷、曾寶菡。
曾廣鐘的外孫女周耀曾（基督徒）曾回憶道：

> 我外祖母是外祖父領她信主的，她性情溫和，謙虛，言語寡

---

107 〈基督教會消息二則〉，《申報》，第11版，1919年10月2日。
108 〈青年會會食堂耶教徒之會議〉，《申報》，第11版，1919年11月9日。
109 趙義民：〈湘贛三傑小傳〉，《興華》第15卷第1期（1918年1月），頁27。

少，是有信心的虔誠的基督徒。她從來不在背後議論人，也從來不當面責備人，她講話時輕言細語，帶著和藹悅色的面孔，使你感到特別親切……她每天用放大鏡讀經，禱告（跪著），但我覺得，她有一個不夠的地方，就是她沒有向我們，孫、外孫女傳過福音，我星期六去看她時，她一定帶我去自立會主日崇拜。[110]

但是，蕭淑華尚在杭州之時，即已開始與曾廣鐘一同研習聖經，此後對於中華基督教自立會也頗為上心，襄助曾廣鐘的傳道工作。[111]

在曾廣鐘夫婦的影響下，其子女成為了基督徒。曾昭權（1894-1952），字威謀，一九二一年，畢業於美國麻省理工學院。曾廣鐘去世之後，曾昭權成為了中華基督教自立會的負責人。一九三五年的《湖南年鑑》曾記載：

（自立會）負責人為曾昭權、郭仁銳、胡慕穌。此會於民國元年租借瀏正街房屋，開辦福音講堂，呈請縣政府立案，正式成立教會，並附設明誠學校。民國十年，復購大鯰魚套地基，新建會堂，並於復興街設立福音講堂，又續辦平民識字班，及平民短期義務學校，此為華人自立之教會。[112]

此外，曾昭權還在藝芳女校充當教員和校董，故而聶雲台批評曾昭權

---

110 周耀曾：《周耀曾自傳》，未刊稿，轉引胡衛平：《湖南歷代文化世家・湘鄉曾氏卷》（長沙市：湖南人民出版社，2012年），頁210。

111 〈長沙中華基督教會來稿〉，《上海中華基督教會月報》第58期（1922年2月），頁13-16。

112 湖南省政府秘書處統計室：《湖南年鑑（1935）》（長沙市：湖南省政府秘書處，1935年），頁755。

等人：「沾沾於西教，且以之教其學生，予深惜之。蓋信仰一教，以為善在個人，目前未必有害。然主教育之人，當以人類世界利益為前提。」[113]曾寶菡（1896-1979），號咸芳，金陵女子大學畢業，後獲杭州廣濟醫院醫學博士，先後任上海骨科醫院主任醫師，杭州廣濟醫院兒童骨科部主任，英、美、德、瑞士等國研習醫師。曾寶菡是中國首位赴歐美各國考察學習骨症關節症以及幼稚性麻痺者的女醫生。[114]曾寶菡深受父親曾廣鐘和堂姐曾寶蓀的影響，終生未婚，並自小就信奉基督教，且使養女周富生（曾寶荷女）也成為了基督徒。[115]

曾紀鴻之女曾廣珊（1871-1949），從俞明頤，生子俞大維、俞大紱、俞大綱、俞大縝、俞大彩、俞大綱等人，晚年自號心杏老人、輝遠老人，有《鬘華仙館詩鈔》傳世。一九四九年六月二十一日，曾廣珊因心臟病久治無效病逝於香港。其骨灰葬在香港薄扶林道華人基督教永久墳場戊段五級A3706號。[116]還有一處史料可以證明曾廣珊為基督徒：羅爾綱在論證關於李秀成是否偽降清廷的問題，引用曾廣珊之女俞大縝之語：「我母親是虔誠的基督徒，是絕不說謊話的。」羅爾綱甚至還指出基督教十誡中第九戒乃是勿妄證，故而認為曾廣珊之語可信。[117]

曾約農（1893-1986），名昭樴，字約農。一九〇九年，以弱冠之年考取庚子賠款赴英留學，英國倫敦大學理科工程科學學士，英國皇

---

113 雲台：〈記與曾寶蓀表侄談話〉，《聶氏家言選刊》第5期（1928年11月），頁247。

114 〈曾寶菡醫師定期放洋赴歐美各國考察骨症〉，《申報》，第11版，1934年8月11日。

115 王曉天、王國宇主編：《湖南古今人物辭典》（長沙市：湖南人民出版社，2013年），頁961；成曉軍：《曾國藩家族》（重慶市：重慶出版社，2006年），頁230。

116 俞明震著，馬亞中校點：《觚庵詩存》（上海市：上海古籍出版社，2008年），頁241。

117 羅爾綱：《羅爾綱全集》（第10卷）（北京市：社會科學文獻出版社，2011年），頁1212。

家礦學院採礦系工程師畢業，倫敦大學軍官訓練班結業。學成之後，與其姐曾寶蓀同時回國，輔佐曾寶蓀創辦藝芳女校。一九四六年，王東原主政湖南，組建克強學院，禮聘曾約農擔任克強學院首任院長，三年院長任期內，成績卓著。一九四九年，參加世界和平大會，會後轉赴臺灣，受聘為臺灣大學教授。一九五五年，出任臺灣東海大學首任校長。曾約農先後任國民政府中央政治委員會教育專門委員會委員、國民政府軍事委員會廬山暑期訓練團教官、軍事委員會資源委員會專門委員、中央考試院湖南第一屆高等檢定考試委員會委員兼系主任試官等職。[118]

　　對於曾約農是否基督徒，學界頗有爭議。但是，據目前所見之史料，仍可斷定其為基督徒。貝德士曾將其收錄《中國基督徒名錄》之中。[119]曾約農在英國留學時，適逢第一次世界大戰，他受貴格會強烈的反戰思潮的影響一度加入了貴格會。[120]一九二一年八月，曾寶蓀去信英國時指出：

> 多年以來，舍弟曾約農一直與基督教有所接觸，但由於他的科學和哲學訓練，使得他未能明白基督對於個人道德約束方面的必要性。但在藝芳女校的三年，及其在中國的生活經驗，使他逐漸得出一個結論：中國需要耶穌基督……他將會在耶穌基督裡成為我們當中的一員，因此，當他在全校師生面前公開自身的信仰時，我們是極其喜樂。[121]

118　〈傳豫房昭字派齒錄〉，《湘鄉大界曾氏五修族譜》，1946年三省堂刻本，卷十三，頁79-81。

119　章開沅，馬敏主編：《社會轉型與教會大學》（武漢市：湖北教育出版社，1998年），頁466。

120　曾寶蓀：《曾寶蓀回憶錄》（香港：基督教文藝出版社，1970年），頁77。

121　Pao Swen Tseng, "I-Fang Girls' Collegiate School, Changsha, Hunan, China, August,

一九二三年十月，基督教青年會召開全國大會，曾約農還與張伯苓、趙紫宸、美會百年布道總幹事陳維屏、青年協會總幹事余日章、中華基督教協進會何德駿等人，一同擔任演講員。[122]林景淵也曾指出，晚年寓居臺灣的曾約農多次參加教會的證道活動，亦能見其基督徒之身分。[123]

曾國荃一脈的基督徒後裔則僅有曾孫曾昭義（1898-1974），名兆綏，號鎮濂，號印蓀。日本東京早稻田大學政治經濟科學士，曾任湘岸寧鄉榷運分局局長、國民政府湖南省財政廳科長、湖南全省營業稅局會計主任、考試院檢定高考及格會計師、臺灣中日文化經濟協會財務主管、基督教路德會長老。[124]

二　曾國藩家族的聶氏基督徒成員

上海聶氏家族基督徒成員接觸基督教的是以兩條線索展開的，第一條線索是聶其焜在長沙接觸胡美、任修本（G. G. Warren）[125]等人，外加自身的證道經驗，而最終受洗。第二條線索是聶雲台、曾紀芬受

1921", 英國倫敦大學瑪麗女王學院館藏檔案：Circulars relating to I Fang Girls' Collegiate School, WFD/15/3/2.

122 〈青年會全國大會籌備近況〉，《申報》，第14版，1923年7月22日。

123 林景淵編選：〈編輯後記〉，《曾約農先生言論集》（臺北市：商務印書館，1970年），頁173。

124 胡衛平：《湖南歷代文化世家‧湘鄉曾氏卷》（長沙市：湖南人民出版社，2012年），頁98。

125 任修本（G. G. Warren），英國循道會牧師。一九○○年入湘傳道，而後開始在長沙租屋建堂。一九○七年，循道會湖南教區成立，任首任教區長，轄長沙、瀏陽、益陽、平江、湘陰鶴邵陽六個教會。一九一一年，與吳德施、葛蔭華、戈德白等人，邀集曾廣鐘、聶其焜等人成立長沙市青年會。一九一三年，湘省基督教成立「湖南省基督教續行委辦會」，任修本擔任會長一職。此外，他還曾在湘傳道期間多次參與救濟湘民之事。

曾廣鐘等人的影響受洗入教。

聶雲台（1880-1953），名其傑，聶緝椝三子。一九一九年，創建恆豐二廠及織布廠，籌建大中華紗廠，任董事長兼總經理。一九一五年受洗入教，一九二四年改宗佛教。聶雲台前後擔任上海基督教青年會董事、中華基督教青年會全國協會副會長等職。一九二〇年，聶氏出任上海總商會會長、全國紗廠聯合會副會長。

作為基督徒商人的聶雲台，曾多次捐款教會，襄贊諸項事業發展。例如，聶雲台與母親曾紀芬每年捐助五百元給國內布道會，以襄贊其宣教事業。[126]一九二〇年，陳獨秀在談到工人教育問題時，還曾特意指出：

> 聶先生也說要謀工人教育，非減少工作時間不可，他並且主張八時制。聶先生到底是基督徒，是有點慈悲心腸，是比別的「想入天國較駱駝穿過針孔還難」的富人不同呀！我希望信仰「愛之宗教」的聶先生，要學耶穌的犧牲精神，莫學耶穌所深惡痛絕的富人，趕快實行八時制，為窮苦的工人謀點教育，救救他們的苦惱。我並且希望別的資本家莫讓聶先生獨得賢者之名！[127]

在此之前，聶雲台即已獲得慈善家的美名，並得到女青年會的青睞。一九一四年十二月，格蕾絲（Grace L. Coppock）在其信件之中指出了聶雲台一家人的善舉：把他寬敞的洋房前漂亮的私人花園提供給基

---

126 中華續行委辦會調查特委會編：《1901-1920年中國基督教調查資料（下）》（修訂版）（北京市：中國社會科學出版社，1987年），頁1027。

127 陳獨秀：〈我的意見〉（一九二〇年五月一日），《陳獨秀文章選編》（北京市：生活・讀書・新知三聯書店，1984年），頁524。

督教女青年會作為遊樂場，迄今已接待了約二百個孩子。聶先生為這些孩子和他們父母們安排了中國式的娛樂活動。他花園裡的一棵松樹被用做聖誕樹，上懸約四百個小口袋，每個口袋中裝著一本品德教育的書，用以贈閱前來的小孩。[128]

起初，聶雲台信教甚篤，曾在蕭敏春喪禮結束之後談到：「上帝未允余之祈求，蓋有深意寓其中也。彼既導余妻返歸天國，度必有事須余辦理。蓋余妻在世，余不能專心為主。故余今後之惟一目的，惟在尋求彼欲余所為何事，與夫竭誠負此責任耳。」[129]但是，聶雲台的基督徒生涯並不長久，其於一九一五年受洗入教，一九二四年改宗佛教，前後歷時十年。

聶雲台夫人蕭敏春（1881-1917），字新雲，江西泰和縣人。祖父蕭芸浦、父親蕭惠農皆為孝廉。蕭家以鹽業起家，席豐履厚。十八歲時，蕭敏春正式嫁給聶雲台。她「習禮通經，兼長簿記，治家相夫，雍雍如也。且天性敦厚，事親盡孝，訓子有芳。」[130]在丈夫聶雲台等人的影響下，蕭敏春開始接觸基督教。一九一四年十二月，格蕾絲（Grace L. Coppock）指出蕭敏春參加了雅各小姐在家教授的聖經班。[131]一九一五年二月，她與聶雲台、曾紀芬一同受洗。貝德士指出蕭敏春自一九一五年受洗至一九一七年去世，一直都是當時頗有影響

---

128 格蕾絲（Grace L. Coppock）的信，1914年12月1日，〈世界基督教女青年會檔案，日內瓦〉。轉引自〔美〕艾米莉‧洪尼格著，韓慈譯：《姐妹們與陌生人：上海棉紗廠女工，1919-1949》（南京市：江蘇人民出版社，2011年），頁8。

129 Mary N. Gamewell著，凌華富譯：〈聶雲台夫人之殯儀〉，《清心鐘》第2卷第1期（1919年1月），頁19-20。

130 〈聶蕭夫人賢範〉，《青年進步》第5期（1917年7月），頁6。

131 艾米莉‧洪尼格著，韓慈譯：《姐妹們與陌生人：上海棉紗廠女工，1919-1949》（南京市：江蘇人民出版社，2011年），頁8。

的基督徒，但卻誤認為蕭敏春是聶緝椝的妻子。[132]蕭敏春平日通道純篤，臨終之時曾對聶雲台言道：「能輸財濟無告者，庶不負上帝好生之德。妾所有珍飾，當盡變作慈善事業。妾常念夫子多病，請禱祈祝，願以身代。今日不起，固夙願也。」甚至說：「吾心甚安，請牧師至祈禱。」一九一七年四月七日歸主，享年三十七歲。[133]

聶其焜（1888-1980），字潞生，聶緝椝之子，曾任恆豐紗廠董事長、總經理，中華工業總聯合會主席等職。義和團運動期間，聶潞生基於仇教的心理，認為基督教是中國之禍階，並以孔孟學說駁斥《聖經》，這是聶潞生初次對於基督教產生惡感。一九〇四年，聶潞生隨調任浙江巡撫的父親寓居杭州，適時發生台州教案，聶父身患失紅症，外加清廷在教案之中頻頻失利，致使聶潞生對基督教更不抱好感。[134]一九〇五年，聶潞生返回長沙，經由李提摩太之介紹，認識雅禮會胡美醫生及其夫人，後者還成為其英語教師。此外，倫敦會孫榮理夫人也曾任聶潞生英文教員，但不取束脩，基督徒的這種為人服務的精神讓聶潞生甚為感動。他還在孫榮理家中認識了循道會任修本牧師。

武昌起義之後不久，聶潞生與顏福慶組織紅十字會分會，並率領顏祥生、李清茂等數十人前往作戰區域拯救傷患，卻無端被捕且生命堪憂。聶潞生向上帝禱告，「求上帝赦我生前之罪愆，接受我之靈魂，安慰我家人之心。」聶潞生一行人最終得以獲救，自此，聶其焜通道之心日篤。[135]自武昌返回長沙的聶潞生，因弟弟聶其賢患腸熱症而逝，悲痛無已，感歎人生如朝露之淹沒忽。外加此時得知任修本和

---

132 章開沅、馬敏主編：《社會轉型與教會大學》（武漢市：湖北教育出版社，1998年），頁464。

133 中華續行委辦會編：〈逝世聖徒‧聶蕭敏春〉，《中華基督教會年鑑》（第四冊）（臺北市：中國教會研究中心、橄欖文化基金會聯合出版，1983年），頁228-229。

134 聶其焜：〈余何以為基督徒〉，《上海青年》第19卷第7期（1916年10月），頁243。

135 聶其焜：〈余何以為基督徒〉，《上海青年》第19卷第7期（1916年10月），頁245-247。

胡美，在其身陷囹圄之時函請黎元洪，營救聶潞生等在押人員。因此，在聶其賢喪事結束以後，聶潞生請任修本至其家講解聖經。任修本學貫中西，善於講解，並使得聶潞生得以窺見基督教義奧義，愈鑽研愈感興趣。[136]於是，一九一三年十二月二十五日，聶潞生在西長街循道會受洗入教。

艾迪在長沙布道時，聶其焜為其充任翻譯，當時「更受聖靈感動」，而後專心教會事工。[137]一九一二年，長沙青年會正式成立，作為發起人和組織者之一的聶潞生，擔任長沙青年會名譽總幹事一職。[138]一九一五年，中華基督教青年會全國幹事大會在杭州召開，聶潞生作為長沙青年會代表出席大會並演講致辭。[139]蕭慕光曾經撰文指出，聶其焜為人相當熱忱，時常手執青年會各種書報，探望親友和青年會會員。為此，蕭慕光讚歎道：「夫以公子之身家門第即高車駟馬，誰曰不宜？而竟能卑以自牧，服務社會，為今日之青年提倡道德，不但在仕宦中罕有其四，即素行服役基者，亦鮮能及之。」[140]

此外，聶潞生還是「湘雅」一詞的締造者，即將湖南省的簡稱「湘」與雅禮使團的第一個音節「雅」相結合，意味著湖南人民與耶魯大學的合作。[141]一九一八年四月二十八日，經亨頤與聶潞生晤談於杭州青年會，而後至葛嶺，同遊者除經、聶二人以外，還有艾迪、溫佩珊、鮑乃德、秦吉人、孫玉仙、袁道沖、阮荀伯、龔味生等人。是

---

136 聶其焜：〈余何以為基督徒（續）〉，《上海青年》第19卷第8期（1916年10月），頁285。

137 蕭慕光：〈長沙基督教青年會得人〉，《興華報》第13卷第7期（1916年2月），頁23。按：蕭慕光認為艾迪在長沙講道是一九一五年，此處明顯時間不符。

138 參見馮崇毅：《基督教青年會在長沙》，全國政協文史資料委員會編：《中華文史資料文庫‧民族宗教篇》第18卷（北京市：中國文史出版社，1996年），頁906。

139 〈杭州‧屆巡按使迎青年會幹事紀〉，《申報》，第7版，1915年11月12日。

140 蕭慕光：〈長沙基督教青年會得人〉，《興華報》第13卷第7期（1916年2月），頁23。

141 〔美〕胡美著，杜麗紅譯：《道一風同：一位美國醫生在華30年》（北京市：中華書局，2011年），頁129。

日下午還在協和講堂舉行演說，「全是對教徒口氣」。[142]一九一八年十一月，上海聶氏家族析產，原任恆豐協理的四房聶管臣申明脫離恆豐關係，遂改任聶潞生為協理，以填聶管臣之缺。[143]於是，聶潞生便從長沙的教會事務中抽身出來，專注於聶氏家族的商業事務。大中華紗廠失敗之後，聶雲台開始退居幕後，聶潞生成為了恆豐和聶家經濟活動的中心人物。[144]聶其焜在出掌恆豐紗廠之後，幾乎沒有再發表關於其基督教信仰的文字。因此，一九二〇年代以後的聶其焜與基督教的關係如何，目前仍無法得知。

在聶其焜的影響下，一九一四年四月，其妻黃蘊仁率領五個子女也領洗於循道會。黃蘊仁是黃承暄之女，生於一八八六年，卒於一九四〇年。一九〇七年二月，聶其焜與黃蘊仁結為夫婦。聶其焜夫婦的子女情況如下：聶光地，一九〇七年十一月十六日出生，一九三〇年獲燕京大學經濟系研究生學位，其畢業論文是《恆豐紗廠調查記》。[145]隨即留學美國密蘇里大學新聞系。歸國之後的聶光地曾任中國棉業公司經理。晚年，聶光地寓居美國，一九七七年因心臟病去世。聶光堉，字守厚，生於一九〇九年三月五日，一九二八年畢業於復旦大學。其後留學美國，先後在康奈爾大學、麻省理工學院和北卡羅納州立大學學習，獲紡織工程博士學位。一九三〇年代，聶光堉創建中國第一個紡織研究機構——棉紡織染實驗室。期間，聶光堉還曾被任命

142　經亨頤：《經亨頤日記》（杭州市：浙江古籍出版社，1984年），頁63。

143　中國科學院經濟研究所、上海社會科學院經濟研究所編：《恆豐紗廠的發生發展與改造》（上海市：上海人民出版社，1959年），頁36-37。

144　中國科學院經濟研究所、上海社會科學院經濟研究所編：《恆豐紗廠的發生發展與改造》，頁45；科大衛：《近代中國商業的發展》（杭州市：浙江大學出版社，2010年），頁142。

145　侯仁之主編：《燕京大學人物志》（第2輯）（北京市：北京大學出版社，2002年），頁428。

為政府雇主代表出席第二十三屆國際勞工大會。[146]一九四〇年代，一度在衡陽創辦湖南第三紡織廠，並任廠長。中華人民共和國成立以後，聶光塏任湖南政協第二至五屆委員等職。[147]一九九九年，在長沙去世。聶光增，字守和，一九一一年三月十七日出生，一九二九年考取中比庚款官費生，留學比利時，專攻航空。一九四九年在臺灣離世。聶光琛，出生於一九一二年六月十一日，一九三五年畢業於天津南開女中。聶光坡，字尚真，一九一三年十月三十日出生，一九三五年畢業於震旦大學，電力工程專家，曾為上海電廠工程師。一九四五年出任美國紐約市長島火力發電廠總工程師，並在聯合國核發電站原子能和平利用委員會任高級顧問，兼國際原子能發電學會理事，美國華人工程師學會會長等。一九九二年，聶光坡在美國因中風去世。[148]前文可知，聶緝生子女受洗入教之時都還年幼，成年之後的他們是否仍堅持自身的宗教，至今仍不得而知。

第四節　曾國藩家族基督徒成員的基督信仰

清末民初，大多數深受儒學思想浸淫的基督徒知識分子，縱然已接受基督教信仰，「但是對這個宗教的認同，並沒有減弱他們在感情上和理論上對傳統思想的效忠。」[149]與此相似，曾國藩家族的基督徒成員，一方面基於救亡圖存的愛國目的，秉承基督教救國論，將基督

---

146 《國民政府公報》，第2351號，國民政府文官處印鑄局印行，頁7。
147 許康編：《湖南歷代科學家傳略》（長沙市：湖南大學出版社，2012年），頁239-240；朱有志、郭欽主編：《湖南近現代實業人物傳略》（長沙市：中南大學出版社，2011年），頁357-363。
148 許康編：《湖南歷代科學家傳略》（長沙市：湖南大學出版社，2012年），頁334。
149 林榮洪：〈「五四」時期的本色神學思潮〉，劉小楓主編：《「道」與「言」：華夏文化與基督文化相遇》（上海市：生活・讀書・新知三聯書店，1995年），頁666。

教視為超越西方「器物」與「制度」的救國工具；另一方面又立足於中國文化，將基督教融入到中國文化的大熔爐之中，促進中西文化之間的合流。

一　基督救國論

曾紀芬通道歸主是在很大程度上將自身的基督信仰與中華民族的偉大復興相結合，因其視基督教為救亡圖存的一種路徑。曾紀芬認為，辛亥革命以後，人心陷溺，社會危機重重。傳教士在華創辦之學校、醫院等慈善事業，皆有真精神、真道德、真學問。他們放棄了安樂清潔的城市生活，而遠赴野蠻瘴癘、危險污穢的鄉村，遭侮受辱，甚至犧牲自己的生命，仍然前仆後繼。因此，曾氏問到：「初非有利於己，何道而使之然耶？」她進一步指出，反觀我國的公共事業，由鄉村以至國家，無論大小，皆散漫不張，廢膃不舉，剛好與西人相反，且程度相去甚遠。為此，曾紀芬特意去考察聖經，探究其中緣由，其得出結論如下：

> 吾國教化、風俗、習慣，百事以個人利害為前提，實為致弱之總因。而西國今日之繁榮，則如葡萄之結實。雖牽枝長蔓，而實恃於有根。此根為何？即基督耶穌之教是已。跡其教義，於吾國社會惡習，如自私、好利、懦弱、怕死、嫉妒、不仁等，實為絕對針砭。[150]

---

150 轟曾紀芬：〈述余奉教之原由以勸同胞〉，《上海青年》19卷第10期（1917年1月），頁348。

而且，曾紀芬直言：「余年已六十有六，復何所求？惟欲國家之盛昌，垂暮而不能自已。用是躬受洗禮，誠歸大道，非以個人之永生為歸宿，實欲為全國之悔改作先河。積誠格天，藉永國命。」[151]

一九一八年二月一日，曾紀芬在《新申報》上以「基督教救國論」為題徵文，後又刊印出版《基督教救國論》，她曾在該書緣起中指出：

> 今天下憂時之彥，莫不言救國矣。二十年來，國中亦競言改革矣，而政府之不良如故，國勢之貧弱如故，於是抱悲觀者，多持厭世主義，謂我國直無可挽救之方，雖然，國豈果不可救乎？夫政治之腐敗，社會之黑暗，皆人心之陷溺為之也，而實由於無宗教信仰之故，宗教之完美者，自推基督教為最，而又與中國現時社會情勢，最為相宜，故居今日而言救國，政治法律，則顯嫌於空談；經濟實業，則緩不濟急。一言以蔽之曰：惟宗教可以救國而已，曰惟基督教可以救國而已。[152]

正是基於對基督教救國論的宣導，曾紀芬還加入了徐謙所組織的基督教救國會，並一度擔任女會長一職。[153]

思想維新的曾廣鐘也多次嘗試如何以基督教信仰促進中國社會的復興，他以「敬」和「信」兩字入手，論證「以敬立教」和「以信立教」二者之間的差異，並指出，我國的政治家、教育家腦力、眼力所注重之修身之起點乃在一「敬」字，中國自古就宣導師古之說，以至

---

151 矗曾紀芬：〈述余奉教之原由以勸同胞〉，《上海青年》19卷第10期（1917年），頁348。

152 矗曾紀芬：〈緣起〉，浦化人：《基督教救國論》（出版地不詳，1918年），頁1。

153 〈基督教救國會周年大會紀〉，《申報》，第10版，1920年9月28日。

於「後世守舊者流，遂以今不如古，古而又必以最古者，為萬弩齊射之正鵠。」曾廣鐘坦承自己也曾是旗下之一「舊卒徒」。及至其讀佛教《起信論》和基督教受洗所誦之《十言經》，腦力、眼力為之一變。至此，曾廣鐘指出：

> 夫敬者，形式上之事也。信者，精神上之事也。敬為道德之抽象的，信為道德之具體的。質言之，信可以賅敬，敬不可以賅信。升降拜跪之際，中規中矩，外容似敬矣，而其內容實不大敬。觀人者何由而知之？敬之流弊，至於相曚相欺，是以本領愈大，詐偽愈多……今日我國朝野上下，不知以失信為恥。至於末節細故，輒拘以不敬繩之，重形式而不重精神，國之不振，有由來矣。若泰西各國，自耶穌以誠信陶鑄門徒，歷二千年，愈接愈屬。而西人今日之強，其精神全在於此……國民乎，國民乎，而欲與文明各國競爭存立於地球乎，請自立信始。[154]

為此，曾廣鐘在旅滬期間，也多次參加基督教救國會會議，並在其籌辦時就參與其中，負責禱告一事。[155]在基督教救國會成立大會上，與范弼、周亮亭、蔡式之等人確立了一個基本原則，即「基督教救國會之天職，即在實行基督教文化運動，貫徹其救國之主義。其目的即在改造全社會之人心，整理現時代新舊思想之學說，而謀一切社會問題之基督的解決方法。」[156]

154　曾季融：〈論以敬立教不如以信立教〉，《上海青年》第14卷第11期（1911年12月），頁257-258。

155　〈基督教救國會會議紀事〉，《申報》，第10版，1919年11月15日。

156　〈基督教救國會職員紀〉，《申報》，第10版，1920年2月29日。

聶雲台決定研究基督教是受托爾斯泰的影響，其曾坦承：「昔年之決意深研基督教，純受托氏之影響。」[157]但最終受洗入教的緣由，與其他曾國藩家族的基督徒成員並無二致，即以基督救國論為根本出發點。聶雲台曾言：「吾亦夙有愛於耶教者，為其組織宏大，植基深固，苟善用之，有足輔政教之不及者。」[158]其又言：

> 予也夙有志於學道，成童時，嘗求之於宋儒之學，而未所獲。旋浸淫於科學工業者二十年，繼有感於教會所辦教育慈善事業之多，與夫一二傳教士之熱心服務，從之研求耶教。頗喜其基礎大可用，欲藉其組織以輔我教育及社會事業之不足，則於救國家之衰弱，不為無助。[159]

同樣，在聶其焜看來，基督教為救國良方。第一次世界大戰以後，基督教漸漸為世界所譏諷。國人認為文化進化的英德法諸國，「同色同種，一旦決裂，則屠戮陷害，無所不至。則斯教之價值，原不過爾爾。」為此，聶其焜特意翻譯葛蘭博士〈基督教與戰爭〉一文，以便讀者可以了然於基督徒之真相。聶其焜認為，第一次世界大戰爆發的原因，關係到地理、歷史、種族和政治諸多方面，至深且遠，並非因基督教而發生。聶其焜堅信：「今日欲求世界之大同，萬國之輯睦，更非斯教末由矣。」[160]聶其焜認為，基督一詞在希臘語中的意思是救主，因此，基督教就是救世教。不過，世人不應問基督教

---

157 聶雲台：《聶氏家庭集益會記錄》（上海市：聶氏家言旬刊社，1927年），頁94。
158 其傑：〈宗教辯惑說〉，《關耶篇》（北京市：中華書局，1927年），頁17。
159 其傑：〈宗教辯惑說〉，《關耶篇》（北京市：中華書局，1927年），頁19。
160 葛蘭博士原著、聶其焜譯意：〈基督教與戰爭〉，《青年》（上海），第18卷第5期（1915年6月），頁153-156。

能不能救世，而應先問如此世界應不應該救？第一次世界大戰，造成死者數百萬人，傷病流離失所者不計其數，參戰國、中立國人民財產之直接或間接損失亦難以數計。而以中國而論，自辛亥革命以來，二次革命，反袁鬥爭，南北混戰，「在上者則門戶水火，入主出奴；在下者則狗苟蠅營，貪詐奢靡。」所以，面對這樣的世界，這樣的國家，沒有人認為不應該救世。因此，聶潞生視基督教為拯救孱弱中國的惟一良藥，凡屬中國之國民，皆應當成為耶穌的信徒，因其可以醫治國人的諸多病端：

> 基督耶穌敬上帝，守法律，順從天意，憫念同胞，足以醫國人無神犯上、凌亂法紀之病。基督耶穌尚公理，崇正義，不畏強暴，不恃權力，足以醫國人結黨凌人，排斥異己之病。基督耶穌憫貧弱，治病傷，博愛人類，一視同仁，足以醫國人利己營私之病。基督耶穌無悲觀，勇猛之前，行道不息，足以醫國人靡怯怠墮之病。[161]

　　簡‧亨特曾經認為如若要討論教會學校的學習經歷與民族意識之間的複雜關係，曾寶蓀堪稱是一個絕佳的案例。曾寶蓀從未忘記自己是中國人的身分，不過，她同時也承認，如果要挽救萎靡不振的中國，必須仰賴基督教的力行精神。與眾多基督徒領袖一樣，她意識到愛國熱情與基督信仰能夠完全融合，並朝著同一個方面推進自己。[162]可是，剛至上海教會女校求學時的曾寶蓀並不是這樣，她認為：

161　聶其焜：〈余何以為基督徒（續）〉，《青年》（上海）第19卷第8期（1916年11月），頁288。

162　〔美〕亨特著，李娟譯：《優雅的福音：20世紀初的在華美國女傳教士》(北京市：生活‧讀書‧新知三聯書店，2014年)，頁283。

《聖經》的人倫哲學，遠不及儒教的詳細。虛玄理想，又遠不及佛教的奧妙。至於文字的美，又更在二者之下。加之我那時感覺一般中國基督徒都是不愛國的。所以我根本輕看這個宗教，因為它理論既然不深，而所得的結果又是令人失望的。[163]

其後，曾寶蓀的人生發生重大改變，且對基督教漸有興趣。適逢丁立美在杭州傳道，曾寶蓀多次前往聆聽福音，久而久之漸漸有了慕道之心。[164]曾寶蓀便簽名表示願做基督徒。曾寶蓀做此決定是出於兩個原因：「（1）是因為耶穌為人，使我得了人生的真諦，證明了上帝的存在。（2）是我感覺儒教的精神衰頹固守，不能救中國。我需要新的靈感，才能為中國和人群服務。」[165]因此，曾寶蓀認為儒教已經不能救中國，只有基督教能夠救中國，這是也其基督教救國論的核心理念。

二　儒釋耶之間的互補與合流

作為基督徒的曾紀芬，不僅沒有背棄儒家思想、摒棄佛教元素，甚至還有佛化的傾向。[166]她曾經辯解道：「先大人曾文正公為有清大儒，先夫子聶仲芳中丞亦服習儒書，道義自守之士。余涵濡聽受吾國古先聖哲教義者數十年，信佩至深。今之投身耶穌，非見異思遷。惟

163 曾寶蓀：〈我的宗教經驗談〉，徐寶謙主編：《宗教經驗談》（上海市：青年協會書局，1934年），頁60；Tseng Pao Swen, "My Religious Experience", *The Chinese Recorder*, Vol. 66, No. 8 (Aug.1935), p. 458.

164 曾寶蓀：《曾寶蓀回憶錄》（香港：基督教文藝出版社，1970年），頁34。

165 曾寶蓀：〈我的宗教經驗談〉，徐寶謙主編：《宗教經驗談》（上海市：青年協會書局，1934年），頁62。

166 關於曾紀芬基督教信仰的佛化傾向，孫尚揚教授已有十分精到的分析，參見孫尚揚：〈曾國藩家族與基督教〉，《中國農業大學學報（社會科學版）》第26卷第1期（2009年3月），頁119-120。

理求真實，庶幾朝聞夕死之義，與先大人先夫子之所學，固不相背也。」曾紀芬還在儒釋耶三教之間進行比較，認為耶穌言愛與孔子言仁、佛家言慈悲，本為同物。不過，耶穌闡發天人相與之宗旨，尤其讓人感到親切，而且範圍廣大（無國別種族），功夫簡單（不識字之人只要信主便可立刻得救），不尚空言只求實際（以捨己救人為範），因此，此法足夠救儒家矯偽與佛家空虛的弊端。[167]一九三九年十二月六日，曾紀芬接受寄萍採訪時坦言：「近時身體尚好，每日早晨誦讀《聖經》，抄寫《金剛經》，午後閱申新兩報，晚間與家人著圍棋三局。」[168]因此，曾紀芬的基督教信仰並未與之前的佛教信仰相衝突，甚至良性地融合在一天的生活之中。瞿宣穎也曾提到：

> 教宗垂訓，足挽頹庸。末俗飲狂，宜資針石。豐碑未圮，驗長安之奉祠；寶血長殷，紹拂蒜之流化。忘身衛道，見性依真，得指歸於釋老以外，納象數於名理之中。相陵別墨之旨，禮失可求；蒙莊建德之鄉，會心不遠。躬參大德，禮禱精虔。融會東西，更無縫閡。[169]

由此可見，曾紀芬是一位兼多種宗教色彩的混合型基督徒。

曾廣鐘的基督信仰背後也夾雜著相當濃厚的儒家色彩，他曾認為：「永生之說，非佛教之覺性，非道家之丹訣，即儒家之三不朽。夫人之立德立功立言，有光於社會，有光於國家，有光於世界者，是

---

167 轟曾紀芬：〈述余奉教之原由以勸同胞〉，《上海青年》19卷第10期（1917年1月），頁348-349。

168 寄萍：〈崇德老人轟曾紀芬會見記〉，《中國婦女》第1卷第1期（1939年12月），頁20。

169 曾寶蓀、曾紀芬：《曾寶蓀回憶錄·崇德老人自訂年譜》（長沙市：嶽麓書社，1986年），第二部分，頁4。

之謂永生。」[170]甚至進一步指出：

> 急難則呼天，疾痛則呼父母。我國人情大抵相同，亦孰不知視
> 天如父母乎？人人具有性靈，具有能力。不因其固有而澆灌
> 之，培植之。無怪乎人格愈下，風俗愈偷，進行愈劣也。鑄儒
> 耶於一爐，以開闢我國民之知識，以鼓舞我國民之精神，以增
> 進我國民之幸福。[171]

為證明耶穌上帝永生，曾廣鐘也採用了中西混通的論證方式，其言道：

> 耶穌之言上帝言永生，我國之人多非笑之，而不知其精神即在
> 於此，而不知西人自強之精神即在於此。嘗考之我國，河圖出
> 而八卦畫；洛書出而九疇敘。孔子於斯文興喪，皆推之於天；
> 孟子言堯舜受禪，皆歸之於天。在昔聖人，何嘗不克見天心？
> 何嘗不得聞天道？周子論志學曰聖希天；程子讀書言天秩天
> 敘、曰聖人本天，此見道之言也。然惟聖希天，惟聖本天。下
> 是雖賢，不得直接於天，又非見道之言也。[172]

　　作為一名深受儒家思想薰陶的中國士子，曾廣鐘在闡述基督教思
想和如何應對國人批駁基督教時，懂得如何使用中國傳統話語為基督
教辯護。針對有人認為「景教乃墨子教之化身，亦謂耶穌無父。」曾
廣鐘反駁道：「我讀聖經十誡，言虔誠上帝後，即首先注重於孝事雙
親。觀耶穌釘十字架時，諄諄以吾母即如母之詞，囑託其母於所愛之

---

170 曾季融：〈釋耶穌上帝永生說〉，《上海青年》第14卷第9期（1911年10月），頁193。
171 曾季融：〈釋耶穌上帝永生說〉，《上海青年》第14卷第9期（1911年10月），頁193-194。
172 曾季融：〈釋耶穌上帝永生說〉，《上海青年》第14卷第9期（1911年10月），頁193。

門徒約翰。孝養之思，臨難無間。誦約翰福音至此，未有不為之潸然涕下者也。」曾氏還認為耶穌的兼愛宗旨與墨子愛無差等之說也有區別，並以《提摩太前書》第五章第八節證明之：「人若不願念親戚，便是遺棄真道，較不信主更惡，不願念自己家裡的人更甚。」[173]當然，曾廣鐘也認為兼與愛有主客之別：「兼者專之對也，專為主位，兼為客位。如讌飲然，同是筵席，同是酒菜，同是杯箸，同是朵頤。而主位自主，必須照拂夫客；客位自客，不能攘奪夫主也……愛有主位，而兼為客位。天經地義，顛撲不破。耶穌其至矣。」[174]

事實上，蕭敏春自身對於基督教的信仰，也是一種佛耶混合的信仰。早年間的蕭敏春篤信佛教，每旬逢九即持觀音齋。患病之後，口不能言，眼不能視。朦朧之中忽見異象，喚聶雲台與之一同跪拜，而後視力也逐漸恢復。數年之後，復患此病，但此時的蕭敏春與聶雲台已經開始相信耶穌基督，在醫院的診治過程之中，蕭敏春囈語自己將背負十字架跟從耶穌。康復之後，蕭敏春認為病中之語乃是靈感，遂決定受洗入教。[175]蕭敏春的喪儀是在其當初受洗之堂舉行，期間僅有兩年。而就在蕭敏春病逝之前一個禮拜，其侄女也已離世，因而兩人葬禮同時舉行。禮拜完畢，將其遺體暫厝至湖南會館。此次喪儀，頗顯東西文化相交融、佛耶逐漸合流的特點：

> 無僧道，無儀仗，無路祭，無紙紮，無號哭，有軍樂，有二柩，有其他景物。而其無他人之有，有他人之無之外，則有自

---

173 按：此為曾廣鐘當時所讀之聖經版本，和合本內容如下：「人若不看顧親屬，就是背了真道，比不信的人還不好；不看顧自己家裡的人，更是如此。」（提前 5:8）

174 曾季融：〈兼愛說〉，《上海青年》第14卷第10期（1911年11月），頁230。

175 聶雲台：〈觀音感應事蹟之非虛誕〉，《人生指津》（上海市：國光印書局，1934年），頁119-120。

天降下之感化力……柩上滿插鮮花，中豎冬青十字架，無尋常
白鶴。喪事燈傘，雖仍沿用，要皆以鮮花與耐冬紮成，非如他
人之用金銀彩緞也。[176]

蕭敏春及其侄女原本葬於杭州西湖旁，以西法築墳。後因風水不
佳，遂請人覓得蘇州墳地，四圍山峰如蓮花，葬於此地，且以侄兒侄
女附塋其旁。[177]不過，有意思的是，聶雲台此時已然改宗佛教，因此
對妻子所作之遷葬文，全篇皆為佛教話語。其中有言：

淨土法門，苦海渡船。凡念佛者，佛必引援。如母子憶，如針
芥牽。觀音勢至，聖眾同延。見佛聞法，菩提不遷。輪回超
脫，怨業同渝。說之難信，福實無邊。予非出世，念佛必專。
夫人在天，念念亦然。生歿同念，一路歸元。期以大覺，種智
同圓。[178]

聶雲台以佛教話語祭祀身為基督徒的妻子，以基督信仰而言，雖然是
兩相矛盾，但作為一種社會或歷史現象而言，卻是十分有趣。

作為一名基督徒，曾寶蓀認為：「兩個不同的文化相接觸，可比
兩條河流相匯合。當其匯合之際，當然有波濤奔湍，互相衝突的情
形。然而畢竟合而為一，產出一個更新的文化。兩邊所含的雜質和糟
粕，因這種奔騰衝突而淘汰了。這不是文化的損失，乃正是文化的陶

---

176 Mary N. Gamewell著，凌華富譯：〈聶雲台夫人之殯儀〉，《清心鐘》第2卷第1期
　　（1919年1月），頁18。
177 聶雲台：〈亡室蕭夫人遷葬志略〉，《淨業月刊》第29期（1928年9月），頁5-6。
178 聶雲台：〈祭亡室蕭夫人告遷葬文〉，《淨業月刊》第29期（1928年9月），頁7。

冶。」[179]因此,她特別強調中西文化之間交流,試圖通過中國事例來印證基督宗教所揭示的道理。例如,她認為天人合一即為道。至於何為天人合一?她以堯、舜、文王、孔、孟、等為例,指出他們的詩文、言行合乎天道、與天合德。然後又引用程明道之語:「盡心知性,知之至也。知之至,則心即性,性即天,天即性,性即心,所以生天生地,化育萬物。其次則欲存心養性以事天。」此外,曾寶蓀對於佛家學說也甚是瞭解,她就認為「佛教唯識的說法,更為博大精深,超過我國周秦漢宋諸哲之上,不獨我們都是道的化身,而萬有也都由一心所造。所以說萬象唯心,萬法唯識。天人合德尤其當然的了。」不過,她仍然認為,「耶穌的話,最為平易切實。」並引聖經之語:「你們因我講給你的道,已經乾淨了。你們要在我裡面,我也常在你們裡面。」(約15:2)約翰也說過:「太初有道,道與上帝同在,道即是上帝。」(約16:63)證明基督教裡面天人合一的意思。[180]

曾寶蓀還特意從中西文明與宗教比較的角度出發,闡述儒教、基督教與女性之間的關係。她指出:世界各國諸多宗教,除了基督教之外,「大都視女子為不潔不利,不能勝識之人。」凡在典禮與祭祀之時,女子都飽受歧視與摒棄。甚至在中國,還以「陰人雞犬」並稱。女子也自慚形穢,甘受壓迫,與一般男子相比,其自信力和進取心有天壤之別。[181]一九二八年,曾寶蓀撰文指出,孔子曾經只有兩次提及女性,因此,她懷疑道,可能正是因為孔子幾乎沒有論述女子的地位,致使後世儒家學者在其傳道授業的過程之中存在一種反女性的源流(anti-feminine strain),此種風氣延續到宋朝並臻於鼎盛。至此,

179 曾寶蓀:〈基督教與國性〉,《中華基督教教育季刊》第6卷第3期(1930年9月),頁8-9。

180 曾寶蓀編譯:《實驗宗教學教程》(上海市:青年協會書局,1934年),頁75-78。

181 曾蓀蓀:〈女子問題〉,《大公報十周年紀念特刊·專著(二)》(1925年),頁2-3。

儒家學說對於中國女性而言，不僅毫無積極作用可言，還在諸多方面抑制了她們的發展。因此，她認為，中國形成貧困積弱局面的一大原因就是長期以來忽視了中國女性。但是，沒有任何國家是不受其女性的影響的。當我們的一半人口處於落後狀況時，我們不可能造就一個富強的國家。為此，曾寶蓀指出，對於中國而言，僅有儒家學說是遠遠不夠的，因此儒家學說只能使一半人口受益。中國女性只能從基督的啟示之中發掘自身完滿的生命。基督乃女子所生，向女性顯現他救主的身分，並在其復活之後向女性展現他榮耀的身體。在基督看來，男女之間本無差別，並將雙方的性都置於同等的道德標準之上。基督賜予女性生命、靈魂和進入天堂的道路。中國基督教內的女性能夠發掘自身合適的位置，不僅僅是中國公民，也是基督世界中的公民。[182]

此外，一九三九年，曾寶蓀還特意撰文指出，基督教在近代中國對於中國女性和婦女解放運動中所扮演的角色。[183]

小結

儘管曾國藩家族一直強調自身儒學正統的身分，要求子孫後代摒棄僧道，但實際過程中卻發生了一定程度的偏離。曾國藩、曾國荃兄弟在平定太平天國運動之後，大力修復寺廟、道觀，捐資刻印佛經，促進佛道復興。曾氏兄弟甚至還曾上南嶽上封寺求籤問卦，後又捐資兩萬兩重建上封寺以替父母和兄弟還願。[184]此外，曾國藩晚年右目曾

---

182 Tseng Pao Swen, "Christianity and Women as Seen at the Jerusalem Meeting", *The Chinese Recorder*, Vol.59, No.7 (Jul.1928), p.443.

183 Miss P. S. Tseng, "What Christianity Means to Chinese Women", *India's Women and China's Daughters*, June 1939, pp.83-86.

184 參見王興國：〈湘軍與中國近代佛教復興〉，《世界宗教研究》2014年第3期。

有眼疾，幾不能視。因此，一八七○年三月二十六日，黎竹舲探訪曾國藩時特意贈送道教經文《光明經咒》，並言「持誦萬遍，眼可復明」，曾國藩亦於當日誦讀多遍。[185]可見，曾國藩、曾國荃等人的思想與行為上亦夾雜僧、道色彩，而非絕對獨宗孔孟的儒學家族。曾國藩家族的早期成員，縱然不是基督徒，但他們通過與傳教士或基督徒接觸，暗示了曾氏家族基督徒後裔受洗入教的趨勢。

　　以福音在家族內部的傳布路徑而論，首先，得益於曾廣鐘多次向曾紀芬、聶雲台、曾約農、曾寶菡、曾寶荷等人傳布福音、宣講基督教教理。其次，曾寶蓀、曾約農等人創辦之長沙藝芳女校，作為一所基督教學校，對於家族的女性基督徒成員影響甚大。最後，聶雲台、聶潞生等人的受洗入教也與傳教士對他們的影響密切相關。以入教緣由而論，主要是個人的際遇（教育經歷和人生經歷）、家族成員之間的相互影響以及對基督教救國論的認同。以受洗時間而論，多集中於一九一一至一九一五年，且視基督教為救國救人的一種手段。以入教時的年齡而論，當屬曾紀芬最大，入教時已年屆六十歲，最小者聶光坡不過六個月大。以性別而論，在曾國藩家族基督徒成員中，男女人數大抵相等。以所屬差會而論，曾寶蓀屬聖公會，曾紀芬、聶雲台、蕭敏春屬監理會，聶潞生、黃蘊仁及其五個子女則屬於循道會，曾昭義屬路德會，其他的不少基督徒成員則不屬於任何差會，甚至自創教會，以尋求中國基督教的自立。以受洗入教的方式而論，除曾寶蓀等少數幾人之外，多數基督徒（兒童或女性）都是男性基督徒（父親或丈夫）的主導之下一同受洗，而這也是近代中國基督徒家族式受洗的通例。以人員分布而論，除曾寶蘇是曾紀澤後裔，曾昭義是曾紀官

---

185 〔清〕曾國藩：《曾國藩全集·日記》（同治九年三月二十六日）（第十九冊）（長沙市：嶽麓書社，2011年），頁309。

（曾國荃子）之後，悉數為曾紀鴻、曾紀芬兩人後裔，主要緣由在於
這兩脈人丁興旺、子嗣繁多。當然，曾國藩家族基督徒成員的獨身主
義傾向也在一定程度上影響了基督信仰在整個曾氏家族的傳承與沿
襲，如曾寶蓀、曾約農、曾寶菡等人。

　　有學者認為曾國藩家族由「固守文化本位的極有限制的西化」轉
變為「實際生活上的西化為主」，並且「從傳統士大夫文化最終變成
基督徒家庭」。[186]儘管如前文所述，已經證實曾國藩家族有曾紀芬等
人的基督徒身分，他們將基督教因素滲入曾國藩家族內部，使得整個
家族在自身信仰出現了一些裂變和基督化傾向。但是，以人員結構而
論，基督徒成員在家族人口的比重上仍只占少部分，仍然不能講其視
為基督徒家族。

---

186 劉鵬佛：《清代湘鄉曾氏家族與經濟社會》（廈門市：廈門大學博士學位論文，
　　2003年），頁140。

第三章
曾寶蓀的福音事工

　　作為中國女性基督徒精英的代表，曾寶蓀個人歸信基督的過程與自身早期階段屬靈活動的培修，在一定意義上反映出了近代中國女性基督徒精英的思想軌跡。曾寶蓀的宗教經驗與基督信仰，為後來受洗入教的中國女性基督徒精英提供了一個範本，即如何處理自身家族的儒學傳統與異域宗教之間的差異與衝突，同時又在動盪的時代之中如何持守自身的宗教信仰。

　　曾國藩家族不信鬼神、不請僧道，整個家族的宗教氛圍可謂是相當稀薄。因此，出身儒學世家的曾寶蓀在家裡無法接觸基督教，直至走出閨門、進入教會女校求學，在與傳教士和基督徒的交往過程之中，方才有真正意義上的宗教經驗與信仰。在理智成熟的階段，曾寶蓀毅然決然地選擇受洗入教，而後創辦藝芳女校傳布福音；譯介《實驗宗教學教程》，闡述經驗主義神學思想，代表華夏婦女神學的啟蒙；在國難下，又與陳文淵、涂羽卿組建青年與宗教運動巡迴工作團，在全國十多個中心城市向青年布道等，反映出了其作為一名女性基督徒領袖對於基督教紮根中華所作的努力與貢獻。

第一節　作為基督徒的曾寶蓀

一　曾寶蓀的宗教經驗

　　關於如何定義宗教經驗，主要有兩種看法：第一種看法「把宗教

經驗規限於狹義上，是指一種特別的，很多時候是頗戲劇化或甚至是奇特的經驗，像聖經，或神修神學（Mystical Theology）所說的那種，亦即是布伯（M. Buber）及鄂圖（Otto）所說那種與『神聖者相遇』的經驗。」第二種看法，則是：

> 把宗教經驗定位於較廣層面，使它能包括任何人用宗教方法來明白自己的生命，及周圍世界的經驗，不管此等經驗有沒有宗教背景。倘若人對此等經驗的解釋，能與他對其他信仰的看法整合起來，就可以成為個人神學重要的一部分，能與人分享，或使之系統化，成為教會神學的一部分。[1]

不過，曾寶蓀的宗教經驗卻是上述兩種看法的結合體，既注重與神聖者的相遇，也注重在人與人的交往之中體察上帝的存在。

至於如何理解宗教經驗，曾寶蓀認為：「一個人的宗教經驗，要以無可疑的事實為起點。若前提已有疑義，結論更不可靠。個人宿慧不同，別人以為可信的，你或者以為可疑，便當毅然拋棄去，另找一個你能衷心相信，毫無疑惑的基礎，慢慢的將以後的宗教生活，建築在上面。」[2]此外，她還從學理上將信仰分為理智的和感情的兩方面，理智的信仰是考慮在先、信仰在後，可用思議來證明，用學問來探討。而感情的信仰時信仰在先、行為在後，不可思議、不可辯證。而在她看來：「到了形而上的生活，幾乎全賴信仰。這種信仰斷不是試管中可測驗，天平上可權衡的，而它的能力，竟能超過理智的信仰。」[3]

---

1 楊谷牧主編：《當代神學辭典》（下冊）（臺北市：校園書房出版社，1997年），頁981。

2 曾寶蓀編譯：《實驗宗教學教程》（上海市：青年協會書局，1934年），頁85。

3 曾寶蓀：〈我的基督教信仰〉，吳耀宗主編：《基督教與新中國》（上海市：青年協會書局，1948年），頁239。

　　曾寶蓀幼時生活在湘鄉縣這個極其迷信邪神惡鬼的地方。受男女僕人們關於神鬼傳說的影響，曾寶蓀也信神怕鬼。富厚堂宅大院深而人丁較少，又受《聊齋志異》中鬼魅之事的影響，年幼的曾寶蓀半夜不敢熟睡，只能默誦易經八卦名和別人告訴她的避邪咒語。曾寶蓀從自己的房間至藏書樓要經過一段長廊黑巷，每當夜晚經過這裡時，她都不免要念心經偈語，而這也正是曾寶蓀宗教觀念的最初表現。[4]因此，此時曾寶蓀的宗教觀念，幾乎可以說是「純全像野蠻人的」。[5]

　　祖母郭筠是一位儒教信徒，相信齋明盛服、祭祖敬天，卻從不相信燒香、吃素、念經、拜佛等事。因此，她不允許兒媳們朝山入廟，家中不能有僧尼出入。她抱定「子不語怪力亂神」和「敬鬼神而遠之」的態度，對於那些求占問卜、念咒書符之事，雖不排斥，但也不信仰。父親曾廣鈞喜歡研究西洋科學和哲學。但其宗教觀念卻很淡薄，充其量不過是一位無神論者（Agnostic）。母親陳安期卻有很多的神道觀念，也相信中國的神祇。不過，嫁入曾家之後，上有婆婆郭筠的嚴訓，中有丈夫曾廣鈞的消極態度，也不能多有過多的表示。但她卻因為曾寶蓀年少多病，暗地裡不知「敬了多少神，燒了多少香。」他們三人與曾寶蓀幼年關係最為密切，也是她宗教教育的背景與來源。[6]

　　後來曾寶蓀又在藏書樓中閱讀《遵生八箋》、《萬寶全書》、《淵海子平》和《麻衣神相》等書，她又想學法修仙，希望自己能夠長壽、

4　曾寶蓀：《曾寶蓀回憶錄》（香港：基督教文藝出版社，1970年），頁19。

5　曾寶蓀：〈我的宗教經驗談〉，徐寶謙主編：《宗教經驗談》（上海市：青年協會書局，1934年），頁58；Tseng Pao Swen, "My Religious Experience", *The Chinese Recorder*, Vol.66, No.8 (Aug.1935), p.457.

6　曾寶蓀：〈我的宗教經驗談〉，徐寶謙主編：《宗教經驗談》（上海市：青年協會書局，1934年），頁57-58；Tseng Pao Swen, "My Religious Experience", *The Chinese Recorder*, Vol.66, No.8 (Aug.1935), p.457.

有預知的能力。因為燒丹練汞的材料不易獲得，於是曾寶蓀便選擇打坐煉氣、念咒背經。此時，曾寶蓀的神道觀念已經大有長進，以為人可以成仙，神道也不全是凶神惡鬼。遷居南京之後，她還將自己煉氣打坐的方法傳給兄弟姊妹，組成一個團體以便相互鞭策。曾約農也曾指出：「姊乃倡神仙修煉之術，謂龜壽千齡。其訣在息，果能龜息，則不獨卻病延年，且神仙可企。於是吾輩，沒於背人處，閉目凝神，從事龜息，謀以耳目皮膚為呼吸之道，而不由口鼻。吾姊既嫻八卦五行之說，吾輩復大奇之。」[7]一年之後，她才漸漸放棄這種修煉。郭筠篤信新式教育，為曾寶蓀等人聘請塾師教授新式知識。因此，十二歲之後的曾寶蓀，已經成為了無神論者，並相信科學萬能。她不但不相信鬼神，甚至認為中元接祖不過是慎終追遠而已，祖宗並不會來享用。至於吃齋修道，皆為愚昧之舉。[8]

曾寶蓀初到上海之時，求學於上海晏摩氏女校。該校規矩極嚴，禮拜日需要禮拜六次，不許看任何書籍，也不許做任何事情，只允許看聖經。但是，此時的曾寶蓀毫無宗教觀念。次年，曾寶蓀與曾寶齡、曾寶菡轉入務本女校。每日早晚皆有禮拜，主日則更多，每週有四節《聖經》課。儘管曾寶蓀很佩服基督徒辦事的精神，但她認為《聖經》的人倫哲學遠不及儒教的詳細；虛玄理想又遠不及佛教的奧妙；至於文字的美則更在二者之下，彼時的曾寶蓀認為一般的基督徒都是不愛國的，所以她根本看不上基督教。[9]

7　曾約農：〈回憶錄〉，《藝芳》（三十周年紀念特刊）（1948年9月20日），頁8-9。

8　曾寶蓀：〈我的宗教經驗談〉，徐寶謙主編：《宗教經驗談》（上海市：青年協會書局，1934年），頁59；Tseng Pao Swen, "My Religious Experience", *The Chinese Recorder*, Vol.66, No.8 (Aug.1935), p. 457.

9　曾寶蓀：《曾寶蓀回憶錄》（香港：基督教文藝出版社，1970年），頁32；曾寶蓀：〈我的宗教經驗談〉，徐寶謙主編：《宗教經驗談》（上海市：青年協會書局，1934年），頁60；Tseng Pao Swen, "My Religious Experience", *The Chinese Recorder*, Vol.66, No.8 (Aug.1935), p. 458.

不過，隨後發生的一系列事情改變了曾寶蓀對基督教的看法。從務本女校失學的曾寶蓀後又因故轉入杭州女子師範學校一年半，期間得數學老師陳伯原的幫助，轉入聖公會所辦的馮氏女校。聖公會是比較保守的一個教派，宗教儀式也比較多，每個禮拜天都有五次禮拜，但是禮拜六可以回家，禮拜日下午五點之前需要返校，因此較晏摩氏女校要輕鬆一些。總體而言，馮氏女校是曾寶蓀一生的轉捩點，不僅是曾寶蓀因馮氏女校而受洗入教，也是因它而留學英倫，成就其一生事業。[10]

大體而言，曾寶蓀對於基督教由完全無知、排斥的態度轉變成信服、最終受洗入教的思想變化的軌跡，反映出了晚清民初深受儒家思想薰染的過渡型現代女性對於基督教認知的現代轉型。粗概而論，其對於基督徒的態度大抵經過了三個重要的轉捩點。

第一個轉捩點就是校長巴路義的個人品德對曾寶蓀所產生的影響，並使她逐漸拋棄了之前對基督教的誤解。[11]一九一〇年春，曾寶蓀的同班同學周慶曾的英文練習本失竊，還被人撕走要交的課程作業，教師查問也無人承認。當時有人提議，如果在午餐之前還無人承認，便處罰全校學生。而到了午餐時間，也沒有人承認，於是大家在餐廳裡開始討論如何應付。曾寶蓀是一個急性子，認為學校查不出人來，還要處罰全體學生，此舉很不公平。至下午四時，全體學生被要求進入大講堂內罰抄書一小時。一小時後，有位英國教員態度傲慢，毫不體恤學生，進來便要求學生排隊出去，在花園中活動一小時，然後去餐廳吃飯。曾寶蓀見此情境，不覺大憤，帶頭與教員對抗，不肯

10 曾寶蓀：《曾寶蓀回憶錄》（香港：基督教文藝出版社，1970年），頁26-31。
11 曾寶蓀：〈我的宗教經驗談〉，徐寶謙主編：《宗教經驗談》（上海市：青年協會書局，1934年），頁61；Tseng Pao Swen, "My Religious Experience", *The Chinese Recorder*, Vol.66, No.8 (Aug.1935), p.458.

出去。因此，曾寶蓀被認為是不良學生。而曾寶蓀也自認是反叛領袖，並出小報《竹頭木屑》專門刊載學校不公平的事情，對於國家大事也頗有革命思想。學校大為恐慌，並商討解決辦法，甚至有人主張將曾寶蓀開除學籍。不過，先前介紹曾寶蓀進入馮氏女校的陳伯原堅決反對，並寫信給曾廣鐘要求曾寶蓀等人返校道歉認錯、停止發行小報。次日，曾寶蓀一行人如約返校，其他「幫兇」只向校長和兩位監學一鞠躬便可退出。但是，校長巴路義獨要求曾寶蓀留下來，淚流滿面，認為曾寶蓀並不是要反對學校，乃是因為魔鬼在其心中害她，便要求曾寶蓀與她一同跪下禱告，詞語懇切、毫無怨言，使她十分感動。因此，她也誠心誠意地答應一切改良，停止發行小報。此事使得曾寶蓀感受到了基督徒的愛心。[12]

第二個轉捩點是曾寶蓀與基督教的接觸引發了她世界觀和人生觀的改變。道歉事件發生以後，某日，曾寶蓀遊覽西湖，當行至岳王墳時，她不覺感到人世間的不公平；到蘇堤、白堤、蘇小墓等時，又感到人生的短促，到底人生在世有何意義？既然古人常言：「生為堯舜，死為枯骨。生為盜蹠，死為枯骨。」那人又何必要做好人呢？「對酒當歌，人生幾何。」是不是真的人生哲學？她又想到中國國勢的衰弱，因而更加不知所從。因此，曾寶蓀對國家的新陳代謝、人類的生老病死產生了一種悲觀的想法。回校之後，她將自身的感想告知巴路義，巴氏遂常與曾寶蓀查經、禱告，讀《馬可福音》和《約伯記》。曾寶蓀已經開始認為中國需要基督徒的力行精神了，而其受洗歸道的意願就愈來愈強烈了。[13]

第三個轉捩點發生在半年之後，曾寶蓀開始深深佩服耶穌的人格，並認為耶穌的社會觀念、博愛精神等都在儒教精神之上。耶穌偉

---

12 曾寶蓀：《曾寶蓀回憶錄》（香港：基督教文藝出版社，1970年），頁32-34。
13 曾寶蓀：《曾寶蓀回憶錄》（香港：基督教文藝出版社，1970年），頁34-35。

大的人格使得曾寶蓀想到了人類偉大的可能性。曾寶蓀相信人人心中
都有上帝的靈性，心中高尚、誠實而又博愛的我便是上帝的反照。她
因為感覺有真我、上帝，故而得到不少安息。[14]之後又適逢丁立美牧
師在杭州傳道，每日慕名而來者多達數百人，曾寶蓀多次前往聆聽福
音，久而久之漸漸有了慕道之心，便簽名表示願做基督徒。一九一一
年耶誕節前夕，曾寶蓀在杭州聖公會正式受洗。

　　一九二八年，曾寶蓀作為中國基督教協進會代表應邀出席耶路撒
冷世界宣教大會，地址是在耶路撒冷橄欖山，會議時間正逢復活節。
此次大會代表來自世界一百多個地區的單位，中國代表二十多人，皆
為中國各教會的領袖。[15]此次大會最令曾寶蓀受益的就是受難節前
夕，大會主席穆德博士帶領大家下橄欖山，進入客西馬尼花園。首先
由穆德讀聖經，敘述耶穌入客西馬尼花園禱告以及猶太人出賣之事，
其後大家沉寂默禱及追念耶穌的痛苦，再由幾個領袖禱告，然後唱聖
詩，走上橄欖山。[16]後來，曾寶蓀述及此事時感歎道：「在客西瑪尼
時，月色朦朧，樹影參差，我幾乎覺耶穌同在……在這一種靜默團契
之中，上帝的靈充滿了我們。祂與我們同在，我那時感覺充滿了能力，
覺得任何困難，我都不怕。」[17]此時，趙紫宸同與曾寶蓀「進入客西馬
尼園，在松月之下，冷石之旁，懇切祈禱。」而他也聽見了基督耶穌的

14　曾寶蓀：〈我的宗教經驗談〉，徐寶謙主編：《宗教經驗談》（上海市：青年協會書局，
　　1934年），頁62；Tseng Pao Swen, "My Religious Experience", *The Chinese Recorder*,
　　Vol.66, No.8 (Aug.1935), pp.458-459. 據《曾寶蓀回憶錄》記載，丁立美牧師布道在
　　其遊覽西湖之前，感慨人生易變之前。參見曾寶蓀：《曾寶蓀回憶錄》（香港：基督
　　教文藝出版社，1970年），頁34-35。但從時段上判斷，應為《曾寶蓀回憶錄》誤記。
15　曾寶蓀：《曾寶蓀回憶錄》（香港：基督教文藝出版社，1970年），頁122。
16　曾寶蓀：《曾寶蓀回憶錄》（香港：基督教文藝出版社，1970年），頁123。
17　曾寶蓀：〈我的宗教經驗談〉，徐寶謙主編：《宗教經驗談》（上海市：青年協會書局，
　　1934年），頁65。

聲音，「真望見了從天而降的新郇！」[18]

　　一九二九年十月底，曾寶蓀作為中國代表，出席在京都舉行的太平洋國際學會第三屆大會。十一月十一日，正逢日本天皇邀請京都會議代表參加宴會的前一天夜裡，曾寶蓀輾轉難眠，遂於與陳衡哲聊天至深夜二點，回到自己房中，仍在掛念家中親人和藝芳女校。後在與余日章夫婦回到上海時，始知父親曾廣鈞已於十一月十一日下午三點在湘陰突發腦溢血離世。由此，曾寶蓀感慨：「我感覺不安，也是一種靈性交感之故，這種經驗很多人有，雖科學在今日尚不能予以解說，但不能說是不可能的事。」[19]無疑，此事也是曾寶蓀一生之中非常重要的宗教經驗。

　　曾寶蓀曾經編譯《實驗宗教學教程》一書時，因而可在相當大程度上視其為經驗主義神學的擁躉者。她認為在大自然中與朋友說話，是一種很深刻的宗教經驗。甚至舉例曾與朋友在大海之中、明月之下討論人生。從人生到死亡、永生、上帝，這種極其坦白、同情的談話增進了雙方之間的友誼。因此，「靈魂間帳幔開開了，一剎那間，我看見友人的至聖所，也看見了上帝。」[20]

　　關於《聖經》中有科學不能解釋的神跡，曾寶蓀的意見是：第一，神跡在哲學上的意義，不能用科學來證明，而自有人生上應用的價值。第二，相信科學終有一日可與神跡相印證。第三，耶穌行了神跡，不願人傳播，可見耶穌不願意人因他的神跡而信他。同樣，福音的價值不會科學的矛盾而減少，也不因科學的佐證而加多。第四，信

---

18 燕京研究院編：《朝聖雜錄》，《趙紫宸文集》（第三卷）（北京市：商務印書館，2007年），頁339。

19 曾寶蓀：《曾寶蓀回憶錄》（香港：基督教文藝出版社，1970年），頁138-139。

20 曾寶蓀：〈我的宗教經驗談〉，徐寶謙主編：《宗教經驗談》（上海市：青年協會書局，1934年），頁65。

仰中心不在神跡，即使神跡失去他的神秘之時，信心也不會動搖。第五，即令宇宙間極為平常的現象也無一不是神跡，科學又何嘗能夠都知其所以然呢？[21]不過，威廉・詹姆士（William James）卻基於一種理性的態度指出：「只有很少的基督教徒看見過他們的救主（the Saviour）的顯相……因此，基督教的力量，就認為神聖人物這個信仰決定信徒的通行態度這個範圍內說，普通是完全以純粹觀念為工具。」[22]

曾寶蓀也認為禱告是非常重要的，「它對於人們的修養自省，以及天人匯合，占有很重要的地位。」她深信「禱告是主觀的，而不是客觀的。是頌美的，而不是求福的。是要合乎上帝的旨意，而不是合乎我們私見的。」她又認為：「聖靈是眾聖徒的交通。聖靈使我們有靈性上的交通，使古今中外的聖徒，具有同情，彼此聲義相承，同屬於一靈一主，而歸榮耀於上帝，造成一個永生的世界教會。」她還指出：「聖靈是處世生活的嚮導。我們生命上隨時隨地所需要的選擇和決斷，都靠這一點靈光來指導。使我們靈性的生活與世界的生活聯繫起來。我承認拯救社會的，不一定是基督徒，而基督徒斷不忍坐視人類淪喪。全講社會福音的，未必一定得救。而全不講社會福音的，靈性上一定未得救。基督教與佛老不同之處，最主要之點，就是基督教是積極的救世福音，而不是消極的遁世哲學。」[23]

作為一名相當敬虔的基督徒，曾寶蓀在總結自身的宗教經驗時認為最重要的宗教經驗就是發現上帝是在人與人往來之間。因為她認識

21　曾寶蓀：〈我的基督教信仰〉，吳耀宗主編：《基督教與新中國》（上海市：青年協會書局，1948年），頁242。

22　〔美〕威廉・詹姆士著，唐鉞譯：《宗教經驗之種種——人性之研究》（北京市：商務印書館，2002年），頁51-52。

23　曾寶蓀：〈我的基督教信仰〉，吳耀宗主編：《基督教與新中國》（上海市：青年協會書局，1948年），頁241-242。

上帝的途徑，除了從大自然的美麗中得來（包括萬事萬物之間的規律與造物主的神奇），主要是由人而來。[24]曾寶蓀在相當大程度上受美國自由派神學中的經驗主義學派的影響，認為自己生平所接觸到的基督徒和傳教士，他們個人的品性，為他人服務的熱忱，侍奉上帝的誠心，無一不是曾寶蓀察覺上帝與她同在的證明。

二　如何將基督介紹給青年學生

　　長沙藝芳女校是曾寶蓀將基督信仰付諸實踐的重要媒介與載體，因為她在創辦藝芳女校的三十多年裡探索出了如何將基督介紹給青年學生。對此，曾寶蓀曾經寫道：「我個人信仰可說是在理智方面較為發展。一則是因為我信基督教時，已到了理智發達的成年時期。二則因為我辦藝芳女校二十年，每日早晨講道給學生聽，凡我的信仰能用語言發出來的，多半經過一番陶鑄功夫，成為比較有系統的理論。同時不知不覺間，我對於我自己的理智信仰，也大加考慮，自認有相當的瞭解。」[25]其後又言：「我的信仰，卻很影響了我生平的事業。我一生最大的事，就是辦理藝芳女校。我把我的全副精神，所有財產，整個生命，供獻與她。」[26]

　　湖南的女子學校多數都分布在省會長沙。在當時，關於長沙地區各個女子學校的特點，有人概括為：「福湘注意文章，衡粹殫精職業，稻田則學成師範，藝芳則崇清修，周南雅好詩歌，培德最長圖

24 曾寶蓀：〈我的宗教經驗談〉，徐寶謙主編：《宗教經驗談》（上海市：青年協會書局，1934年），頁66；Tseng Pao Swen, "My Religious Experience", *The Chinese Recorder*, Vol.66, No.8 (Aug.1935), p.461.

25 曾寶蓀：〈我的基督教信仰〉，吳耀宗主編：《基督教與新中國》（上海市：青年協會書局，1948年），頁239-240。

26 曾寶蓀：〈我的基督教信仰〉，吳耀宗編：《基督教與新中國》（上海市：青年協會書局，1948年），頁242。

畫。」[27]由此可見，藝芳女校重視清修，崇奉基督，幾乎已為時人所共識。吳宓稱讚藝芳女校：「校風美善，獨立不倚，遠近著稱。」[28]著名中國基督教教會史專家賴德烈也曾對藝芳女校作過這樣的評價：

> 長沙藝芳女校這個有趣的機構，特別激勵著尋求中國基督教獨立的人們。它有明顯的基督教特徵，但是與任何國內外布道組織都沒有正式的聯繫。它的創辦者，曾寶蓀女士，是曾國藩的曾孫女。當她還是杭州教會學校的一名學生時，就已受洗成為了一名基督徒，並決計為培養女青年領袖而奉獻一生。當她在英國學成之後，即與弟弟曾約農先生於一九一八年在長沙創辦了這所學校。該校招生較少——從來沒有超過六十——並且主要是來自上層社會家庭的女子。這個學校因其明顯的基督宗教特色和成功的學生管理而為人所注意。[29]

藝芳女校的招生簡章上曾經明確寫明：

1 本校注重培養富有求真博愛犧牲服務各種精神之人格，以基督教義為訓育之本，同時注意我國固有倫理及文化，學生須具虛心領受之志願，但信仰絕對自由。

2 本校學生在求學期間內應專心求學，不得參加任何政治運動及各種會社，亦不得分心外務，過度社交。[30]

---

27 彭文亮：〈與李君書〉，《福湘雜誌》（1926年5月），頁41。

28 吳宓著，吳學昭整理：《吳宓詩話》（北京市：商務印書館，2005年），頁214。

29 Kenneth Scott Latourette, *A History of Christian Missions in China*, New York: The Macmillan Company, 1929, pp.807-808.

30 《教育部私立藝芳女校招生簡章》（三十六年秋季始業），湖南省檔案館館藏檔案：59-11-2386，頁16。

　　第一條意在闡明藝芳女校的辦校原則，即以基督教教義為辦學根本，對中國傳統文化也廣泛吸收，儘量做到合中西之優秀成果而雜采之，同時秉持宗教信仰自由，不強迫學生加入基督教。第二條規定是為了確保在激蕩的年代裡能夠讓學生擁有一個安靜的學習環境。曾寶蓀自己一生都反對學生上街遊行示威，認為學生自有學生的職責與義務，不入政治運動、減少社會交際，方有學習時間。不過，遺憾的是，曾寶蓀和藝芳女系卻由於此種主張在後來的政治運動中被視為「洋奴」與「走狗」。

　　藝芳女校辦校之初，學校的政治色彩比較淡泊。但自南京國民政府建立了全國性的政權之後，黨化教育逐漸浸入學校。國民政府曾明文規定：「私立學校，一律不得以宗教科目為必修科，亦不得在課內，作宗教宣傳。私立學校，如有宗教儀式，不得強迫學生參加。」[31]教會學校在向教育部立案之後，遂將宗教科目由必修課改成選修課。與傳統教會學校依靠開設宗教課程傳播福音以吸引學生信奉基督教不同，曾寶蓀在其長達三十多年的辦學經驗中，形成了自己一套獨特的傳播福音的方法。藝芳女校自辦校開始基本未設置宗教課，課程設置與普通私立中學並無二致。聶雲台與曾寶蓀交談時，曾寶蓀就曾指出藝芳女校並不講讀《舊約》，且僅將其視作一般歷史。[32]也未曾利用課堂作宗教性質的宣講，而是利用師生之間的交流以及教師的個人言行來向學生傳布福音。曾寶蓀甚至認為：「公立或世俗學校的學生比教會學校的學生對基督教表現出了更大的興趣，而這可能是由於教會學校過多的宗教集會或靈修活動，反而導致教會學校學生對基督教敬而遠之。」[33]

31　〈私立學校規程〉（十五年十月十八日公布），《大學院公報》第1年第1期（1928年1月），頁40。

32　雲台：〈記與曾寶蓀表任談話〉，《聶氏家言選刊》第5期（1928年11月），頁251。

33　Tseng Pao Swen, "Religious Situation Among Chinese Youth", *The Chinese Recorder*, Vol.67, No.4 (Apr.1936), p.199.

　　曾寶蓀一再強調，青年是中國基督教的未來。因此，所有基督徒應該依靠上帝的愛與大能使青年相信基督的公平、正義與博愛，進而受洗入教。[34]曾寶蓀還認為，一個國家的國性應該是活的、生長的，需要時時吸收新的養料。基督教不是洪水猛獸，而且還可以彌補國性的不足。因此，可以把基督的真精神編入教材之中。[35]在曾寶蓀看來，學生在「幼稚的時代實在難關很多，做父母的往往不明兒童的心理，或是缺乏同情，因而造成種種困難。」[36]因此，作為藝芳女校的教員，首先要做的就是需要瞭解學生。曾寶蓀相信，用此種態度，積之既久，必能有效。她還以藝芳女校為例，向世人講解如何將基督介紹給中學生：首先，每班人數不可太多。藝芳女校每班人數在二十以下，實行小班教學，且不收插班生。如此，教師才能對學生有個性的感覺，在課堂問答和改卷時，才可剖析學生的心理。其次，便是共同生活。教員與學生必須在飲食起居方面多多接觸，方能建立真正的友誼，使得教師有看見學生私人生活的機會。此外，在課外活動中，比如體育會、音樂社、辯論會、劇團等，教師應該都參加，但教師卻不能擔任社長或其他領導職位，只可作會員，與其它人一樣，盡同樣的義務，享同樣的權利。只有在這種共同生活之中，才可破除師生之間的界限，並且使教師知道每個學生的個性以及他們的弱點。最後，就是個人談話。初中生一般都不喜歡與教師談話，而高中生則因漸漸感受社會、家庭以及個人的困難，願意找人談話。凡有學生需要找曾寶蓀談話，她都會先將自己私事先放置一旁，且以換位思考的方式，對學生之事情報以同情諒解之態度，不取笑或責備他們，並嚴守學生的

34　Tseng Pao Swen, "Religious Situation Among Chinese Youth", *The Chinese Recorder*, Vol.67, No.4 (Apr.1936), p.204.

35　曾寶蓀：〈基督教與國性〉，《中華基督教教育季刊》第6卷第3期（1930年9月），頁11。

36　曾寶蓀編譯：《實驗宗教學教程》（上海市：青年協會書局，1934年），頁52。

信託，不洩露他們的秘密。曾寶蓀認為，只有這樣，學生才敢說出他們的個人的心事。[37]

另外，曾寶蓀還堅持每日早晨給學生講道。[38]對於藝芳女校的學生而言，雖然沒有開設宗教課程，但是每天早晨的講道活動卻必須參加。曾寶蓀自身極有演講與布道才能，關於此點，趙紫宸就曾稱讚道：「至於講論演說，則辯才無疑，既有犀利的詞鋒，復有溫婉的詼諧，所有陳述，皆娓娓動人。」[39]此外，曾寶蓀所使用的方法亦頗為巧妙。在演講中，曾氏並不拘束於基督教本身，但也很是注重靈修方面，有時候也將世界大事或身邊發生的瑣碎小事，與基督的事蹟相比較，從而使學生對基督產生好感，甚至有通道歸主的意願。[40]此種「左手聖經，右手報紙」的講道方式，不僅有利於塑造學生的新精神和新思想，亦可起到改良校風和團結師生的作用。藝芳女校所招收的女孩大多出身非基督徒家庭，但由於曾寶蓀等人的影響，卻使得不少學生成為基督徒，甚至有學生在臨終前表達歸主的願望。曾昭燏也曾指出：

> 藝芳雖不是教會學校，而教育帶有宗教性⋯⋯她（引者注：曾寶蓀）每天早上和我們全體學生講話，告訴我們：「人在上帝面前是平等的」「為義受逼迫的人是有福」「做事要負責認真，

---

37 曾寶蓀：〈介紹基督與中學學生的一個方法〉，《中華基督教教育季刊》第5卷第2期（1929年6月），頁48-49。

38 曾寶蓀：〈我的基督教信仰〉，吳耀宗編：《基督教與新中國》（上海市：青年協會書局，1948年），頁239。

39 趙紫宸：〈曾寶蓀女士小傳〉，《真理與生命》第9卷第7期（1935年12月）；趙紫宸著，燕京研究院編：《趙紫宸文集》（第三卷）（北京市：商務印書館，2003年），頁645。

40 曾寶蓀：《曾寶蓀回憶錄》（香港：基督教文藝出版社，1970年），頁99。

做人要勇敢堅強，有是非心，有正義感」「要愛人如己，犧牲自己，幫助別人」。[41]

這些話語對曾昭燏的一生都產生了深遠的影響。無獨有偶，留校任教的譚蘗在談及自身的宗教經驗之時也曾寫道：一九二二年，譚蘗由稻田師範轉入了藝芳女校並開始認識基督教。這是她生命中一個最大的轉變，因為藝芳的人格教育給了她一種無形的提示，是她生命中的指南。曾寶蓀在早上朝會的時候向學生演講，使學生們認識基督並給她們一條選擇的途徑。曾寶蓀自己日常的人格思想也是學生們的一個榜樣。[42]因此，賈惠宜女士甚至認為，塑造藝芳女校的真正力量「不是學生未加訓練的思想，而是曾寶蓀女士十年來每天早晨基於聖經的日常教育。」[43]更重要的是，社會大眾也似乎對其頗有好感，聲稱之所以每週需要讀《聖經》兩個小時，每日須做禮拜一刻鐘，乃是因為該校辦學者多為基督徒，所以難免脫教會學校的習氣。但是，在藝芳女校，「聖經亦擇於修身及社會有關者教之，不似福湘之流呆讀呆記。」[44]

曾寶蓀對於藝芳女校的學生相當寬容，既不強迫其加入基督教，也不強迫加入某個差會，而是完全尊重學生的個人意願。一九二二年，就有人寫道：

---

41 曹清、張蔚星編撰：《曾昭燏年譜》（徵求意見稿）（南京市：南京博物院，2009年），頁17。

42 譚蘗：〈我的宗教經驗談〉，徐寶謙主編：《宗教經驗談》（上海市：青年協會書局，1934年），頁101-102。

43 Winifred. Galbraith, "An Experiment In Christian Education", *The Chinese Recorder*, Vol.58, No.7 (Jun.1927), p.428.

44 〈一日一校：藝芳女校〉，《大公報》（長沙），第6版，1925年4月2日。

曾寶蓀是尋求發展本土基督教會的眾多成員之一，因此她並未加入任何宣教團體聯盟。儘管其與各個基督教團體在長沙的代表都保持著友好親密的關係，並邀請他們所有人於每個主日在藝芳女校進行演講。儘管入校的學生幾乎沒有幾人是基督徒，但所有人都樂意參加學校的每日晨禱和日常的查經課程，而且藝芳基督徒聯合會（I Fang Christian Union）成員人數已經超過二十九人。每週六下午在會友會（the Friends' Meeting）之後，大約有八名基督徒舉行無聲祈禱會（Silent Prayer-Meeting）。沒有外在的壓力迫使這些學生受洗入教，但是當她們真切希望接受基督教信仰，她們可以完全自由地選擇她們希望加入的基督教會。[45]

從一個資料之中即可看出曾寶蓀在藝芳女校中介紹基督給青年學生方面的成效。一九三九年，在英國巡迴演講的曾寶蓀指出，儘管藝芳女校的學生大多來自非基督徒家庭，但在其畢業離校之時的基督徒學生竟然高達百分之七十。而且大多數學生都加入了各個教會，並成為了十分熱心的教友。[46]

總體而論，在創辦長沙藝芳女校的三十多年裡，曾寶蓀堅持待人以慈祥、處世以淡泊、臨危以鎮靜、持身以簡樸，因此，長沙藝芳女校的同事與學生們都十分愛戴她。[47]在這種與學生的互動之中，曾寶蓀的基督信仰逐漸影響到了更多的藝芳學子。縱然是沒有受洗入教的

---

45 "An Outstanding Educational Enterprise", 英國倫敦大學瑪麗女王學院館藏檔案：Circulars relating to I Fang Girls' Collegiate School, WFD/15/3/2.

46 Miss P. S. Tseng, "What Christianity Means to Chinese Women", *India's Women and China's Daughters*, June 1939, p.83.

47 燕京研究院編：〈曾寶蓀女士小傳〉，《趙紫宸文集》（第三卷）（北京市：商務印書館，2007年），頁644。

學生，也學會了以基督精神和原則作為自身行為處事的典範。[48]

第二節　曾寶蓀與華夏婦女神學的萌芽

賀麟在討論宗教哲學時曾特意指出：曾寶蓀《實驗宗教學教程》、徐寶謙《宗教經驗談》、趙紫宸《耶穌傳》以及謝扶雅《宗教哲學》四書堪稱此中代表，並對《實驗宗教學教程》評價道：「除闡揚耶穌哲理外，於精神修養，特有裨益。」[49]孫正聿也曾以曾寶蓀《實驗宗教學教程》、趙紫宸《基督教進解》、許地山《扶箕迷信的研究》、王治心《中國宗教思想史大綱》等書為例，闡述一九三〇至一九四〇年代中國學界關於宗教問題所展開的大論戰。[50]奧地利學者雷立柏（Leopold Leeb）正是基於此書而將曾寶蓀視為一位神學家，甚至認為曾氏「也許是華夏第一位受過比較高級的神學訓練女神學家」，[51]而且後世之人還可以在其中發現「華夏『婦女神學』的一些萌芽」。[52]

一　《實驗宗教學教程》的成書背景及概況

在美國的基督教神學思想體系中，自十九世紀下半葉至二十世紀初，占據統治地位的是自由主義神學。自由主義神學適應了當時自由

---

48 曹清、張蔚星編撰：《曾昭燏年譜》（徵求意見稿）（南京市：南京博物院，2009年），頁17。

49 賀麟：《五十年來的中國哲學》（上海市：上海人民出版社，2012年），頁68。

50 孫正聿：《孫正聿哲學文集》（第一卷）（長春市：吉林大學出版社，2007年），頁178。

51 〔奧地利〕雷立柏（Leopold Leeb）：《論基督的大與小：1900-1950年華人知識分子眼中的基督教》（北京市：社會科學文獻出版社，2000年），頁126。

52 〔奧地利〕雷立柏（Leopold Leeb）：《論基督的大與小：1900-1950年華人知識分子眼中的基督教》（北京市：社會科學文獻出版社，2000年），頁134。

資本主義的發展，而且在教義的解釋方面也帶有較多的自由主義色
彩。自由派神學常常遭受到誤解，在奧爾森看來，「自由派神學不是要
揚棄某些信仰，而是企圖從新的現代文化脈絡更新基督教信仰。」[53]
儘管自由派神學內部也存在著不少分歧與爭議，但他們卻有一個基本
的共通點，即在基督教神學範疇內完全認同現代主義的主張。[54]

　　第一次世界大戰以後，美國自由派神學除了繼承了十九世紀自由
主義神學傳統以外，還受到當時在美國甚為流行的實在主義和實用主
義思潮的影響，強調立足於現實經驗的觀察和認識，因而亦可稱為現
實主義自由派神學或經驗主義和自然主義神學。美國自由派神學的主
要成員多在芝加哥大學神學院，故稱為芝加哥學派，其代表人物有史
密斯[55]（Gerald Birney Smith）、馬修[56]（Shailer Mathews）、威曼[57]

---

53 〔美〕奧爾森（Roger E.Olson）著，吳瑞誠、徐成德譯：《基督教神學思想史》（北
　　京市：北京大學出版社，2003年），頁585。

54 Claude Welch, *Protestant Theology in the Nineteenth Century*, Vol 1, 1799-1870, New
　　Haven, Conn.: Yale University Press, 1972, p.142.

55 吉羅德・伯尼・史密斯，一八六八年五月三日生於麻塞諸塞州米德菲爾德（Middle-
　　field），一八九一年獲布朗大學學士學位。而後在歐柏林學院（Oberlin Academy）
　　教授拉丁語一年，在伍斯特學院（Worcester Academy）講授數學和外語。一八九五
　　年，史密斯進入協和神學院。一八九八年，史密斯進入哥倫比亞大學。一九〇〇
　　年，史密斯成為芝加哥大學神學院系統神學和倫理學講師，一九〇二年，在海德公
　　園浸禮會行按立禮，一九一三年升為教授。史密斯代表作有《社會理想與變動中的
　　神學》（*Social Idealism and Changing Theology*）、《基督宗教研究指南》（*A Guide to
　　the Study of Christian Religion*）、《基督徒生活準則》（*Principles of Christian Living*）
　　等。簡又文曾經翻譯其《哲學與宗教的關係》（*Philosophy in Relation to Religion*）、
　　《科學與神學的關係》（*Science in Relation to Theology*）、《進化與神學的關係》
　　（*Evolution in Relation to Theology*）等。

56 謝勒・馬修，一八六三年五月二十六日出生於緬因州波特蘭，科爾比學院畢業
　　（Colby College）。作為一名自由基督教神學家，馬修宣導關注社會福音，並以科學
　　的方法研究聖經文本，反對現代保守的基督徒。他是一名虔誠的浸信會教徒，幫助
　　並建立了北浸禮會教友大會（Northern Baptist Convention）。馬修曾兩度擔任芝加哥
　　聖經研究會會長，並長期擔任芝加哥神學院院長一職（1908-1933）。一九四一年十

（Henry Nelson Wieman）等。

時任芝加哥大學神學院系統神學主任教授的吉羅德·史密斯就曾指出：

> 二十五年來美國神學思想最明顯之結果，是維新運動之進展（即是主張用科學的史學的方法以研究基督教）與劇烈地抵抗這個傾向之反響。反動派的首領，欲人遵奉權威的方法，故極側重聖經「不能錯誤」之教義，與基督教根本上屬於「超自然」之特性。維新派則受時代的督促，對於宗教之性質以及神學與宗教經驗之關係，不得不加以批評的考慮。教義上雖然已經發生不少惹人注意的變化，但在前途似乎尚有更惹人注意的發展。[58]

月二十三日，謝勒·馬修去世。馬修的代表作有《新約聖經的救主期盼》（*The Messianic Hope in the New Testament*）（1905）、《社會福音》（*The Social Gospel*）（1909）、《個人與社會福音》（*The Individual and the Social Gospel*）（1914）、《現代主義信仰》（*The Faith of Modernism*）、《愛國主義和宗教》（*Patriotism and Religion*）（1918）等。

57 亨利·威曼（1884-1975），是美國著名的哲學家、神學家，他也是美國神學中關於神本自然主義（Theocentric Naturalism）和經驗方法最著名的宣導者，並催生了二十世紀後半葉宗教自然主義的出現。一九〇七年，亨利·威曼畢業於密蘇里州的派克學院（Park College），一九一〇年，畢業於三藩市神學院，並於一九一七年獲得哈佛大學博士學位。畢業之後的亨利·威曼開始任教於西方學院（Occidental College）。一九二七年，亨利·威曼應邀至芝加哥大學神學院講述懷海德的思想。由於其演講甚佳而被聘任為神學院教授，直至一九四九年退休。亨利·威曼著作等身，代表作有《宗教經驗與科學方法》（*Religious Experience and Scientific Method*）（1926）、《個人宗教生活之方法》（*Methods of Private Religious Living*）（1928）、《宗教的規範心理學》（*Normative Psychology of Religion*）（1935）、《美國的宗教哲學》（*American Philosophies of Religion*）（1936）、《信仰的智識基礎》（*Intellectual Foundation of Faith*）（1961）等。

58 〔美〕史美夫著，戴貫之譯：〈二十五年來美國神學思想之趨勢〉，《真光》第26卷第6期（1927年6月），頁13。

在此種觀念的影響之下，一九二六年，亨利・威曼（Henry N. Wieman）
出版《宗教經驗與科學方法》（*Religious Experience and Scientific
Method*）一書。一九二八年，他接著出版了《個人宗教生活之方法》
（*Methods of Private Religious Living*）。

　　同年，《實驗宗教學教程》一書由美國芝加哥聖經學校（The
American Institute of Sacred Literature）編輯出版。此書的雛形是芝加
哥大學經典文獻研究所（The Institute of Sacred Literature）一九二七
至一九二八年出版的月報，該份月報分發至美洲大陸各個地方的人們
手中，並且許多人以此指導自身的宗教生活中的個人實驗活動。[59]該
書的編輯者坦言出版此書的目的在於「說明人們更清楚地思考宗教的
性質與功能，增強他們對其習俗與他人宗教生活之關聯的觀察力，培
養評估觀察結果的技能，並養成自己和他人更精深的宗教生活。」[60]

　　總體而論，這批作者雖然各有專攻，但對於宗教經驗都有很深刻
的認識，且其思想有其連貫性和共通性。他們都與芝加哥大學神學院
關係緊密，多數成員曾在芝加哥大學神學院求學，後由外校調入神學
院。而且其教育背景也十分相似。雖然各有專攻，不過，他們對於宗
教經驗都有很深刻的認識，且思想有其連貫性和共通性。因此，這批
神學家被後世稱為「芝加哥學派」，他們多為經驗主義神學家都深受
詹姆士實驗主義與杜威實用主義思潮的影響。因此，他們「在反對日
益上升的世俗主義與人文主義，為有神論和基督教作辯護的時候」，
「並不求助於教義權威或教會權威，而是訴諸於人類經驗和科學證據

---

59 Henry N.Wieman, *Methods of Private Religious Living*, New York:The Michigan
　　Company, 1928, p. 5.
60 "Editorial Notes", Henry N. Wieman ed., *Experiments in Personal Religion*, Hyde Park,
　　Chicago, Illinois:The American Institute of Sacred Literature,1928.

本身。」[61]

　　《實驗宗教學教程》一書可以稱為是美國自由派神學芝加哥學派關於經驗主義的扛鼎之作。此書共有九人，最重要的作者亨利・威曼，其餘八人分別是愛德華・埃姆斯[62]（Edward S. Ames）、唐納德・威廉・里德爾[63]（Donald W. Riddle）、威廉・鮑爾[64]（William C. Bower）、吉羅德・伯尼・史密斯、謝勒・馬修、格魯吉亞・錢柏林[65]

---

61 〔美〕利文斯頓（Livingston, J.）等著，何光滬等譯：《現代基督教思想》（下）（南京市：譯林出版社，2014年），頁61。

62 愛德華・埃姆斯（1870-1958），美國哲學家，一八七○年四月二十一日出生於威斯康辛州的歐克雷爾（Eau Claire），先後求學於德雷克大學、耶魯大學、芝加哥大學，並於一八九五年獲得博士學位。愛德華・埃姆斯最初任教於巴特勒學院（Butler College），一九○○年在芝加哥獲得教職，直至一九三六年退休。愛德華・埃姆斯的研究方向是心理學和宗教社會學。一九五八年，愛德華・埃姆斯在芝加哥離世。代表作有《宗教經驗的心理學》（*The Psychology of Religious Experience*）（1910）、《基督的門徒：他們的成長、遺產和永恆》（*The Disciples of Christ: Their Growth, Their Heritage, Their Timeless*）（1943）、《宗教的三大核心：信、望、愛》（*Three Great Words of Religion: Faith, Hope, Love*）等。

63 唐納德・威廉・里德爾，具體生平不詳，代表作有《耶穌和法利賽人：一項關於基督教傳統的研究》（*Jesus and The Pharisees: A Study in Christian Tradition*）（1928），《殉道者：一項關於社會控制的研究》（*The Martyrs: A Study in Social Control*）（1931）、《新約聖經生活與文學》（*New Testament Life and Literature*）（1958）等。

64 威廉・鮑爾，堪稱是二十世紀宗教教育運動中的領頭羊，一八七八年二月六日出生於印第安那州，年僅十六歲便開始在格林教堂（Green's Chapel）布道。先後受業於三州大學（*Tri-State College*）、巴特勒學院（Butler College）、哥倫比亞大學，分別於一九一○、一九一八年獲得碩士、博士學位。畢業之後，曾在洛杉磯的威爾希爾大道基督教會（*Wilshire Boulevard Christian Church*）擔任兩年的牧師。其後任教於聖經學院（列克星敦），一直到一九二六年。同年，威廉・鮑爾接受芝加哥大學神學院教職直至一九四三年退休。期間，威廉・鮑爾深受懷海德過程神學和杜威教育理論的影響。一九八二年，威廉・鮑爾離世，享年一○四歲。威廉・鮑爾代表作有《宗教教育課程》（*The Curriculum of Religious Education*）（1925）、《教育中的道德和精神價值》（*Moral and Spiritual Values in Education*）（1952）等。

65 格魯吉亞・錢柏林（1862-1943），代表作有《聖經書籍》（*The Books of the Holy Bible*）（1926）、《讓聖經生存下去》（*Making The Bible Live*）（1939）等。

（Georgia L. Chamberlin）、希歐多爾‧蘇亞雷斯[66]（Theodore G. Soares）、赫伯特‧威利特[67]（Herbert L. Willett）。從總體而論，由於其體例與成書形式，因而更像是八次學術討論之後的思想結晶。儘管如此，但他們的分工卻十分明確：即每篇文章的第一部分，即建基於特性研究和史學鑑別的調查，是由不同的學者所完成，而第二部分則皆由亨利‧威曼完成，並對每個所論述的主題提出一系列可供參考的建議。[68]

二　曾寶蓀中譯本的中國化處置

　　由於《實驗宗教學教程》一書在美國甚為暢銷，因而於一九三〇年得以再版。一九三三年，青年會便邀請曾寶蓀翻譯此書。一九三四年曾寶蓀完成譯稿，而校閱者是范子美和應遠濤兩人。此書乃青年書局出版之青年叢書第九種，刊印於一九三四年九月，當時定價是大洋二角半。至一九四八年，前後已刊印三版。此書在一定程度上，既反映出民國女性基督徒精英的神學修養，也反映出早期女性華人基督徒領袖對於基督教神學思想中國化所作的一次嘗試。

　　曾寶蓀的編譯本相對於原作而言，與其說是翻譯，毋寧說是創作。

　　由於《實驗宗教學教程》原版本是英文，作者並非一人，文字體

---

66 希歐多爾‧蘇亞雷斯，生卒年不詳，代表作有《聖經中的社會機構及理想》（*The Social Institutions and Ideals of the Bible*）（1915）等。

67 赫伯特‧威利特（1864-1944），代表作有《基督的生平與教義》（*Life and Teachings of Jesus*）（1898）、《我們的聖經：它的起源、特徵及價值》（*Our Bible; Its Origin, Character and Value*）、《每日講壇：對個人奉獻和家庭崇拜的幫助》（*The Daily Altar: An Aid to Private Devotion & Family Worship*）（1919）等。

68 "Editorial Notes", Henry N. Wieman (ed.), *Experiments in Personal Religion*, Hyde Park, Chicago, Illinois: The American Institute of Sacred Literature, 1928.

裁不盡一致。曾寶蓀曾經在自序部分明確地指出：「因為有了不同的作者，所以也有了宗教經驗的面面觀。為這些年青而願求真理的學生，實在是一本很有益處，很加添思想的讀物。」[69]但是，對於曾寶蓀而言，無形之中增加了翻譯的難度。其難處主要有二：「第一，因為書上的引證，純是外國的詩文事實。第二，它整個的背景，都是西洋基督教的國家與文化。」[70]因此，曾寶蓀也對該書的體裁做出了一定程度的修訂，使得每章的框架與組成部分一致，主要分為「準備」、「例證」和「研討」三個部分。曾寶蓀譯本「準備」部分，與英文版的「修訂問題」（Revise questions）有異曲同工之妙，但「準備」部分那些啟人深思的問題基本上全是曾寶蓀自己原創，而非直接翻譯英文亨利・威曼之語。尤為重要的是，曾寶蓀以經驗主義神學思潮為根基，外加自身深厚的國學底蘊，以中國歷史、神話、山川等解釋美國自由派經驗主義神學思想，運用自如，可見其對於自由派經驗主義神學瞭解之深。所以，曾寶蓀坦言道：「把它的引證事實，能改的都改成中國的。同時也用儒釋的精神來陪襯，使全書不致於完全沒有中國背景……因為有許多地方，不是翻譯，乃是用它的意思，然後因中國的人情物理，來重新做過。」[71]

　　曾寶蓀如此處理的結果，就是十分方便學校將此書作為查經班之用：「每章的第一部分是問題，要讀者自己先想想，使他預備一種考慮和接受的心理。第二部分是歷史上的引證。第三部分是討論。」[72]當然，曾寶蓀雖然對於討論部分著墨較多，但其意並不是要將自己的意志強加給讀者，而是要啟發讀者自己進行思考並加入討論。不過，

---

69 曾寶蓀編譯：《實驗宗教學教程》（上海市：青年協會書局，1934年），〈自序〉，頁1。

70 曾寶蓀編譯：《實驗宗教學教程》（上海市：青年協會書局，1934年），〈自序〉，頁1。

71 曾寶蓀編譯：《實驗宗教學教程》（上海市：青年協會書局，1934年），〈自序〉，頁1。

72 曾寶蓀編譯：《實驗宗教學教程》（上海市：青年協會書局，1934年），〈自序〉，頁2。

曾寶蓀也警惕道：「用這書的查經班，最好是人數不要太多，至多不過十餘人，使每人都有機會發言，而做領袖的，只處於指導討論的地位，使它不致於散漫離題。這樣，各人可以互相認識，有團契的精神，求真的態度，上帝的靈，也就在他們的裡面了。」[73]

關於翻譯部分，曾寶蓀也不是一味地直譯作者原文，而是採用了刪繁就簡的方法。對於大量相當比較晦澀難懂的語句或段落，曾寶蓀提綱挈領地以簡明扼要的進行概括，既符合原文作者的意思，又體現出了中國的文化特色。例如，關於如何禮拜的幾個具體步驟，亨利・威曼進行了大量的論述，而曾寶蓀不過寥寥數語，就將六大步驟進行了概括：即虛受、改進、臨事、應變、肯定、禱文。[74]

此外，由於曾寶蓀徹底打亂了英文原本的章節順序，致使曾寶蓀中譯本在全書八章的標題也與英文本有所差異。全書除了第一、三、八章的內容與順序相一致之外，其他章節的順序已經顛倒。不過，曾寶蓀的此種編排，卻是有意為之。在中譯本的章節之中，按照第一章到第八章的順序，依次是從自然、美麗、掙扎或奮鬥、事業或主義、打破難關、愉快、天人合一、團契或教會中獲得的宗教經驗。此種編排反映了由形而下至形而上層層遞進的邏輯順序。由此可見，曾寶蓀對於編譯此書所下的功夫和耗費的心血。

當然，曾寶蓀確實也對此觀點進行了相當大程度上的踐行。曾寶蓀自幼便深識中國傳統經典，其在闡述經驗主義神學思想之時，為了不至於使中國讀者對於外國例證產生隔閡，大多數情況下，曾寶蓀採用的是以中典釋西學的方式，即中國歷史上的為人所明瞭的故事和人

---

73 曾寶蓀編譯：《實驗宗教學教程》（上海市：青年協會書局，1934年），〈自序〉，頁2。

74 Henry N.Wieman (ed.), *Experiments in Personal Religion*, Hyde Park, Chicago, Illinois: The American Institute of Sacred Literature, 1928, pp. 37-40；曾寶蓀編譯：《實驗宗教學教程》（上海市：青年協會書局，1934年），頁92-93。

物，因此，曾寶蓀對漢語神學和神學文本處境化做出了一定的嘗試。根據統計，曾寶蓀所列舉的事例，不論是人物、事情還是書籍，多為當時識字者有所熟知，也反映出了曾寶蓀對於閱讀者自身知識結構的考慮。曾寶蓀在書中提及次數最多的人是孔子，共有十一次，其次是王維四次，大禹、文王、孟子各三次，秦始皇、陶淵明、李白、白居易、曾子、岳飛、文天祥、項羽、老子等人都是二次。提及書籍次數最多的是《詩經》，其次是《史記》、《論語》、《中庸》、《楚辭》、《易經》、《後漢書》、《論衡》、《晉書》、《三齊略記》、《墨子》等書。

三　曾寶蓀的經驗主義神學思想

　　美國芝加哥學派經驗主義神學是以宗教經驗為開端，但其又與宗教心理學有所不同。因為，芝加哥學派經驗主義神學「所關心的並不是個人意識的主觀狀態，而是在認識上帝的過程中所體驗到的東西。」[75]曾寶蓀翻譯《實驗宗教學教程》一書時，在相當大程度上受到美國自由派神學中的經驗主義學派的影響，在一定程度上可以視其為經驗主義神學的一個追隨者。曾寶蓀認為自己生平所接觸到的基督徒和傳教士，他們個人的品性，為他人服務的熱忱，侍奉上帝的誠心，無一不是自己察覺上帝與其同在的證明。

　　《實驗宗教學教程》一書的主題是關於宗教經驗的獲得，因此，首先需要闡述如何獲得宗教經驗。曾寶蓀總結自身的宗教經驗時，認為最重要的宗教經驗就是發現上帝是在人與人往來之間。因為，她認識上帝的途徑，除了從大自然的美麗中得來（包括萬事萬物之間的規

---

75 〔美〕利文斯頓（Livingston, J.）等著，何光滬等譯：《現代基督教思想》（下）（南京市：譯林出版社，2014年），頁81-82。

律與造物主的神奇），主要是由人而來。[76]因此，曾寶蓀結合亨利‧威曼的觀點，認為有四個條件：第一，「不可認為一定要有特別的大徵兆和大感動。」第二，「我們必須對於生活有精細的解釋，和認真地追求。對於人群社會，要真心去改進。有這種態度，才能接受宗教經驗。飲食徵逐和自私自利的人，很難有這樣經驗。即使暫時得一種自然界的感動，也多少偏於感情衝動，不能持久的。」第三，「我們必須在百忙之中，每天找出一二點鐘的空暇，為個人修養的時間，使我們可以在靜默中，得一種靈性的接洽。」第四，「時常找機會和大自然接觸，有時甚至要一個人獨去。」[77]至於如何利用這種經驗去體驗上帝的工作和促進人類的生活？曾寶蓀認為也有四個要件：第一，「對自然界下一番正確的研究，不可苟且，不可有偏見，然後不能不看見上帝偉大的工作是演進的，發展的。應當向如何才能與上帝同工，共同促進他的工作。」第二，「宗教的經驗是屬靈的，不可認為非能說出，非能闡揚不可。要知宗教經驗有時是說不出的，只能在你的生活上顯出來。」第三，「常用你的經驗去解釋人生問題……在困難時，應當再尋求天然的美麗。」第四，「不要因為起初失敗就灰心。宗教經驗既然影響我們的生活，我們的朋友應當感覺我們的變遷。有時這種變遷或者不得他們的歡心。然而我們若積極行去，自有效力。」[78]歸根結底，「宗教經驗使我們可以更加瞭解上帝，和他合作，並改進我們的環境，使我們得一種犧牲服務的精神、和平快樂的態度，這是世界上任何人和任何事所不能消滅的。」[79]

---

76 Tseng Pao Swen, "My Religious Experience", *The Chinese Recorder*, Vol.66, No.8 (Aug. 1935), p. 461;曾寶蓀：〈我的宗教經驗談〉，徐寶謙主編：《宗教經驗談》（上海市：青年協會書局，1934年），頁66。

77 曾寶蓀編譯：《實驗宗教學教程》（上海市：青年協會書局，1934年），頁12-13。

78 曾寶蓀編譯：《實驗宗教學教程》（上海市：青年協會書局，1934年），頁13-14。

79 曾寶蓀編譯：《實驗宗教學教程》（上海市：青年協會書局，1934年），頁14。

如何面對和處理人生所遭遇大危機或關頭，曾寶蓀指出：「人生關頭，大都外表是一種災禍，然而骨子裡並不見得如此。有些人經過一個關頭，便更加堅強，有些人打不出來，便終身潦倒；所以難關是人類的一個大機會，只看一個人能利用與否。」[80]無獨有偶，亨利．威曼也指出：「危機是一種特別的經驗，它能陷我們於紛亂或散漫的境地，但如果能應付有方，它也能驅策我們進入一個更有意義的世界。」[81]

在曾寶蓀看來，簡而言之，整個社會就是一種人與群的關係，而宗教團契便是人與群結合的良好載體。因此，她認為宗教是需要多人的相互印證，為此，其還以主張出世的佛教為例，《高僧傳》中慧遠隱居廬山時，還與雷次宗等人號為廬山十八賢，與僧俗二十三人，結為白蓮社，為淨土宗之濫觴。耶穌揀選十二門徒，並為七十人預備道路，為基督教有了新組織的根基。最後，「他與門徒，同吃逾越節的筵席，乃是最深的友誼與團契，以上帝為天父，眾人為弟兄，同出一源，同歸一道，是真正基督教團契的開始，也是傳教事業的起源。」[82]此外，曾寶蓀還認為：「基督教團契精神的起點，當然也是家庭。然後由家庭發展到教會，由教會應當推及一切的社會團體和事業⋯⋯團契精神，是基督教中最重要的因素。」耶穌曾經比喻道：「我是葡萄樹，你們是枝子。」（約15:5）意在表明要與門徒結合在一起。至於團契結合的方法，可以分為三種：第一，因同情而生；第二，因同工

80　曾寶蓀編譯：《實驗宗教學教程》（上海市：青年協會書局，1934年），頁60。

81　H. N. Wieman著，應遠濤譯：〈人生危機的應付〉，《上海青年》第36卷第5期（1936年2月），頁3。

82　Henry N. Wieman (ed.), *Experiments in Personal Religion*, Hyde Park, Chicago, Illinois: The American Institute of Sacred Literature, 1928, p.144；曾寶蓀編譯：《實驗宗教學教程》（上海市：青年協會書局，1934年），頁98-100。

而生；第三，因生活而生。[83]曾寶蓀甚至認為：「有生機的團契，不但是最高的團契，也是最富有的宗教經驗，最感覺上帝臨近的經驗。人們在這個團契之中，容易感想到繼續的生命，聖徒的交通，天人的合一。」[84]所以，耶穌曾說：「無論在那裡，有兩三個奉我的名聚會，那裡就有我在他們的中間。」（太18:20）

關於掙扎為何會產生宗教經驗之時，曾寶蓀指出，首先，「當我們遇著最大的困難的時候，如果我們一定要勝過這困難，我們就感覺自己能力的薄弱，巴不得在身外有以一種援助或指導。」其次，如果我們的掙扎是尋求真理，煞費苦心之後得著真理，「沒有不生一種快愉，謙卑，感謝之心的，以為出自天賜，並非自己的能力。」再次，「當我們內心衝突的時候，我們若立志向上，每每感覺困難；若是有宗教思想，看輕暫時的富貴刑罰，向上的志願便堅定許多。」最後，「我們既然相信掙扎就是生命，所以我們不可不努力去得著這種經驗，因為有掙扎才得進化。我們不可不用宗教的精神去掙扎。」[85]

針對佛教僧尼和天主教聖者以苦修為樂，並認為肉體上的苦與靈性上的樂是成正比的現象，曾寶蓀卻認為：「固然肉體上的苦，甚至精神上的大悲劇，要是善於運用，也可造就靈性上的快樂或安慰。但是靈性上的快樂，不一定從痛苦悲哀中得來。順利的壞境，安適的生活，一樣能使人油然生宗教之感，只在乎人們對於愉快如何識別和運用而已。」[86]但是，當人的要求得到滿足之時，此時的愉快往往使得人產生一種自滿的情緒。因此，如何使人在愉快之時學會謙虛，如何

---

83 曾寶蓀編譯：《實驗宗教學教程》（上海市：青年協會書局，1934年），頁106。

84 Henry N. Wieman (ed.), *Experiments in Personal Religion*, Hyde Park, Chicago, Illinois: The American Institute of Sacred Literature, 1928, p.144；曾寶蓀編譯：《實驗宗教學教程》（上海市：青年協會書局，1934年），頁108。

85 曾寶蓀編譯：《實驗宗教學教程》（上海市：青年協會書局，1934年），頁36-37。

86 曾寶蓀編譯：《實驗宗教學教程》（上海市：青年協會書局，1934年），頁65。

能夠樂天遂生而又不為快樂所累，不叫肉體的快樂禁錮靈性，則顯得尤為重要。曾寶蓀指出方法有二：第一，「克己是一種方法，以求達到一種目的，也可說是成功的代價。」但是，「痛苦的本身，並無救贖的能力。有意識的犧牲，使我們自己受痛苦，那痛苦更有價值。」第二，「愉快也和痛苦一樣，本身無所謂善惡的。自滿的愉快，是驕傲的愉快，是墮落的；而謙虛的愉快，卻是提高人格的。時時不忘這點分別，自然可以從快樂之中，得些宗教觀念。」[87]

關於禱告的重要性及如何禱告，曾寶蓀認為禱告是非常重要的，「它對於人們的修養自省，以及天人匯合，占有很重要的地位。」但是，曾寶蓀深信「禱告是主觀的，而不是客觀的。是頌美的，而不是求福的。是要合乎上帝的旨意，而不是合乎我們私見的。」[88]儘管如此，曾寶蓀還指出基督教徒所存在的一種通病，即「用自己的力量，來助靈性的滋長。以為每天用十分鐘的雙料功夫，如祈禱、讀經之類，便足以夠一日的靈修。」在她看來，這種方法大有問題，真正的進步「往往在無意間或與友人交談，而又所悟，或讀書之後，心神舒泰的時候，而有所得。」[89]曾氏曾言：「在大自然中與朋友說話，是一種很深刻的宗教經驗。我曾經有一次，和友人在大海之中，明月之下，討論人生的問題。由人生到死亡，到永生，到上帝，在這種極坦白，極同情的談話中，進為更深的友誼。靈魂間帳幔開開了，一剎那間，我看見友人的至聖所，也看見了上帝。」[90]

關於生命之中的難關，曾寶蓀指出：「生命就是掙扎，掙扎就是

87　曾寶蓀編譯：《實驗宗教學教程》（上海市：青年協會書局，1934年），頁72。

88　曾寶蓀：〈我的基督教信仰〉，吳耀宗主編：《基督教與新中國》（上海市：青年協會書局，1948年），頁242。

89　曾寶蓀編譯：《實驗宗教學教程》（上海市：青年協會書局，1934年），頁90。

90　曾寶蓀：〈我的宗教經驗談〉，徐寶謙主編：《宗教經驗談》（上海市：青年協會書局，1934年），頁65。

努力打破生命上一層一層的難關，這些難關，雖然大小不一，但是影響當局者極大，有一髮千鈞之勢。甚至當局者，並不感覺這些難關，而在潛識上的力量，影響依然如故。他將來的人格、性情、魄力，也都由此而定。」[91]當然，「人生幾個最大的難關，就是誕生、少年、教育、職業、婚姻、疾病、死亡、失意、戰爭等事。這些事若不用聖潔的思想去想，便是把人生降到最低的文化平面。若不忍他們為人生生命上有永久價值的事，便是把生命的意義將至最低的限度。假如我們承認人生是豐富的，是有意義的，便不得不把這些經驗用形而上的眼光來觀察、解析、鑑別、保守和運用了。」[92]

總而言之，曾寶蓀在處理《實驗宗教學教程》一書之時，採用的是「西瓶裝中酒」的方式，即直譯全書的基本框架部分，而在框架之中的大量例證案例與事實，則以中國讀者耳熟能詳之事填充之。尤為難得的是，曾寶蓀此法卻能將表面上風馬牛不相及的中西文化巧妙地結合在一起，不特對於中國基督徒的靈修頗有裨益，甚至對於一般中國青年而言，也不無指導作用，尤其是對於青年立志、擇業、處世等，亦有頗多警世之語。曾寶蓀鼓勵年輕人：人格的創造，必須要經過一番掙扎。「凡創造高尚人格的要素，如勤勞、節儉、誠實、忠心、勇敢和負責等等，沒一件不需要相當的代價，才能得來。若是沒有恆心，不願吃苦，斷不能成偉大人物。」[93]正如孟子所言：「天之降大任於斯人也，必先苦其心志，勞其筋骨，餓其體膚，空乏其身，行拂亂其所為，所以動心忍性，增益其所不能。」此外，應鼓勵青年立志，因為志向是青年人生的導引。她認為：「人生無定志，便沒有生

---

91 曾寶蓀編譯：《實驗宗教學教程》（上海市：青年協會書局，1934年），頁51。

92 曾寶蓀編譯：《實驗宗教學教程》（上海市：青年協會書局，1934年），頁59-60。

93 曾寶蓀編譯：《實驗宗教學教程》（上海市：青年協會書局，1934年），頁34。

命的意義，生活也就因而散漫。」[94]因此，曾寶蓀強調：「人生最重要的即是有一種主義，由這主義擴大成為事業，一切其他活動，都應附庸於這個主義之下，這樣的生活，方才有方針、步驟和歸宿。」[95]同時，曾氏還警告讀者：「掙扎是人生成功的一種最要的訓練，所以我們不可把成功兩字看得太重要。」[96]

第三節　曾寶蓀與一九三五年全國青運巡迴工作團

在近代中國，青年是所有政黨、組織和社會團體所極力爭取的對象，並似乎形成了一條準則：誰抓住了青年，誰就掌握了中國的未來。中國基督教會，尤其是青年會與女青年會，一直以來都在致力於在青年中開展事工。但是，邢軍卻認為：「也許對青年會來說，青年和宗教運動標誌著它已離開了激進主義的社會福音。」[97]一九三五年組成的全國青運巡迴布道工作團，正是這種穩健型道路的選擇。面對民族危機和青年迷茫的雙重困境，曾寶蓀等工作人員在巡迴布道的過程中，將基督耶穌與民族的出路和青年的困惑三者緊緊結合在一起，與青年打成一片。這種行為既是曾寶蓀參與世俗事物、拯救民族危難的舉措，也是曾寶蓀在宣教禾場收割莊稼的展現，更反映出了曾寶蓀宗教身分與國民身分的交融。

94　曾寶蓀編譯：《實驗宗教學教程》（上海市：青年協會書局，1934年），頁41。

95　曾寶蓀編譯：《實驗宗教學教程》（上海市：青年協會書局，1934年），頁43。

96　曾寶蓀編譯：《實驗宗教學教程》（上海市：青年協會書局，1934年），頁36。

97　〔美〕邢軍著，趙曉陽譯：《革命之火的洗禮：美國社會福音和中國基督教青年會，1919-1937》（上海市：上海古籍出版社，2006年），頁164-165。

一 青年會實行巡迴工作的時代背景

　　九一八事變之後，華北地區面臨著日本帝國主義的直接威脅。然而國民政府面對侵略者卻不斷退讓，此舉讓民眾難以理解。整個國家面臨著前所未有的危機，知識分子開始對慘絕的內外處境作出更為現實的思索。黑暗導致民眾嚮往光明，失望與壓抑迫使民眾尋求希望、信仰、勇氣和出路。[98]正是在這種社會環境下，普通青年呈現出三種思想狀態：第一種，消極頹廢；第二種，鋌而走險；第三種，最大多數的青年是徘徊歧路，無所適從。究其緣由，不僅在於他們的物質生活無法得到滿足，也包括精神食糧倍感貧乏。[99]

　　面對如此情形，蔡志澄就認為：「青年人的熱力，有如江河裡的汪洋大水，若有人為之疏通利導，則荒瘠之地可成富庶之區，若聽其氾濫淹沒，為害也就很大。」基督教不僅僅要重視青年，還要領導青年。因此，「我們要領導青年進尋最高的理想和抓著中心的信仰。這好像汪洋大水，一方面我們要築堤建閘，使其就範，一方面也要善為利用，使其發出偉大的能力。耶穌基督便是空前絕後模範青年唯一的模範了。」[100]同樣，涂羽卿也認為：「今日中國青年所處的環境，較任何國家青年所處的環境，就一方面看起來，確是最嚴重而惡劣；但就另一方面觀察，到是充滿了創造的機會與可能性。」因為在這個內憂外患的時代，青年們有舉足輕重的作用。如果青年為環境所屈服，只顧一己一時之歡樂，將國家與社會拋諸腦後，毫無奮鬥精神、獨立

98　C. C. Liang, "The Youth and Religion Movement", *The China Christian Year Book, 1938-1939*, The National Christian Council of China, 1940, pp.152-153.

99　田景福：〈青運巡迴工作團來太原市之意義〉，《同工》第149期（1936年2月），頁70。

100　蔡志澄：〈我所認識的青年與宗教運動〉，《同工》第149期（1936年2月），頁73。

的思想與研究，只知盲從、隨風轉舵。那麼，國家前途將不堪設想。
從另一方面看，如果青年能夠克服環境，對個人在社會中的責任與地
位有清醒的認識，大家聯合起來，形成有組織的運動，則國家前途將
會一片光明。[101]

　　鑑於當時青年的需要以及他們對中國基督教力量的質疑，一九三
四年一月，青年會在上海聖約翰大學校園中召開第十二次全國大會，
由此拉開了青年與宗教運動的序幕。[102]大會一致同意舉行一場兩年的
青年與宗教運動，目的在於掃除這些疑慮，並以耶穌基督的精神感召
青年。[103]此次大會再次確認了三項根本目標：「引領青年皈依基督；
輔導青年認識並實踐基督化生活；激勵青年跟隨基督對社會盡責
任。」[104]如此，方能使「使青年對於我主耶穌之中心教訓及其使命，
有明確之認識；並在其個人及社會生活中，能有具體之表現。」[105]青
年會全國大會還設立了青年與宗教運動執行委員會，以涂羽卿為主
席，尚愛物（Edward Hartman Munson）和梁傳琴為執行幹事，具體
負責相關事宜。

　　一九三四年秋，艾迪博士應邀在華為青年學生作系統的布道，整
個布道活動是從天津開始，次第經過北平、保定、開封、鄭州、成
都、重慶、武漢、長沙、南昌、上海、杭州、廈門、香港、廣州、南

101　涂羽卿：〈青年與宗教運動之我見〉，《同工》第139期（1935年2月），頁1。

102　C. C. Liang, "Youth and Religion Movement of the Y. M. C. A in China", Year Book and
　　Roster of the Young Men's Christian Associations of China, 1934, Shanghai: Association
　　Press, p.37.

103　"Youth and Religion Movement-1935-Call to Prayer", *The Chinese Recorder*, Vol.66,
　　No.10 (Oct.,1935), p.635.

104　趙曉陽：《基督教青年會在中國：本土和現代的探索》（北京市：社會科學文獻出
　　版社，2008年），頁152。

105　〈青運巡迴工作團之介紹及其程式〉，《北平青年》第27卷第1期（1935年10月），
　　頁1。

寧等二十一個城市，每個城市存取時間大約是五日至七日。工作人員
分團分區負責，艾迪博士與其弟艾普魯博士、謝頌羔、艾德敷、尚愛
物等人負責華北和華中地區，鮑乃德、傅若愚負責華西地區，謝頌
羔、尚愛物、駱威廉及梁傳琴負責華東地區，梁小初和尚愛物負責華
南地區。各團成員分別擔任演講、討論個人會議等。此次布道的過程
中，有男女聽眾一八○六○○人，決志皈依基督者二四七六人，四一
四四人簽名加入宗教研究團或查經班。[106]

　　一九三五年一月，完成青年與宗教運動的艾迪離華在即，他特意
給中國教會的青年同道及青年與宗教運動委員會寫了一封公開信，其
在信中指出，在各大城市布道的最大問題，並非基督徒的態度和反對
勢力，而是教義和基督徒本身。為此，艾迪建議：第一，在續行工作
上，要引領決志者進入基督徒的團契，使其融入教會生活之中。對於
有意研究基督及其教義者，要引導他們並使其在基督真理上有更深刻
的見解與知識。第二，基督徒領袖對於青年們的需要和問題，要有更
高的同情與更深的瞭解。第三，要在一切基督徒的團體中，對青年給
以熱烈的歡迎，使他們感受到這種信仰值得他們用全部的精力來服
從。第四，青年與宗教運動的後續工作，要安排中國有經驗的平信
徒，用同情心向國內的青年們解釋基督的挑戰。[107]

　　鑑於艾迪巡迴布道運動取得相當大的成效以及艾迪關於中國青
年與宗教運動的建議，青年與宗教運動執行委員會決定成立成立全
國青年運動巡迴工作團，「以經驗宏富，學有專長之平信徒領袖組

---

106 梁傳琴：〈青年與宗教運動〉，中華續行委辦會編訂：《中華基督教會年鑑》（第13
　　期）（臺北市：中國教會研究中心、橄欖文化基金會聯合出版社，1983年），頁115-
　　116；C. C. Liang, "The Youth and Religion Movement", *The China Christian Year Book,
　　1938-1939*, The National Christian Council of China, 1940, p.155.

107 艾迪：〈致青年工作同道及青年與宗教運動委員書〉，《同工》第139期（1935年2
　　月），頁49-51。

成。」[108]巡迴工作團的目的，就是「把基督教義擴大的宣傳，尤其是以受過教育的人及在校中學以上的學生為對象。」[109]

二　巡迴工作團的團員、時間與路線

最初，全國青年與宗教運動委員會計畫延請五名工作團成員，其具體標準如下：一位宗教家兼心理學及教育學專家，主要擔任非基督徒青年大會講座，並為基督徒工作人員及學生演講及個人談話。一位科學家，同時對於宗教具有熱忱並有研究，以便擔任學生團體或學校教職員團體討論科學與宗教問題、基督徒青年工作人員聚會、學校演講及個人談話。一位教育家，以其宗教經驗與熱忱，負責為教育工作人員演講，並分任大會講座，為學生與基督徒工作人員主領團體討論及個人談話。一位農村改造專家，以其個人經驗負責演講農村改造事工，用其宗教熱忱激發青年對於改造農村的興趣，並與對農村建設感有興趣之工作人員及學生舉行特別聚會及個人談話。一位精通中國學術文化的專家，能就中國文化及學術的背景來解釋基督教的真精神，特別對於平信徒及一般社會團體擔任聚會及個人談話。[110]因此次工作範圍集中在城市等原因，原本擬請一位基督徒農村工作領袖的計畫遂作罷。[111]此外，原本青年運動執行委員會擬請的前國民政府教育次長、前燕京大學校長吳雷川，也因身體原因未能成行。[112]因此，最終

---

108 梁傳琴：〈青年與宗教運動〉，中華續行委辦會編訂：《中華基督教會年鑑》（第13期）（臺北市：中國教會研究中心、橄欖文化基金會聯合出版社，1983年），頁116。

109 曾寶蓀：《曾寶蓀回憶錄》（香港：基督教文藝出版社，1970年），頁128。

110 〈青年與宗教運動的過去與將來〉，《同工》第139期（1935年），頁72-73。

111 尹任先：〈青年與宗教運動通告（第十二號）〉，《同工》第143期（1935年6月），頁36。

112 尹任先：〈青年與宗教運動通告（第十二號）〉，《同工》第143期（1935年6月），頁36。

確定三人組成巡迴工作團，分別是福建協和大學心理學系教授陳文淵[113]，上海滬江大學物理系主任涂羽卿[114]和時任女青年會全國協會學生專業委員長的曾寶蓀。

　　此次巡迴工作團與上年度的青年與宗教運動有所不同：第一，全體團員皆是中國平信徒，同時也是社會上有地位的領袖人物。純粹由華人基督徒領袖組成一個華人巡迴工作團，此舉無疑是中國布道史上的創舉。[115]他們比西方人更為瞭解中國的文化，而且都有固定的職業（教師），而不是依靠傳教來吃飯的人。[116]因此，此舉有利於破除認為基督教為洋教、傳教者為吃教者的觀念。此外，之前延請西人來華宣講基督教義，來回的旅費較高。而且還需要聘請翻譯，翻譯使得講道效果也大打折扣。[117]在他們而言，卻不存在上述問題。第二，曾、

---

113 陳文淵（1897-1968），福建福州人，曾任中國衛理公會會督、福建協和大學校長等職。早年就讀於福州衛理公會中學，後留學希拉丘茲大學並獲碩士學位。歸國後任福州天安堂牧師。一九二九年，獲杜克大學哲學博士學位，並任教於福建協和大學。抗戰時期，陳文淵訪問美國並受到美國總統羅斯福的接見，並為中國的抗日戰爭作出了重大的貢獻。一九四五年二月八日，成為三民主義青年團第一屆中央評議員。一九五一年，陳文淵在上海被捕，並成為首批被控訴的教會領袖之一。一九五九年因病釋放，一九六八年死於癌症。

114 涂羽卿（1895-1975），湖北黃岡人。出身於基督教牧師家庭，且年幼既已入教。一九一四年，清華大學畢業之後，即留學美國麻省理工學院、哥倫比亞大學。一九一八年獲碩士學位之後歸國任教於南京高等師範學校。一九二七年，轉任滬江大學物理系主任。一九三〇年再度赴美，並於一九三二年獲芝加哥大學博士學位。一九四六至一九四八年，擔任滬江大學校長。一九四九年，任中華基督教青年會全國協會總幹事。解放後，歷任中國基督教三自愛國運動委員會副主席，上海師範學院物理系主任、副院長等職，同時，他還曾任第二、三、四屆全國政協委員。一九七五年九月十一日，涂羽卿病逝於上海。

115 C. C. Liang, *"The Youth and Religion Movement"*, *The China Christian Year Book, 1938-1939*, The National Christian Council of China, 1940, p.155.

116 田景福：〈青運巡迴工作團來太原市之意義〉，《同工》第149期（1936年2月），頁71。

117 薛延棟：〈青運與福州青年之關係及其將來的希望〉，《同工》第149期（1936年2月），頁74。

陳和塗三人各有學術專長，都是社會精英人物，演講內容也都能引起
受教育青年深刻的興趣與領悟。[118]最後，巡迴工作團成員長於演講，
口才極佳，熟悉青年心理，又擅長難題之解答，具有科學頭腦和宗教
熱忱。[119]

　　由於青年會上年已經開展了一次青年與宗教運動，積累了一定
的經驗，外加國內許多大城市，都設立了當地委員會以便與全國協會
合作，故而巡迴工作團開展工作相對而言駕輕就熟。大會除了邀請陳
文淵、涂羽卿及曾寶蓀三人之外，全國協會幹事江文漢、梁傳琴、尚
愛物等人，也輪流隨同巡迴工作團造訪中國北部、東部、中部及南
部。[120]至於工作團所需之經費，原本定款八千三百元，後因團員人數
改變，經詳細核算，減少至五千餘元。[121]

　　依據既定路線和工作時間，全國青運巡迴工作團於一九三五年九
月二十五日正式離開上海，前往工作第一站天津。九月二十七日，抵
達天津，工作團做工一星期（基本上每個城市的停留時間差不多都是
一個星期）。十月三日，離津赴平，十月十一日，至太原。前三站，
是由青年會江文漢陪同工作團在各地演講。十月十八日，江文漢離開
太原，經由北平返回上海。而陳文淵、涂羽卿和曾寶蓀三人，則於十
月十七日，前往華中地區漢口、長沙和武昌等地演講，而此三站的陪
同人員是梁傳琴。[122]在此期間，梁傳琴因病滯留武漢。工作團於十一

118 梁傳琴：〈青年與宗教運動〉，中華續行委辦會編訂：《中華基督教會年鑑》（第13
　　期）（臺北市：中國教會研究中心、橄欖文化基金會聯合出版社，1983年），頁117。

119 田景福：〈青運巡迴工作團來太原市之意義〉，《同工》第149期（1936年2月）頁
　　71。

120 〈青運工作團出發〉，《申報》，第11版，1935年9月24日；〈青年會青運工作團出
　　發〉，《中華歸主》第159期（1935年10月），頁18；"Youth and Religion Movement-
　　1935-Call to Prayer", The Chinese Recorder, Vol.66, No.10 (Oct.,1935), p.635.

121 〈青年與宗教運動通告（第十三號）〉，《同工》第144期（1935年7月），頁28。

122 〈青運巡迴工作團續迅〉，《消息》第8卷第9期（1935年11月），頁48。按：曾寶蓀

月八日至十三日在南京工作，十四、十五兩日於上海稍作休息，十六至二十一日在杭州，二十二日返回上海，次日由上海出發前往福州。十一月二十六日至十二月二日，在福州是由青年會尚愛物陪同，十二月五日至廈門，當晚即在青年會大禮堂內召開全市教育領袖圓桌會議。十二月十一日至廣州，在廣州的工作時間是十二月十四至二十日。[123]隨後，曾、陳、塗三人在廣州分手，陳文淵前往昆明等地，涂羽卿則前往臺山等地，而曾寶蓀選擇前往香港。[124]是年年末，工作團宣布正式結束。[125]

　　巡迴工作團造訪每城的大致程式相同，主要事項如下：巡迴工作團成員與地方青年工作人員舉行圓桌會議；為基督徒青年系統演講；為非基督徒青年系統演講；學校演講；學校教職員座談會；為職業界青年舉行聚餐及演講；與青年會董事或會員聚會；與女青年會團體聚會；學生小團體討論；教會及平信徒領袖團體討論；與婦女團體聚

在武漢期間，還特意於十一月一日前往漢陽訓女中學演講「現代中國的危機及其救濟的方法」。不過，可惜的是，原本計畫在益智中學的另一場演講由於連日大風，江中波濤洶湧，由武昌至漢陽之輪渡停駛而無法進行。參見漢陽訓女中學校學生自治會編：《訓女校刊》（漢陽市：漢陽訓女中學校學生自治會，1936年），頁64。

123 "Youth and Religion Movement-1935-Call to Prayer", *The Chinese Recorder*, Vol.66, No.10 (Oct.,1935), p.636；〈青運巡迴工作團續迅〉，《消息》第8卷第10期（1935年12月），頁48-49；〈青運工作團出發〉，《申報》，第11版，1935年9月24日。

124 E. H. Munson, "The Second Year of the Youth and Religion Movement", *Year Book and Roster of the Young Men's Christian Associations of China, 1935*, Shanghai: Association Press, p. 26; "Y. M. C. A. Group to Visit China Student Centers: Youth and Religion Team to Start Tour Next Week", *The China Press*, Sept. 20, 1935, p. 11.按：原文載明為廣東和雲南，但全文都在申明巡迴工作團造訪的是城市而非省分。而且依據當時之報刊史料不難發現，應為廣州和昆明兩地。

125 《曾寶蓀回憶錄》中存在誤記的情況，曾寶蓀認為是一九三六年參加巡迴工作團，且認為回到長沙的時候，適逢蔣介石因西安事變而出險，因此，其整整將時間推遲了一年。參見曾寶蓀：《曾寶蓀回憶錄》（香港：基督教文藝出版社，1970年），頁128-134。

會；為決志者及慕道友特別聚會；個別會談；個別拜訪。[126]

　　巡迴工作團在每個城市的時間安排都非常緊湊，行至各地時也頗受當地政府的重視，巡迴工作團抵達長沙、武漢和福州之時，都有該省教育廳長朱經農、程其保和鄭貞文三人親自迎接或主持開會。尤其是在山西，當工作團抵晉之時，公安局長程樹榮親自前往車站迎接，閻錫山還接見了工作團團員，與其暢談一小時之久並合影留念。而山西省二號人物趙戴文，還親身訪晤工作團。趙戴文是近代著名的居士，佛學修養極高，並與曾寶蓀就耶、釋比較等問題探討甚久。[127]趙戴文認為，基督教與佛教都是濟世救人，「耶教由信稱義，是自誠明；佛教由大智啟信，是自明誠，所以兩者相同。」[128]事後，曾寶蓀還特意寫詩記述此事：「萬慮殊途總不奇，聖賢文武也先迷。欲求大智開茅塞，解決群生痛苦題。」[129]關於曾寶蓀的身分，田景福就認為：

　　　　曾女士在中國婦女界是有相當地位的，此次隨巡迴團來在婦女領袖十分缺乏的太原市，太原的一般婦女，由曾女士而獲益，委實不少。尤以曾女士之家學淵源極深，其曾祖父為曾文正公，一般人對於曾文正公是相當地崇拜的，因曾公為晚清一代儒學名家，曾女士當然受其家庭教育之薰陶非淺，曾女士竟能由儒教空氣極濃厚的環境裡，一躍而為耶教信徒，這種不尋常的轉變，頗足以引起一般人的注意與驚奇。因而對於基督教發

126　梁傳琴：〈一九三五年青年與宗教運動記實〉，《同工》第149期（1936年2月），頁22-23。

127　田景福：〈青運巡迴工作團來太原市之意義〉，《同工》第149期（1936年2月），頁72。

128　曾寶蓀：《曾寶蓀回憶錄》（香港：基督教文藝出版社，1970年），頁130。

129　曾寶蓀：〈旅行記事竹枝詞‧太原〉，曾寶蓀治喪委員會主編：《曾寶蓀女士紀念集》（臺北市：曾寶蓀治喪委員會印行，1978年），頁53。

生好感，開始探討，追求的人，委實不少。[130]

　　曾寶蓀曾作為中國代表參加第三屆太平洋國際會議，因此，她在滬江大學應邀講演「甲午之後中日兩國的外交關係」。[131]十一月十八日，曾寶蓀出席之江大學紀念周演講活動，並演講「現代思想的衝突與青年之責任」，此乃曾寶蓀經驗研究之所得，故而聽者無不敬佩。當日下午，她還到之江詩社、之江大學附中和青年會，作團體演講或談話。下午四點，又向全體女生演講關於現代婦女問題。[132]曾寶蓀與陳文淵、涂羽卿前後在之江大學作系統演講三天，來此聽講的人相當之多。[133]

　　工作團在福州的工作要點有：福州廣播電臺傳布福音；參加青年運動領袖圓桌會議和歡迎宴會；學生討論會四次，由曾、涂主領；教員討論會二次，分別是教會學校之教員和官立學校之教員，主領者仍舊是曾、涂；陳文淵主持城台系統演講會九次；曾寶蓀、涂羽卿兩人主持基督教中等以上學校巡迴演講二十一次；主持官立學生演講會九次、聖日早晚崇拜演講會城台五次、政紳學界演講會等等。[134]

三　巡迴工作團的演講主題與內容

　　九一八事變之後，青年們的思想日益焦慮不安，缺乏信仰，急切

130　田景福：〈青運巡迴工作團來太原市之意義〉，《同工》第149期（1936年2月），頁71。

131　曾寶蓀：《曾寶蓀回憶錄》（香港：基督教文藝出版社，1970年），頁131。

132　〈青年宗教工作巡迴團蒞校演講〉，《之江校刊》第78-80期合刊（1935年11月），頁碼不詳。

133　《之江大學二十四年代度院務報告》，浙江省檔案館館藏檔案：L052-001-0081.4，頁122。

134　〈福州青運簡略報告〉，《福州基督教青年會1936年報告書》，1936年，頁4。

地需要一種有效的思想來填充他們的大腦。[135]因此，對於中國基督教而言，對青年學生進行布道的時機已然成熟。全國青運巡迴工作團演講的主題也多與民族危機有關，但卻最後歸結於一點，即「基督與他的十字架」。耶穌基督不僅是個人，也是國家、民族乃至整個世界的出路（way-out）。[136]同時，尚愛物也指出：「在這個混亂和動盪的時代裡，上帝必須成為『圍繞人類生活的穩固的中心』，其關於基督的啟示必須成為力量的源流，內在的啟示和青年的『出路』。」[137]

與此類似，曾寶蓀曾撰文具體闡述了中國青年學生的宗教概況，並指出當時的中國青年對中國的政治現狀與教育體制嚴重不滿。不論是對於整個國家還是他們自身而言，他們都看不到任何出路。這些青年正在極力尋求生命的意義。在這個衝突與相互懷疑的世界裡，青年學生不禁懷疑是否存在仁愛與正義，是否有可能實現上帝的庇護和人與人之間的兄弟情誼，踐行基督耶穌式的生活是否可行？他們對基督教的敵意已經消失。與民族主義運動的早期階段相比，青年們的心態已經截然不同。總體而論，不論基督徒還是非基督徒，這些青年都十分渴望靈魂的改變，並且竭力考察基督教是否能夠承擔這一角色。[138]

因此，青年與宗教運動的重心有以下幾點：第一，培植領袖自身的修養，其中包括加強青年會董事、幹事與義務領袖的靈性生活。第二，考察並研究各市會所在地的青年之需要。第三，輔導青年發展並

---

135 C. C. Liang, "The Youth and Religion Movement", *The China Christian Year Book, 1938-1939*, The National Christian Council of China, 1940, pp.152-153.

136 C. C. Liang, "The Youth and Religion Movement", *The China Christian Year Book, 1938-1939*, The National Christian Council of China, 1940, pp.155-156.

137 E. H. Munson, "The Second Year of the Youth and Religion Movement", *Year Book and Roster of the Young Men's Christian Associations of China, 1935*, Shanghai: Association Press, pp.26-27.

138 Miss Tseng Pao Swen, "Religious Situation Among Chinese Youth", *The Chinese Recorder*, Vol.67, No.4(Apr.1936), pp.199-200.

實踐基督化的生活。第四，鼓勵青年接受基督徒對於社會應盡之責任。第五，促成教會與青年會更高之合作。[139]而巡迴工作團工作的目標如下：第一，要有理智、有體系、有感染力和生命力的宗教演講，向青年們傳揚基督的召選及「完整的福音」。第二，引領青年面對基督的挑戰，使生命的火在內心燃燒，同時與我們所處的世界聯繫起來，解決人生的問題。（三）給予青年工作人員機會來共同討論他們目前的事工，並增進合作的能力，以求達到青年與宗教運動的五大目標。[140]

　　陳文淵、涂羽卿和曾寶蓀三人對於演講的主題有具體且明確的分工。陳文淵對於非基督徒學生和一般青年，主講「民族復興與宗教」，包括「中國民族最大的問題」，「中國民族最切的需要」，「中國民族最快的出路」，「中國民族最後的防線」。而對於基督徒學生及基督徒團體，則主講「基督與他的十字架」，包括「喪失的人生與上帝」，「追求的人生與天國」，「守候的人生與基督」，「判決的人生與十字架」。涂羽卿對於學生群體所演講之主題有「科學的基本要素」，「科學與宗教的同點」，「科學與宗教的異點」，「科學與宗教在生活上的綜合」等。對於教師群體的演講主題是「理想的學校」，「理想的教員」，「理想的學生」，「理想的課程」等。對於一般民眾的演講主題則是「科學的精華」，「能力的源流」和「科學與基督教對於中國之貢獻」。曾寶蓀對於學生組的講題有「中國的希望」，「教育成功的原動力」，「求學與出路」，「新道德」，「婦女運動的回顧與趨向」，「科學的修養」。對於教員組的講題有「教育上的幾個中心問題」，「中學教育的檢討」，「基督徒教員的責任」，「宗教在教育上所占的地位」，「宗教

---

139 〈青運巡迴工作團之介紹及其程式〉，《北平青年》第27卷第1期（1935年10月），頁1。

140 〈青年與宗教運動的過去與將來〉，《同工》第139期（1935年2月），頁74。

與教授法」。至於關於其他團體演講主題則有「婦女運動的回顧與趨向」，「詩中的宗教思想」，「中學教育的檢討」，「現代的挑戰（文化道德民治社會精神）」。[141]對於學生或一般受教育的青年，則主講「民族復興與宗教」主題，如果聽眾是基督徒學生或其他基督徒團體，則演講「基督與他的十字架」。[142]但是，有部分演講主題是因應社會政治環境的變化而做了部分調適，而且他們三人在演講時卻有意將演講主題和內容與基督教相聯繫，客觀上也有利於推進巡迴工作團傳布福音的中心工作。

陳文淵指出：「中國的危機已迫到眉睫了，在此千鈞一髮的時候，救亡圖存，責在吾輩，惟是我們要救國，必先自己得來救。未有自己未救而能救國，人格未立而能立國。」而要實現民族復興，就必須做到以下兩點：第一，要有決心，肯在自己生命上實行精神革命，實現至公、至誠、至忠、至仁的生活。第二，要有堅確的信仰，信賴宇宙中正誼公理的真宰。因為只靠自己，能力有限，容易流於自恃，以至於自暴自棄。許多救國志士，試圖憑藉一己之力，不僅不能救國，還容易引起社會紛亂。所以，在此非常時期，「從靠自力，或有所未逮，更須靠著神力，擎舉十字架，藉著基督的寶血，滌滌罪辜。救己救人之道不外如此，即推而至於救國救世界，亦何嘗不如是？」[143]涂羽卿也認為：「在這國難當頭，戰雲密布，時局緊張的時期裡舉行，運動的成績，卻超乎意想之外，其中原因，當然以一般青年對於宗教的興趣為最重要。」[144]甚至連梁小初也發文指出：「值此中華民國國民生活正在一個除舊換新的過渡時期，我們要再接再厲的，聯絡基督教各

141　〈青運巡迴工作團近況〉，《消息》第8卷第8期（1935年10月），頁65-66。

142　梁傳琴：〈青運巡迴工作團特刊〉，《同工》第145期（1935年10月），頁22。

143　陳文淵：〈基督教與現代青年〉，《同工》第149期（1936年2月），頁13。

144　涂羽卿：〈中國基督教團體與青年與宗教運動之檢討〉，《同工》第149期（1936年2月），頁5。

團體，引領全國青年皈依耶穌，從他那裡得到能力的資源，來充實他們的人格，發展他們的幹才，俾人人成為建設新中國的有力分子；這是青年會對於國家，社會和教會可能盡的最大貢獻，也是它無可推卸的根本責任。」[145]

關於民族危機的演講內容，除了中日關係之外，婦運、教育也是關乎中華民族復興的至關重要的主題。一九三五年九月二十七日晚上八時，曾寶蓀在天津究真中學講演「中等教育之出路」，重點在於闡述中國中學之困難以及解決途徑。其認為國家貧弱、幾至破產，根本問題就在於教育。教育的主要問題有三點：第一，辦教育之目標為何？因為政府所定之教育宗旨朝令夕改。第二，教育目標雖然原定為造就良好公民，然而並未有道德訓練。第三，中學生除升學之外並無出路，且學校科目雖多，卻無真實學問。在曾寶蓀看來，解決這三個問題的方法在於：第一，如若不能更改課程，可增加學生與教師之間的往來，以便學生以教師為模範，塑造自身的做人之道。第二，至於道德訓練，必須要有長久奮鬥的精神，而這非有宗教信仰不可。第三，在校學生需要養成吃苦耐勞的精神，如此方不致於沒有出路。[146]

由於演講主題的分工、自身性別和家世背景，曾寶蓀演講的主題與內容明顯要更為龐雜。以曾寶蓀在北京的活動行程為例，十月四日至十日，巡迴工作團駐留北京。她先後至米市大街青年會、燕京大學、等機構和單位，或向中外基督徒講演，或召開圓周會議，或主領禮拜等等。其中包括與青年工作人員召開圓桌會議討論青年問題，與河北聯討論學運使命，與教會聯合會討論教育與青年，與西國傳教士討論青年問題。至於其演講的題目，除了題目自定以外，主要有《今日中國青年之責任》、《我的宗教經驗》、《中國之希望》、《教育成功之

145 梁小初：〈青年與宗教運動專號・序〉，《同工》第149期（1936年2月），頁2。
146 〈曾寶蓀昨在究真講「中等教育出路」〉，《益世報》，第6版，1935年9月28日。

原動力〉、〈婦女運動之回顧與趨向〉等。一九三五年十月八日，曾寶
蓀在北平女青年會禮堂中主講「婦女運動之回顧與趨向」，主要闡述
歐美各國的婦女運動，以及中國婦女運動的具體經過，並認為中國婦
女運動應該從幼童做起，演講內容與風格都頗為精道。[147]此外，曾寶
蓀在北京女青年會的演講，還得到了《世界日報》、《京報》、《實
報》、《晨報》和《益世報》等報紙的報導。[148]

表3-1　巡迴工作團成員曾寶蓀在平服務程式表[149]

月日	時間	地點	題目	性質
10.4	下午四時半至六時半	米市大街青年會	討論青年問題	青年工作人員圓桌會議
	晚七時半至九時	全上	全上	全上
10.5	上午十一點至十二時	崇慈女校	今日中國青年之責任	講演
	下午二時至二時三刻	燈市口公理會	討論學運使命	河北聯
	四時至五時	潞河中學校	我的宗教經驗	公理會學生秋令會
	晚七時半至九時半	米市中華教會	短講題目自定	參加第一次系統演講會
10.6	上午	燕京大學	題目自定	領禮拜

147　〈曾寶蓀女士講婦女問題〉，《益世報》，第8版，1935年10月9日。

148　王毓華：〈YWCA——一個歷史悠久的婦女團體：北京基督教女青年會會史〉，頁
　　5，轉引自王麗：《地域化的文化因素——以北京基督教女青年會為例（1916-
　　1937）》，吳義雄主編：《地方社會文化與近代中西文化交流》（上海市：上海人民
　　出版社，2010年），頁319。

149　《巡迴工作團在平服務程式表》，《北平青年》，第27卷第1期（1935年10月3日），頁
　　2-4。

月日	時間	地點	題目	性質
	下午三時至四時	中華聖公會禮堂	題目自定	演講（篤志女校成立紀念日會）
10.7	上午八時至九時	西城中國大學	中國之希望	演講
	十一點至十二點	慕貞女校	教育成功之原動力	演講
	下午二時至四時	米市中華教會	討論教育與青年	教會聯合會
	晚八時至十時	南河沿協和教堂	討論教會與青年	西國傳教士會
10.8	下午三時半至五時	東城女青年會	婦女運動之問題與趨向	演講並討論
	晚八時至九時	東軍協和禮堂	科學的修養	演講
10.9	上午十一時至十二時	貝滿女校高中	求學與出路	演講
	晚八時至九時	女子文理學院	今日中國婦女之機會與青年責任	演講
10.10	晚七時至九時	米市大街青年會	討論青年會之使命	男女青年會幹事會

　　面對危機重重的中國和世界，曾寶蓀指出，世界上有三種危機：第一種是試圖以經濟的解放來代替精神的解放。第二種是違背自由政治的原則。第三種是極端的國家主義的膨脹。至於中國的危機，除了外侮的侵淩、農村的破產之外，還有就是不少人選擇逃避現實，有人以超然派自居，在國難下依舊遨遊於名山大川。有人誇耀中國的傳統文化，提倡讀經，轉移社會主要矛盾。甚至有人抱著浪漫主義的人生觀，消極生活。作為基督徒應該知道如何尋找出路？曾寶蓀認為，有

兩點至關重要：其一，要有堅定的信仰，篤信耶穌。第二，要時時刻刻效法耶穌，尋求真理。秉持唯愛主義的曾寶蓀，反對沒有個人的自由，主張對於欺侮中國的國家，不能與之作戰，但可以抵制貨物，拒絕一切合作。曾寶蓀呼籲民眾不應害怕困難，而應該迎接困難。不能只考慮物質上的享受，而不思考心靈上的解放，因為我們還需要把思想和人格都真正基督化。[150]

曾寶蓀曾在「中國的危機與青年的責任」的演講中指出，中國的危機包括外表方面的危機和內心方面的危機。外表方面有六種：一，空前的國難。壓迫我們的列強比我們的文化高，所以大部分民眾都有亡國滅種的隱憂。二，政治未上軌道。因為很多地方的政治、財政和教育都不在中央政府的統制之下。三，天災人禍。黃河、長江流域的水災，西北陝甘地區的旱災，國共內爭的兵災等等。四，第二次世界大戰的威脅。世界列強都忙於應付自身的危機，在遠東地區任憑日本為所欲為。五，煙毒。大部分青年都學會了抽吸鴉片，有的地方還將鴉片當作應酬之物。六，農村的破產。中國以農立國，但農村地區深受外國經濟的侵略，使得農產物價格一落千丈，農民無法生存。以上六個方面的外表的危機，都不是中國的致命傷，而最重要的還是內心的危機。內心方面主要有五種：一，教育重心的不固定，使得人格教育無從著手。二，課程過於複雜，使得學生只能接受知識而不能主動研究，所學知識多半在畢業之後不能應用於社會。三，中國人缺乏組織，同時又不肯犧牲、合作。四，學校過於重視科學，忽略哲學和宗教等科目。學校過於注重肉體的享受，而缺乏犧牲的精神。五，存在超然派和頹廢派兩類人。超然派青年自命清高，好像住在天上；頹廢

---

150 曾寶蓀：〈中國在世界危機中之出路〉，《上海青年》第35卷第32期（1935年10月），頁3、8。

派則醉生夢死，則如入地獄。此五點是屬於人的問題，如若有人，則一切危機都將解決。現代青年必須具備四項條件：高尚的人格、高尚的學問、健康的身體以及合作的精神。但同時，曾寶蓀又指出現代青年需要注重宗教觀念，因為沒有宗教信仰的人們，只會想到自身，只能看得見物質。青年們還需要注重靈性性的的修養，因為這能夠使得人們在極度危險的處境中使自己鎮靜下來。[151]

當然，除了曾寶蓀以外，巡迴工作團的陳文淵和涂羽卿，也對中國的民族危機與基督教的關係等諸多問題，闡述了自身的看法。

一九三五年九月二十八日，陳文淵在天津衛斯理堂講演「中國民族最大的問題」。陳文淵指出，中國並不貧窮，只是不知道如何治理而已；自己的資源不知道如何開發，反而靠借債生活。同時，他又勉勵國人，不要怕人愚魯，只怕不努力去幹。但是，中國人「因貧而愚，因愚而弱，因弱而自私，人人心裡全存著一個私心，只知有我，再大只知有家，不知有其他，無論什麼事全是以我為意見。」[152]貧、弱、愚、私的根本在於私，因此，陳文淵一直在呼籲國人戒除自私的毛病。在民族危機之下，需要中國青年為祖國振興而服務。因此，他希望青年學生要學會做人，成為一個真善美的人，一個不是留戀城市而是勇於去鄉下改造的人。[153]

在陳文淵看來，值此國難之際，中華民族最迫切的需要，不是教育、科學、金錢、工商業，乃是人。中國最需要的人，乃是有脊骨的人，有英氣的人，能夠對付現在局面支撐民族的危機的人。中國人如

---

151 曾寶蓀講，蔡丕傑記：〈中國的危機與青年的責任〉，《消息》第9卷第2期（1936年2月），頁22-26。

152 〈青運巡迴團抵津後三代表分途演講〉，《益世報》，第6版，1935年9月29日。

153 陳文淵演講，李震藩記述：〈陳文淵博士在水產學校演講〉，《益世報》，第9版，1935年10月8日。

若要應付當前的危機，必須要經過一番的改造，而中國人亟須改造的部分即是Head、Heart和Hand三個H，但前提是要有「三作」的精神，即創作，合作和勞作。Head要有創作的思想，Heart要有合作的心腸，Hand要有勞作的身手。陳文淵最終又回歸到基督教的演講主題上：耶穌釘在十字架上的意義為何？耶穌的頭被荊棘刺得流血，手腳被釘子釘出血，心臟被刺穿流血，而救世主的頭血、手血和心血，乃是洗滌罪惡、救贖世人。[154]

四　巡迴工作團之成效

耶穌基督曾對門徒說道：「要收的莊稼多，作工的人少。所以你們當求莊稼的主，打發工人出收他的莊稼。」（太9:37）在梁傳琴看來，這既是耶穌的吩咐，也是中國的呼召。青年與宗教巡迴工作團在全國十多個大城市巡迴布道，既是遵守耶穌的吩咐，也是回應中國時代的呼召。但是，要使中華歸主，四億中國同胞得以聆聽福音，僅僅依靠幾千個受薪俸的工作人員，顯然是杯水車薪。因此，只有祈求上帝同工、尋求領袖從事義務工作。[155]

關於巡迴工作團的工作成績，時任青年會幹事並具體負責此事的梁傳琴就曾對此作了蓋棺定論：

> 青年與宗教運動程式，雖非創舉，卻是開了一條向知識界青年布道的先河，興起了向青年布道的領袖，激動了各地基督教團

---

154 陳文淵講，蔡朝陽記：〈中華民族最切的需要〉，《消息》第9卷第2期（1936年2月），頁15-21。

155 梁傳琴編：〈對於工作人員之建議青年會宗教工作義務領袖問題〉，《同工》第140期（1935年3月），頁43。

體及個人對於青年工作之熱心……對於那些青年個人的靈性修
養，人格建立，社會、國家的改造，世界和平的基礎，自能產
生相當的影響與效力。[156]

表3-2　1935年青年與宗教運動統計結果[157]

城市	聽講者總數	重獻身心者	慕道者	決志歸主者
天津	11500	90	150	240
北平	7500	30	120	150
太原	12000	120	247	367
長沙	18050	319	600	919
武漢	12000	300	200	500
南京	10000	140	143	233
杭州	9450	155	115	270
福州	24500	532	445	977
廈門	19300	457	190	647
廣州	20500	360	580	940
香港	5800	122	18	140
臺山	2595	19	無	19
昆明	5800	50	710	760
總數	158995	2691	3518	6162

---

156 梁傳琴：〈青年與宗教運動〉，中華續行委辦會編訂：《中華基督教會年鑑》（第十
三期）（臺北市：中國教會研究中心、橄欖文化基金會聯合出版社，1983年），頁
118。

157 E. H. Munson, "The Second Year of the Youth and Religion Movement", *Year Book and
Roster of the Young Men's Christian Associations of China*, 1935, Shanghai:
Association Press, p. 30.按：此表格乃根據尚愛物英文表格翻譯、整理而成。

　　單就數目字而言，前後共計一五六〇〇人參加各種演講會和討論會，二六九四名基督徒表示要重獻身心，三五一八名非基督徒簽名作慕道者。[158]由表（3-2）不難發現，就造訪的城市而言，聽講人數最多的城市是福州，有二四五〇〇人。其次依次是廣州和廈門，分別是二〇五〇〇人、一九三〇〇人。重獻身心者以福州、廈門和廣州三地最多，分別是五三二人、四五七人和三六〇人。慕道者人數以昆明、長沙和廣州最多，分別是七一〇人、六百人和五八〇人。而決志歸主者的人數卻以福州、廣州和長沙最多，分別是九七〇人、九四〇人和九一九人。在此需要指出的是，與傳統的基督教重鎮，如福州、廈門、廣州等地不同。湖南在近代素以反教聞名於世，基督宗教氛圍淡薄。可是，長沙卻在此次巡迴工作中的成績卻非常優秀。在造訪的十三個城市中，長沙的聽講者和重獻身心者的人數都名列第四，決志歸主者人數位居第二，慕道者人數更是僅次於昆明。

　　而在廈門時，分別有主領會、學生演講大會、一般青年演講大會、個人接見、以及團體討論。前後共有四天半，每次集會的人數，自數百人至千人以上不等，結束時簽名立志為基督徒者達六九〇餘人。而福州地區自一九二七年大革命之後，青年會學生事業一直停頓不前，而基督教會更是缺少與公立學校學生聯絡，青運巡迴工作團來此之後，利用福州廣博電臺播音，舉行圓桌會議，學生討論會，教師討論會以及系統演講等等，成績顯著。其中有一名商人就說，在此一個星期內無論在何處都能聽到商學各界談論宗教或青年運動巡迴工作

---

158 梁傳琴：〈青年與宗教運動〉，中華續行委辦會編訂：《中華基督教會年鑑》（第十三期）（臺北市：中國教會研究中心、橄欖文化基金會聯合出版社，1983年），頁116。按：趙曉陽認為，聽講者人數為一五八九五人，慕道者為三一五八人。參見趙曉陽：〈社會的福音：青年會與基督教神學〉，許志偉主編：《基督教思想評論》（第七輯）（上海市：上海人民出版社，2008年），頁255。

團的消息。而且新聞報紙不斷登載言論，如宗教與科學的關係，宗教與教育乃至宗教與國家等問題。福州系統演講會的聽眾共有二四五〇〇人，決心簽名者有一〇〇四人，其中五七一人為基督徒獻心決志者，四三三人為決志學習慕道者。[159]在廣州，實行分區演講，開會凡五十一次，到會人數達二〇三〇〇人，決志者九四〇人。[160]廣州之行結束之後，陳文淵隨即偕同廣州市青年會會長潘聚東[161]前往雲南昆明，後在昆明錫安聖堂作系統演講，主講「中國民族最大的問題」、「中國民族最切的需要」和「中國民族最快的出路」。最後一晚，到會人數竟有一千餘人，簽名者有七百餘人。[162]

另外，青年協會書局、女青年協會書局、聖經書會所，選定最適宜時代且最重要的青年宗教書籍十七種在巡迴工作團工作的同時廉價出售，總銷售量達到八六八五冊之多。其中曾寶蓀《實驗宗教學教程》與陳文淵《宗教與人格》兩書都出售千冊有餘。由此可見，他們的演講與書籍對於青年學生的影響之大。從另外一方面而言，曾寶蓀、陳文淵和涂羽卿三人的演講，也有利於喚起知識界青年對於宗教的注意，並促使他們瞭解宗教對於個人、社會、國家乃至民族的意

---

159 〈福州青運簡略報告〉，《福州基督教青年會1936年報告書》（出版地不詳，1936年），頁5。按：根據尚愛物的統計，決志簽名者人數是九七七人，其中獻心決者人數是五三二人，慕道者人數是四四五人。參見E. H. Munson, "The Second Year of the Youth and Religion Movement", *Year Book and Roster of the Young Men's Christian Associations of China, 1935*, Shanghai: Association Press, p.30.

160 〈青運巡迴工作團在閩粵〉，《消息》第9卷第1期（1936年1月），頁66-67。按：據尚愛物之統計，在廣州的聽講者是二〇五〇〇人，廈門的決志歸主者人數是六四七人。參見E. H. Munson, "The Second Year of the Youth and Religion Movement", *Year Book and Roster of the Young Men's Christian Associations of China, 1935*, Shanghai: Association Press, p.30.

161 潘聚東，一九二八至一九四〇年間擔任廣州青年會會長一職。

162 〈青運巡迴工作團在雲南〉，《消息》第9卷第2期（1936年2月），頁64。

義，使得青年學生對於科學與宗教之間的衝突，基督教與戰爭之間的質難逐漸消失。由於工作團的造訪，加深了基督教各團體及個人領袖更密切的合作，對於中國基督教會的健康發展也益處甚多。[163]

此外，在巡迴工作團工作結束之後，對各地青年問題的徵集，也是巡迴工作團的重要收穫之一，因為這些問題都是青年心中最困惑且最應解決之問題。曾寶蓀、陳文淵和涂羽卿三人，除了用開明的態度、現代的眼光在青年中間宣傳基督教之外，他們還在演講之餘與青年討論，並隨時隨地搜集青年對他們所提出的問題。[164]青年所提之問題多達數千條，分為十八類，包括政治、經濟、世界、人類、道德、宗教等等。[165]當然，作為此次工作的題中之義，基督教始終居於核心的位置。在這十八類問題之中，其中有十三類問題或直接或間接與基督教有關。但就問題總數而言，這十三類問題共有二一七條，而十八類問題的總數是四〇九條，基督教（或宗教）占總數的一半有餘。其次，便是關於國難與民族危機的問題，共計九十三條。而這也反映了此次工作團在民族危機與社會福音兩個方面所作之努力。

梁傳琴認為，青年吐露自己的心聲，畢竟比一般所想像觀察的更確切些，也是青年的悲歡、呻吟與呼聲，透視他們的彷徨、不安、憂懼和疑難。因此，要「瞭解他們的期望與追求的努力，我們除了平心靜氣的，用思想來回答外，更應努力給他們實際的安慰和出路。」[166]當然，這些問題也引起了基督教領袖趙紫宸的注意與興趣，他甚至在

163 梁傳琴：〈青年與宗教運動〉，中華續行委辦會編訂：《中華基督教會年鑑》（第十三期）（臺北市：中國教會研究中心、橄欖文化基金會聯合出版社，1983年），頁117；H. A. Wilbur, "Young Men's Christian Association, 1936-1937", *The National Christian Council of China, 1937*, p.140.

164 趙紫宸：〈青年宗教講座〉，《真理與生命》第10卷第2期（1936年4月），頁62。

165 梁傳琴：〈各地青年所發的問題〉，《同工》第149期（1936年2月），頁82-95。

166 梁傳琴：〈各地青年所發的問題〉，《同工》第149期（1936年2月），頁82。

《真理與生命》上開闢「青年宗教談座」專欄，連載基督徒領袖對於部分青年問題所作之解答，對於如何理解基督教以及化解青年學生對基督教的內心困惑產生了相當益處。其中第五類是關於上帝與基督者，問題總數共計二十條。趙紫宸做出回答之問題有以下幾個：（1）上帝的存在對於人生有何影響？（2）上帝是否是可見可信的？（3）怎樣能使我信仰基督？（4）上帝是從哪裡來的？怎樣證明他的存在？（5）上帝造人的目的是什麼？（6）《聖經》上說的話，確有其實麼？是否一字一句都可信？（7）請用科學方法說明耶穌為童貞女所生？（8）耶穌的人格與精神絕對的利他，是否有史以來，只此一人？（9）耶穌是否再來，來在何處？（10）不信耶穌為神子，能否生一種火熱的力量？（11）基督教不要上帝，是否可能？（12）耶穌與上帝之間有何關係？（13）上帝若為萬能而又愛人，為何不將魔鬼或罪惡撲滅？若為鍛煉世人，豈不太忍心麼？[167]而王梓仲解答的問題有：（1）我們是否都應有一種宗教信仰？（第一類第八題）（2）怎樣能使我信仰基督？（第五類第三題）（3）基督的社會意義是什麼？（第四類第二十二題）[168]李榮芳解答的問題是：宇宙創造之理論，聖經與科學二者孰是孰非？（第十三類第二題）[169]雖然趙紫宸、王梓仲、李榮芳等中國著名基督徒領袖並未參與青年與宗教運動巡迴工作團，但是他們竟然在《真理與生命》雜誌上開闢「青年宗教談座」之

---

167 參見趙紫宸：〈青年宗教講座〉，《真理與生命》第10卷第2期（1936年4月），頁63-70；《真理與生命》第10卷第3期（1936年5月），頁129-131；《真理與生命》第10卷第4期（1936年6月），第198-209頁；《真理與生命》第10卷第5期（1936年10月），頁268-281；《真理與生命》第10卷第6期（1936年11月），頁336-348。

168 王梓仲：〈我們是否都應有一種宗教信仰〉，〈怎樣能使我信仰基督〉，〈基督的社會意義是什麼〉，《真理與生命》第10卷第3期（1936年5月），頁131-133。

169 李榮芳：〈宇宙創造之理論，聖經與科學二者孰是孰非〉，《真理與生命》第10卷第4期（1936年6月），頁210。

專欄，發文解答青年之提問，確實也在一定程度上反映出了此次巡迴布道工作對於當時中國的基督教所產生的重大影響。

小結

大多數從小深受儒家思想影響的基督徒知識分子，儘管已經接受基督教信仰，但他們對基督教的認同的同時，絲毫沒有減弱他們「在感情上和理論上對傳統思想的效忠。」[170]曾寶蓀也是如此，並認為兩種不同文化相接觸，就好比兩條河流相匯合。匯合之際，固然會有波濤奔湍、互相衝突的情形，但畢竟是合二為一，進而產生出一種更新的文化。兩種文化各自的雜質和糟粕便被滌蕩、淘汰了，這不是文化的損失，而是文化的陶冶。[171]

曾寶蓀多次向社會青年講演自身的宗教經驗，即證道經歷、基督信仰，如何領受神的恩典，並展現了一名宗教領袖靈命增長的過程。當然，曾寶蓀為維持藝芳女校的宗教特徵，在朝會中傳布福音，也取得了非常顯著的效果。此外，曾寶蓀以其兼通中西文的優勢，編譯了當時在美國自由派神學中的代表性作品《實驗宗教學教程》一書，向國內基督徒介紹芝加哥學派的經驗主義神學。同時，曾寶蓀採用「儒釋陪襯」的方法，在書中加入了不少中國事例，有助於讀者理解經驗主義神學思想的內涵。此外，書中融入了曾寶蓀自身的經驗主義神學思想，在一定程度上也象徵著華夏婦女神學的啟蒙。但是，曾寶蓀以自身國學知識和西學背景對基督教神學在譯介與闡述，主要得益於曾

---

170 林榮洪：〈「五四」時期的本色神學思潮〉，劉小楓主編：《「道」與「言」：華夏文化與基督文化相遇》（上海市：生活‧讀書‧新知三聯書店，1995年），頁666。

171 曾寶蓀：〈基督教與國性〉，《中華基督教教育季刊》第6卷第3期（1930年9月），頁8-9。

氏自身的家庭出身與教育經歷，而這兩方面的條件是大多數女性基督徒所無法具備的。

　　一九三五年全國青運巡迴工作團的布道工作，是曾寶蓀宗教領袖身分的一次良好展示。國難之下，青年學生反日遊行示威運動此起彼伏，曾寶蓀等人行至廈門時甚至還爆發了震驚中外的一二九學生運動。身為一名中國基督徒，曾寶蓀的兩種思想源流並行不悖，即民族主義和唯愛主義。從一方面而言，曾寶蓀反對對日使用武力，正如聖經上所言：「凡流人血的，他的血也必被人所流。」（創9:6）從另一方面而言，曾寶蓀則堅決主張對日經濟絕交，並且身體力行。因此，這也是曾寶蓀在民族危機下，作為中國公民的國民身分的自然體現。曾寶蓀演講的主題與內容，一直都緊緊圍繞著「青年」、「宗教」與「國難」（民族危機）。從根本而論，曾寶蓀仍然視基督教為救國之道（基督救國論），尤其是在青年學生信仰迷失、彷徨無前的情形下，基督教責無旁貸，對於這群迷失的羔羊，牧羊人的責任在此時就顯得尤為重要了。

第四章
基督教教育的中國化

　　曾寶蓀畢生的心願就是實現基督教的中國化，在她看來，「基督教若不純粹中國化，則中國人總不能接受它，使它成為自己的宗教，如佛教一樣。」[1]為此，一九一八年，從英國留學歸來的曾寶蓀在長沙創立藝芳女校。這是一所純粹由中國人主持的基督教學校，它既不屬於教會組織，又不接受任何差會組織的經濟援助，更與差會無關。[2]曾寶蓀坦然承認很願意接受國外的人力及財力的幫助，但是，她不願意「事事不能自主，樣樣都有條件管制」。關於長沙藝芳女校的特色及辦學成績，長沙雅禮大學的解維廉（W. J. Hail）曾在一九二六年六月寫道：

> 　　今日中國之傳教士和教育者最為重要的問題之一就是中國人的領導權。事實上，似乎眾多非基運動本身即以保存國種為根本出發點……如今進入第八個年頭的長沙藝芳女校，化身為一個成功的案例，即在中國人的控制之下，學校絲毫未降低教育或基督教的標準，可仍在當地頗具影響力。[3]

　　探尋藝芳女校的辦學模式與生存之道，則不難發現藝芳女校為尋

1　曾寶蓀：《曾寶蓀回憶錄》（香港：基督教文藝出版社，1970年），頁72。

2　"Who's Who in China", *The China Weekly Review*, Mar 22, 1930, p. 146.

3　W. J. Hail, "One Notable Christian School in China, June, 1926", Circulars relating to I Fang Girls' Collegiate School, 英國倫敦大學瑪麗女王學院館藏檔案:WFD/15/3/2.

求中國基督教教育的本土化，做了大量與傳統意義上的教會學校不同的新嘗試，以至於賈惠宜在《教務雜誌》上發文盛讚曾寶蓀及藝芳女校是中國基督教教育的一種新實驗。[4]因此，在討論基督教教育的中國化時，不能僅僅關注差會或教會的教育事工，而忽視了華人基督徒自辦基督教學校的情形，需要重新發掘此類被歷史遮蔽的社會形態，更多地關注華人基督徒對於尋求基督教教育中國化所做的主動性回應與嘗試。

第一節　長沙曾文正公祠與藝芳女校的創辦

巴路義曾打算讓曾寶蓀畢業之後返回杭州馮氏女校任教，但她卻有自己的想法：第一，此時的巴路義女士因為陪同曾寶蓀留學英國而已經脫離了聖公會。其次，浙江人才較多，容易有人辦學。第三，自己立志服務家鄉。第四，自己試圖創辦一所純粹是由中國人主持的基督教學校。[5]此外，曾廣鐘已經在長沙創辦了中華基督教自立會，正在努力實現基督教的中國化，也給了曾寶蓀很大的信心。

一九一七年，曾寶蓀由英倫乘坐輪船輾轉回湘。民初時期的湖南是南北軍興之地，戰禍頻仍，教育事業困頓不前，女學常年不興。曾寶蓀遂決定在省垣長沙創辦女學，曾廣鈞、曾廣鐘等人施以援手，代為聯繫長沙士紳，並與准商公所接洽，取得長沙曾文正公祠為校址。[6]

一九一四年，袁世凱通電各省修復各前清勳臣祠堂、給還祠產，以表其表章先賢、扶持正氣之盛心。陸軍中將梅馨[7]電呈請飭湘督發

---

4 Winifred. Galbraith, "An Experiment in Christian Education", *The Chinese Recorder*, Vol. 58, No. 7 (Jul. 1927),pp.425-430.

5 曾寶蓀：《曾寶蓀回憶錄》（香港：基督教文藝出版社，1970年），頁72。

6 曾寶蓀：《曾寶蓀回憶錄》（香港：基督教文藝出版社，1970年），頁98。

7 梅馨（1878-1928），字植根，湖南龍陽人，民國湘軍將領，生於仕宦之家。光緒三

還曾左胡彭楊諸公祠屋祭產，但由於長沙曾文正公祠情況複雜，資金
來源不一，外加船山學社與曾文正公祠之間存在界址糾紛，為了公允
起見，湘督湯薌銘最終決定：「所有文正祠宇即發還曾氏後裔具領保
管，其財產仍交鹽商公推管理，每年將款項帳目於年終具報行政公署
審查一次。凡祠宇中祭祀歲修之需，即責成鹽商核實支付，有餘仍沿
思賢講舍之舊，由民政長核撥為湖南地方興學育才事業範圍以內之
用。」[8]一九一九年，湘督張敬堯批示：

> 本兼省長任內准汪紳貽書等，以曾女士寶蓀創辦藝芳女學，請
> 將該祠花園全部撥給。當經函複以曾祠，既非國有省有範圍，
> 本公署與貴紳等同無處理之權，應得該業主同意，方能撥給
> 等……令飭員警廳即日將烈像烈主遷入烈士祠，並諮請督署飭
> 將現住軍隊移駐他所，祠宇全部交由貴紳具領保管，即將藝芳
> 女學移入，並由本兼省長題贈「先正典型」四字匾額，以示敬
> 禮前賢，嘉惠後學之至意。[9]

　　但是，由此也埋下了日後藝芳女校或曾文正公祠與船山學社之間

十年（1904）春，赴日留學，入振武學校及陸軍士官學校六期習陸軍。畢業回國
後，擔任湖南新軍第二十五混成協五十標二營管帶。辛亥革命之後，與譚延闓等人
密謀，並鼓動前清巡防營舊軍為統領黃忠浩復仇，製造和豐火柴公司擠兌風潮，假
意請求都督派軍鎮壓。而梅設伏於關帝廟，先將陳作新亂刀砍死，後率軍衝進都督
府刺死焦達峰。而後譚延闓主政湘省，擢梅馨為獨立第二協協統。梅馨率軍援鄂時
為黎元洪任為左翼司令，扼守孝感。南北和議之後，清軍北撤，梅亦返湘，改任湘
軍第五師師長，駐守省垣。湘省驅湯之後，譚延闓再次主政湘省，次年任梅馨為長
寶鎮守使，轄長沙、寶慶兩府。一九二四年被北京政府授予開威將軍。大革命時
期，寓居上海，一九二八年病逝。

8　〈湖南都督湯薌銘呈大總統陳明發還湘省先賢祠屋祭產擬辦情形請核示文〉，《政府
公報》第734號（1914年5月），頁29-31。

9　〈省長發還曾文正公祠之批令〉，《大公報》（長沙），第6版，1919年3月20日。

長達四十年的界址糾紛，甚至連蔣介石都介入也未能得到徹底解決，直到共和國初期，校社之間的界址糾紛方才得到解決。[10]

　　創辦之初，曾廣鈞、曾廣鐘等人以曾氏家族的影響力及在長沙的社會交際，囊括了一批長沙地區的著名學紳耆老充任校董，校董共有胡子靖、王莘田、沈讓溪、龍英溪、曹典球、彭國鈞、曾昭權、曾約農等八人。[11]稍後即利用校董會積極向政府教育廳備案，一九一八年五月獲得批准，九月十二日，在西園龍宅（租賃龍英溪西園一年）正式開學。藝芳女校也製作了校歌並反映出自身的追求：「衡嶽高兮雲冥，洞庭闊兮波澄，毓鐘秀靈。恩光來兮西極，教化行兮南服。始濫觴兮楚澤，溢洋中國。伏女學傳遺經，班家才續汗青，往範堪欽。文兼佉梵沮蒼，術綜儒墨管莊，裁成南國琳琅，粵維藝芳。」[12]

　　在辦學第一年，藝芳女校共有教師九人，曾寶蓀任校長兼生物老師，曾約農為教務主任兼英語、算學和理化老師，循道會任修本牧師（Mr. Warren）兼職英語老師，曾廣鎔及李慧芳教授國文，巴路義為英語老師，青年會費雅師母（Mrs. Veryard）教音樂，何小姐（Miss. Horjen）教體育，黃國厚女士教手工。[13]全校學生也僅九人，英算專

10 一九五一年五月十日下午三時，在文教廳會議室，由張純士擔任主席，藝芳女校派童恩湛、左景馨等四人，船山學社派周逸、孫畏三、劉通州三人，決議以一九三二年（民國21年）所訂立社校界址協同為解決問題的依據。至此，界址糾紛問題方才得到真正的解決。參見《私立藝芳女中與船山學社地界座談記錄》，湖南省檔案館館藏檔案：59-7-1291，頁71。

11 〈湖南私立藝芳女子中學董事會及組織情形最近情況一覽表〉（1949年9月2日），湖南省檔案館館藏檔案：9-7-1292，頁2。但據曾寶蓀晚年回憶，藝芳女校創辦之初，董事會中最為出力的人主要有朱菊尊、汪頌年、王莘田、龍英溪、史春霆、俞秩華、曹子谷、鐘顯榮、馬惕吾、胡子靖等人。（參見曾寶蓀：《曾寶蓀回憶錄》，香港：基督教文藝出版社，1970年，頁98。）兩組名單的人數存在一定的衝突，但不論怎樣，所列之人皆為當時長沙著名士紳則是毋庸置疑的。

12 曾寶蓀編：《藝芳雜俎》（出版地不詳，1924年），頁61。

13 曾寶蓀：《曾寶蓀回憶錄》（香港：基督教文藝出版社，1970年），頁98。

修生五人，分別是張純士、柳演仁、黃斌、陳嘉和蕭孝徽，大學預科四人，分別是龍沅、王傳綺、曾寶蓀和張孝鈞。在金陵女大，大部分學生都是來自基督教家庭，[14]而藝芳的學生基本都出身於非基督教的社會上層家庭。

　　一九一九年五月，曾寶蓀等人依靠湘紳的力量，藝芳女校最終得以遷入浩園。整個藝芳女校是以曾文正公祠浩園的池塘為中心，環繞池塘的東、北、西三面。東面是廚房、飯堂，由走廊可以直達思賢書局，該書局日後成為了藝芳的小學部。北面有大門，內有門房和教員的宿舍。進二門則是校長室、教員室和教室一直延伸至聽雨軒。聽雨軒下層就是舍監室、圖書館和巴路義女士的書房。樓上二層是教員寢室，三層用於藏文書和傢俱等等。南面有一座小山，山后就是曾文正公祠正殿。聽雨軒以西，有教務室，教員寢室和校長寢室等。再往西就是原曾文正公祠生員住宅，藝芳建校後改為學生寢室的大樓。寢室大樓正對著八角亭，從八角亭穿過花棚長廊，可以直抵曾文正祠正殿後面。而在正殿未被船山學社或駐兵強占時，藝芳女校以此作為禮堂，早晨禮拜、禮拜日下午的唱詩班和開會等事宜皆在此舉行。[15]但是，藝芳女校早期的教學設施卻相當簡陋，賈惠宜曾對此有所描述：「在寢室，每個女生有一張床，一條凳子和一個非常狹小的食櫥──教室中則由書桌、長凳和一個燒炭爐──除此之外，別無一物。」[16]

　　藝芳女校不僅有大學預科，還有中小學部，甚至一度創辦大學

---

14 Mrs. Lawrence Thurston and Ruth M.Chester, *Ginling College*, New York: United Board for Christian Colleges in China, 1955, p.25.

15 曾寶蓀：《曾寶蓀回憶錄》（香港：基督教文藝出版社，1970年），頁102-103。

16 Wintfred A. Galbraith, "I-Fang Girls' Collegiate School, Changsha, Hunan, China, March, 1926", 英國倫敦大學瑪麗女王學院館藏檔案: Circulars relating to I Fang Girls' Collegiate School, WFD/15/3/2.

部，定名為私立藝芳女子學院[17]從而形成了從小學至大學的完全建制。大學部之學生，最初僅有王恂、李琬、唐冰如、張孝鈞、曾寶蓀、張純士等六人，後有馮友雪、王光彩、李仲恩、王澤芬、王恮、左景馨、陳昭炳、徐少英、譚縈、晏晬然等人。儘管人數並不多，但藝芳所禮聘之教員，皆乃當時湘省碩學之士，例如李劍農、熊菊如、陳天倪、李肖聃等人，皆為國學宗師。[18]但是，畢竟藝芳女校屬於私人辦學，由於經費有限，最終被迫將大學部停辦，轉而將辦學重心放在中學教育。[19]

　　藝芳女校歷時三十餘載，辦學過程十分艱辛，先後三次被毀。一九二七年，湖南省農民協會占據藝芳女校校址，以此作為辦公之所；[20]一九三〇年，彭德懷等人率領工農紅軍進攻長沙之時，毀於戰火；一九三八年，武漢會戰之後，日機空襲長沙，波及藝芳女校，全校師生被迫遷移。曾寶蓀在向政府呈文懇請聯合遷校時指出：「本校於八月十七日，遭受敵機轟炸，中彈六枚，倒塌校舍三十餘間，全部房屋，均被震毀。圖書、儀器、校具均有損失，恢復原狀，殆非五萬元莫辦。」[21]但是，藝芳女校為維持現狀，後假借沅陵貞德女子學校校址與福湘女校合力辦學。一九四二年四月十九日，藝芳女校向教育部呈文呈請暫時停辦，俟戰局平定之後再行恢復。[22]

---

17 〈藝芳女校開辦大學本科〉，《大公報》（長沙），第6版，1923年10月30日；《藝芳女校開辦大學照準》，《大公報》（長沙），第6版，1923年11月1日。

18 張純士：〈浩園雜記〉，《藝芳》（三十周年紀念特刊）（1948年9月20日），頁9。

19 曾昭權：〈藝芳女校卅周年紀念辭〉，《藝芳》（三十周年紀念特刊）（1948年9月20日），頁3。

20 〈長沙市民之大示威〉，《申報》，第7版，1927年4月25日。

21 〈私立藝芳女子中學〈長沙市民之大示威〉呈報本校被敵機炸毀及聯合遷校情形懇予察核轉呈備案由〉（1938年9月6日），湖南省檔案館館藏檔案：59-7-1291，頁47。

22 〈呈報本校暫擬停辦清醒乞鑒核轉陳教育部備案由〉（1942年4月19日），湖南省檔案館館藏檔案：59-7-1291，頁27。

抗日戰爭勝利以後，藝芳女校向政府申請復校，湖南省教育廳向教育部呈文並聲稱：「查明該校原有基金歲租四百石，並未動搖。全部校舍，雖遭敵機炸毀一部分，完整者尚存數棟。現在擇要修理，並增建廚房、浴室、食堂，至圖書館、儀器乃至一切校具，除將存儲之一部運校，餘在陸續補充。」[23]不久之後，藝芳女校得以第三次復校，但藝芳女校在戰爭中損失慘重。

表4-1　《財產損失報告單》（填送日期為1945年10月）[24]

損失年月日	事件	地點	損失物	購置日期	單位	數量	價值（國幣元）	
							購置時價值	損失時價值
1938.8.17 1938.11.12	敵機轟炸 長沙大火	長沙局關祠本校	建築物	1918-1937	棟	31	光洋227,500	218,000,00
1944.6- 1945.8	敵陷長沙 轟炸折毀	同上	器具	同上	件	6500	光洋10，000	66,000,000
同上	同上	同上	現款	同上	元	8000	光洋8,000	23,000,000
同上	同上	同上	圖書	同上	冊	48000	光洋8,000	41,000,000
同上	同上	同上	儀器	同上	件	2000	光洋60，000	54,000,000
同上	同上	同上	醫藥用品	同上	件	2000	光洋6,600	22,000,000
同上	同上	同上	其他	同上			光洋10,000	30,605,000
總計							454,605,000	

儘管藝芳女校先後三次被毀，但全體師生秉承基督精神，得以在廢墟之中重建藝芳女校，可謂三仆三起。吳宓曾言：「曾女士理想事

23　〈指令：為私立藝芳女子中學請於卅五年秋季復校懇請各案由〉（1946年7月25日），湖南省檔案館館藏檔案：59-7-1291，頁39。

24　《湖南省檔案館館藏檔案》：59-7-1291，頁168。

業之困頓挫沮，賴有宗教之精神，上帝之信仰，有以慰之扶之。」[25]聶雲台也曾盛讚道：「寶蓀表侄女及約農威謀兩表侄，犧牲其資產，並捨棄家庭幸福，竭其身心之力以辦學校，其志趣之高尚，品性之純潔，為社會所罕見。」[26]同樣，曾寶蓀在談及自身的基督教信仰時說過：

> 我的信仰，卻很影響了我生平的事業。我一生最大的事，就是辦理藝芳女校。我把我的全副精神，所有財產，整個生命，供獻與她。因為藝芳是我為上帝作工的地方，我就把我一切所有，作為孤注，下在他上面。藝芳兩次因共產黨在湘引起的政變而被焚劫解散，最近又被日機轟炸，我自己幾乎喪命，校舍成為幾堆瓦礫。先前又屢受社會及政府的摧殘猜忌，實在指不勝屈，現在雖漸蒙社會政府所諒解，然將來何如，尚不可料。然而，我不為挫折所勝，累敗累起，因為藝芳是一種信仰的行為，我相信冥冥中有上帝的管理。[27]

第二節　主權在我：藝芳女校的行政管理

　　教會學校以基督教教義為辦學原則，但是其管理大權卻掌握在外國差會和傳教士手中。以金陵女子大學為例，至一九二四年，金陵女子大學接受援助的社會團體已然有十個之多，分別是八個差會團體、中華醫學會，以及史密斯學院基督徒事工及女校友會。[28]前九個社會

---

25 吳宓著，吳學昭整理：《吳宓詩話》（北京市：商務印書館，2005年），頁215。

26 雲台：〈記與曾寶蓀表侄談話〉，《聶氏家言選刊》第5期（1928年11月），頁247。

27 曾寶蓀：〈我的基督教信仰〉，吳耀宗編：《基督教與新中國》（上海市：青年協會書局，1948年），頁242-243。

28 Mrs. Lawrence Thurston and Ruth M. Chester, *Ginling College*, New York: United Board for Christian Colleges in China, 1955, p.54.

團體各支付一名教員的工資，而史密斯學院則承擔兩名教員的工資。
此舉一方面在一定程度上為金陵女大的發展，尤其是師資及其經費，
作出了一定的貢獻；但從另一方面言之，各個差會所承諾支付工資的
物件是各個差會所派出的該差會的傳教士，絕對不是無條件的。因
此，傳教差會作為一種隱形的組織機構在背後對金陵女大實施影響。

南京國民政府成立之後不久便頒布了《私立中等學校及小學立案
條例》，其中有文規定：「教職員能合格勝任，專任教員占全數三分之
二以上者，校長由中國人充任者。」[29]即使是在教會學校相繼立案、
任命華人擔任校長一職之後，教會學校的行政管理權也並未如國民政
府原本所設想或教會學校所宣傳的那樣，即校務完全由華人負責。在
教會學校，尤其是教會大學校長一職的任免，仍需要得到托事部的首
肯。如在華南女大，由於陳淑圭的推辭，校董會遂決定成立以陳淑圭
為主席的五人委員會統籌校務。儘管此五人皆為華人，但尚有兩名外
國顧問，即盧愛德（Ida Belle Lewis）和華惠德（L. Ethel Wallace），
且其二人「有權參與委員會的決策。」[30]

儘管藝芳女校師資隊伍之組成，如大部分教會學校一般，兼有中
西結合之特色。但是，前者是西人主之，而華人輔之；而在藝芳女
校，是以曾寶蓀姐弟為主，而西人教師則輔弼曾氏姐弟，縱令是曾寶
蓀的授業恩師巴路義也不例外，她自藝芳女校辦校開始至在滬離世的

29　〈私立中等學校及小學立案條例〉（十六年十二月二十日公布），《大學院公報》第1
　　年第1期（1928年1月），頁28。

30　L. Ethel Wallace, *Hwa Nan College*, New York: United Board for Christian Colleges in
　　China, 1956, pp. 38-39. 按：華惠德在此處極力強調在華南女大由於校務委員會的委
　　員悉數為華人女子，因而可以將其視為已然收歸國有，華人實現自主，不僅在行政
　　管理權，還表現在財政權上。但是，華氏也採取了避重就輕的手法，一筆帶過外國
　　顧問在校務決策中的作用，以及遠在美國的托事部對於校長人選的任命的影響。卻
　　又在後文中突出華南女大在轉型時期的良好成績是源自於校務委員會及外國顧問之
　　間的配合默契。

十年間，其所扮演的角色也無非是一位建議者和教師，而從未試圖控制學校。曾寶蓀與曾約農一同負責藝芳校務，曾寶蓀主持校內學生事宜，曾約農則主要負責校外事務。[31] 因此，曾寶蓀認為巴路義此舉實為西人在華傳教士第一人。[32] 在藝芳女校的發展過程中，幾乎一直都有西人教師，唯有人數之損益之變化，然從未有出現過西人教師或傳教團體主導校務發展的現象，一直秉持曾寶蓀早年「要辦一個純粹中國人主持的基督教學校」的原則。

一　藝芳女校的校長和行政領導

藝芳女校於一九三〇年三月正式向政府立案備查。[33] 藝芳女校的外籍教員（包括兼職人員）一般不過數人，在藝芳女校早期的教師人員結構中，外籍人士較多，尤其是在藝芳女校創立之初，外籍教師（包括兼職）共有四人，而教師總數才不過九人而已。而後藝芳女校規模不斷擴大，學校也不斷禮聘中國教師。更為重要的是，不少藝芳女校畢業生在外深造之後，次第返回母校，外籍教員數量因而逐漸減少，甚至到了一九四〇年代後期，藝芳女校僅有一兩名外籍教師。但不論何時，就全校教職員總數而言，外籍教員畢竟是少數。即使是聘請外籍教員較多的一九三五年，亦不過三人而已，分別為安德，德國人，為長沙德生醫院院長，充任藝芳女校校醫；賈惠宜，英國人，倫敦大學文科學士，教授英文與勞作兩科；曼珠女士（Miss Madge），亦

---

31 W. J. Hail, "One Notable Christian School in China, June, 1926", 英國倫敦大學瑪麗女王學院館藏檔案：Circulars relating to I Fang Girls' Collegiate School, WFD/15/3/2.

32 曾寶蓀：《曾寶蓀回憶錄》（香港：基督教文藝出版社，1970年），頁98。

33 湖南省政府秘書處統計室編：《湖南年鑑（1936年）》，張研，孫燕京主編：《民國史料叢刊》（1026）（鄭州市：大象出版社，2009年），頁279。按：藝芳女校第一次向政府註冊是在一九一八年六月五日。

為英國人，畢業於英國皇仁音樂學院，講授英文與音樂兩科。而全校的教職員總數有二十五人，外籍教員占總數的百分之十二。儘管德本康夫人稱，在一九三六年，在金陵女大，中國籍的教職員工的比例已經上升到百分之七十左右。[34]但是，必須警惕的是，此處所提供之資料，包括了行政職員，但就教員比例言之，必然要低得多。而在一九三五年，藝芳女校中國籍教員所占之比例高達百分之八十八，要遠遠高於金陵女大同時期教職員工合成之比重，遑論華人教員之比例。

　　此外，藝芳女校的中國籍教員多來自長沙和湘鄉兩地，且不乏曾氏家族成員。而除曾寶蓀、曾約農以外，左景馨、蕭孝徹、陳昭炳、徐少英、譚蘩、張筠卿、李仲思、曾憲楷、彭澤芬、龍沅等十名教員皆畢業於藝芳女校。[35]在藝芳女校，所有外籍教員的工資皆不由藝芳女校開支，而是由外國友人支付，不占藝芳女校任何資金。雖然如此，但選任外籍教員的權力卻在曾寶蓀等人手中。外籍教員多為英國人，因為曾寶蓀曾在英國留學期間，與不少英國熱心中國教育事業的基督徒建立了友誼，因而就任藝芳女校教師的外國人中，相當一部分是曾寶蓀在英國的朋友或由其在英國的朋友所舉薦。

34　Mrs. Lawrence Thurston and Ruth M. Chester, *Ginling College*, New York: United Board for Christian Colleges in China, 1955, p.83.

35　〈本校職教員一覽表（民國二十四年度下期）〉，湖南省檔案館館藏：59-7-1292，頁3。

表4-2　《本校職教員一覽表民國二十四年度下期》[36]

姓名	性別	年齡	籍貫	履歷	職務	所任學科	到校年月
曾寶蓀	女	43	湘鄉	倫敦大學理科學士	校長		民七年九月
曾約農	男	43	湘鄉	倫敦大學理科學士	教務主任	英文	民七年九月
左景馨	女	31	湘陰	牛津大學地理研究員	訓育主任	地理、勞作	民廿一年八月
蕭孝徽	女	43	衡陽	藝芳女校	事務主任	數學	民七年九月
李月浦	男	35	平江	曾任省立第二中學文牘	文牘	習字	民十七年八月
陳昭炳	女	28	茶陵	倫敦大學歷史研究員	圖書管理員	歷史、英文	民廿一年八月
徐少英	女	29	平江	本校畢業，劍橋研究院數學系	衛生指導員	數學、勞作	民廿一年八月
譚蘗	女	29	長沙	金陵女子大學文學士	衛生指導員	植物、生物	民廿一年八月
張筠卿	女	31	醴陵	湖南大學教育系	教務員	國文	民廿四年九月
李蕃昌	男	43	平江	湖南公立第一法政學校銀行科畢業	事務員		民廿四年九月
安德	男		德國	德生醫院院長	校醫		民廿一年八月
賈惠宜	女		英國	倫敦大學文科學士	教員	英文、勞作	民十三年八月

36　《湖南省檔案館館藏檔案》：59-7-1292，頁3。

姓名	性別	年齡	籍貫	履歷	職務	所任學科	到校年月
言汝昌	男	51	湘潭	日本大板高等學堂	教員	算術三角	民九年八月
李仲思	女	29	長沙	本校大學部畢業	教員	英文	民廿三年九月
劉湘生	男	47	新寧	新寧縣立師範畢業	教員	國文	民廿二年九月
周懷霜	男	37	長沙	歷任長沙各中學教員	教員	國文、歷史	民廿三年九月
張昕	男	30	長沙	湖南大學電機工程系	教員	物理、數學	民廿三年三月
周天璞	女	52	長沙	歷任長沙各中學教員	教員	公民	民廿三年三月
曾憲楷	女	25	湘鄉	湖南大學文科學士、燕京大學研究院	教員	歷史	民廿四年九月
彭仲炎	男	30	長沙	歷任湖南各中學教員	教員	國文	民廿五年三月
曾昭杭	男	37	湘鄉	上海美術專門學校西洋畫科	教員	圖畫	民廿一年八月
朱志堅	男	38	江蘇	上海美術專門學校西洋畫科	教員	圖畫	民廿四年九月
彭澤芬	女	28	長沙	兩江體專畢業	教員	體育	民廿一年八月
龍沅	女	28	攸縣	中央大學中文學系	教員	國文	民廿四年九月
伯關重華	女	32	廣東	北京協和醫院護士	教員	看護訓練	民廿五年三月
曼珠	女		英國	英國皇仁音樂學院	教員	英文、音樂	民廿四年三月

司徒雷登曾經坦言：「對一所為了特定目的而由外國人創辦的，而且在不失其明顯特徵的同時正在逐漸中國化的學校來說，再沒有比留用本校的學生去實現這一轉變更好的辦法了。」[37]與此相似，曾寶蓀為保持藝芳女校作為一所純粹的中國人主持的學校，很好地踐行了校友治校的辦學模式。一九三〇年代的藝芳女校，訓育主任、事務主任，多由蕭孝徽、左景馨兩人擔任。一九四〇年代後期，藝芳女校第三次復校，蕭孝徽轉而擔任校產保管主任主持校產事宜，因而訓育主任和事務主任兩職則由左景馨、張純士擔任。而曾約農因為擔任克強學院院長，並負責重組湖南大學事宜，無暇顧及藝芳女校，遂改任常務董事，其教務主任一職由李琬接替，而附小主事則為張筠卿。以上所述諸人，除曾寶蓀、曾約農外，張純士、蕭孝徽、左景馨、張筠卿、李琬，無一例外，皆畢業於藝芳女校。總體而言，藝芳女校的所有行政管理崗位的管理人員全部為中國人，且由藝芳女校畢業生負責具體行政事宜，外籍教員只負責一般教學，主講英文、音樂、勞作、體育等科，並兼負責校醫事務，且其中不乏兼職人員。

單就校長一職而言，藝芳女校自創辦始，除了極個別階段，校長一職長期以來都是由曾寶蓀一人擔任。北伐期間，南方地區反教與反帝國主義運動風起雲湧，藝芳女校因基督特色以及不參加政治活動而為時人所詬病，甚至被扣上「帝國主義走狗」的帽子，曾寶蓀無奈之下被迫辭去校長一職。期間主要由曾寶蓀之妹曾昭燏[38]帶領藝芳女校

---

37 〔美〕司徒雷登著，程宗家譯：《在華五十年：司徒雷登回憶錄》（北京市：北京出版社，1982年），頁75。

38 曾昭燏（1909-1964），湖南湘鄉人，曾國藩之弟曾國潢的長曾孫女，中國傑出的女博物館學家、考古學家，南京博物院院長。一九二一年，曾昭燏入長沙藝芳女校，一九二九年考入南京中央大學外文系，後轉入國文系，受業於胡小石。一九三五年留學英國，一九三六年獲碩士學位，併入柏林大學研究員實習。一九三八年，任教於倫敦大學。同年，因國難當頭，毅然回國。抗戰期間，主要主持西南地區的考古

師生組成維持會主持校務。[39]其後不久，藝芳女校師生以李如煥為首向湖南省政府教育廳請願，認為曾寶蓀辭去校長之後，校長一職因難有合適人選而一直未定。維持會只是擔任校務，雖能照常上課，但終究感到責任不專，而且有諸多困難。學生特此召開全校大會一致要求曾寶蓀復職。[40]曾昭燏等人甚至與當時任湖南省農民協會主席兼秘書長的柳直荀談話，不過，「柳直接地指出藝芳女子中學是個反動的學校，不應存在」。[41]然而，此事尚未得到真正的解決，藝芳女校便被湖南省農民協會接收以作為辦公會址，曾寶蓀也由於激烈的反教運動而被迫離開長沙。當然，一九四九年，曾寶蓀離開大陸，校長一職才正式轉由曾憲楷[42]代理。

二　藝芳女校校董會成員之構成

與絕大部分私立學校一樣，藝芳女校也設有校董會。不過，藝芳

活動。抗戰勝利後，隨中央博物院回京，處理戰時文物清理以及接收偽文物等工作。一九四九年，拒絕赴臺，並堅決反對文物運臺。中共建立政權後，其任職於南京博物院，並加入九三學社。一九六四年，曾昭燏自殺於靈谷塔。

39　曹清、張蔚星編撰：《曾昭燏年譜》（徵求意見稿）（南京市：南京博物院，2009年），頁19。

40　〈藝芳女校仍由曾寶蓀主辦〉，《大公報》（長沙），第6版，1927年1月24日。

41　曹清、張蔚星編撰：《曾昭燏年譜》（徵求意見稿）（南京市：南京博物院，2009年），頁19。

42　曾憲楷（1908-1985），湖南湘鄉人，曾國荃玄孫女，歷史學家。早年就讀於長沙藝芳女校，先後在國立湖南大學獲得文科學士學位，燕京大學研究院碩士。曾長期任教於藝芳女校，並一度代理藝芳女校校長一職。一九五一年調入中國人民大學，任中國人民大學教授，清史所所長。曾氏詩文俱佳，有《七七盧溝烽火》、《王昭君》等書流傳於世。就其學術論文而言之，現僅存《宋理學與佛道二家之關學》、《讀〈藝文志〉諸子略》、《文說》三文，皆其中年時期之力作，所論精闢，頗有大家風度。曾氏終身未婚，晚年與其妹曾憲植（葉劍英夫人）同住全國婦聯。

女校的校董會全體校董皆為中國人，學校的重大事情也需要徵詢校董
會的同意方能執行。建校之初，校董會成員是胡子靖（胡元俊）、龍
萸溪（龍璋）、曹典球、王莘田、沈讓溪（沈克剛）、曾昭權、曾約
農、彭國鈞等八人。一九三二年，蔣嶸、勞啟祥、左景馨、蕭孝徽加
入校董會。一九三七年，胡子靖、龍萸溪、彭國鈞卸任。一九四六年
一月，藝芳畢業生陳昭炳也成為了藝芳女校的校董。一九四九年二
月，又有丁鵬翥、蕭元定、范琯、應開識、張以藩補入校董會。

表4-3　《湖南私立藝芳女子中學董事會及組織情形最近情況一覽表》
（1949年9月2日）[43]

	姓名	性別	年齡	籍貫	學歷	到職年月	卸職年月
前任董事	胡子靖	男				民七	民廿六
	王莘田	男				民七	
	沈讓溪	男				民七	
	龍萸溪	男	76	攸縣		民七	民廿六
	曹典球	男	73	長沙		民七	至現在
	彭國鈞	男	74	安化		民七	民廿六
	曾昭權	男	56	湘鄉	麻省理工學院卒業	民七	至現在
	曾約農	男	57	湘鄉	倫敦大學理學士	民七	至現在
	勞啟祥	男	56	長沙	芝加哥大學理碩士	民廿一	至現在
	左景馨	女	50	湘陰	牛津大學	民廿一	至現在
	蕭孝徽	女	58	衡陽	藝芳女校	民廿一	至現在
現任董事	曹典球	男	73	長沙		民七	
	勞啟祥	男	56	長沙	芝加哥大學理碩士	民廿一	

---

43 《湖南省檔案館館藏檔案》：9-7-1292，頁2。

	姓名	性別	年齡	籍貫	學歷	到職年月	卸職年月
	蕭孝徽	女	58	衡陽	藝芳女校	民廿一	
	曾昭權	男	56	湘鄉	麻省理工學院卒業	民七	
	曾約農	男	57	湘鄉	倫敦大學理學士	民七	
	丁鵬翥	男	58	衡陽	湖南成德法政專科卒業	民卅八年二月	
	蕭元定	男	53	長沙	耶魯大學研究院	民卅八年二月	
	蔣嶁	男	55	邵陽	芝加哥大學教育碩士	民廿一年七月	
	范珺	女	47	長沙	哥倫比亞師範學院	民卅八年二月	
	陳昭炳	女	45	茶陵	倫敦大學歷史研究員	民卅五年一月	
	應開識	男	50	漢陽	耶魯大學教育碩士	民卅八年二月	
	張以藩	男	43	長沙	耶魯大學法學博士	民卅八年二月	
	左景馨	女	50	湘陰	牛津大學地理研究員	民廿一年七月	

　　在藝芳女校的早期校董中，除卻曾約農和曾昭權兩兄弟以外，其餘六人全是湘省士紳或寓湘士紳。

　　胡元倓（1872-1940），字子靖，別號耐庵，湖南湘潭人，拔貢出身。一九〇三年，作為湖南首批官費生留學日本。歸國後創辦長沙明德學堂，聘任黃興等人為教員，以掩護其革命，並在華興會起義失敗之後，幫助黃興等人脫險。一九一三年，在北京創辦明德大學，並聘

章士釗為校長。一九二九至一九三〇年，擔任省立湖南大學校長。一九三八年，擔任國民參政員。有《耐庵言志詩》、《修身約言》等傳世。[44]

王銘忠，字莘田或新田，湖北江夏人，曾任《湘報》董事，[45]辛亥前曾任湖南商務局局長、湖南商務總會董事長。一九一三年，王銘忠被任命為湘岸榷運局局長。[46]王銘忠屬於革命元老，且與湘督譚延闓關係甚密，享年六十歲。[47]

沈克剛，字讓溪，清末舉人，祖籍蘇州，定居於長沙。早年求學於嶽麓書院。後為沅江校經堂院長，地方知縣、候補道。辛亥革命之後，轉任湖南都督府顧問。沈克剛是熊希齡、張元濟等人的老師，堪稱湖南學界耆宿。[48]民初即任湖南事業銀行董事、湖南慈善救濟會會長、湘雅醫院中方董事長等職。

龍紱瑞（1874-1952），字莬溪，湖南攸縣人，龍湛霖之子。曾任明德學堂學監，襄贊革命黨人。一九〇四年，華興會起義失敗後，曾幫助黃興等人脫險。辛亥之後，任湖南交通司司長，官產處處長等職。中華人民共和國成立之後，出任湖南省文史研究館官員。一九五

---

44 金毓黻：《胡元倓傳》，卞孝萱、唐文權編著：《民國人物碑傳集》（南京市：鳳凰出版社，2011年），頁314-315；章開沅主編：《辛亥革命辭典》（武漢市：武漢出版社，2011年），頁290；周川主編：《中國近現代高等教育人物辭典》（福州市：福建教育出版社，2012年），頁442。

45 黃林：《近代湖南報刊史略》（長沙市：湖南師範大學出版社，2013年），頁44。

46 〈民國二年九月十二日臨時大總統令〉，《談鹽叢報》1913年第6期，頁3；周秋光主編：《熊希齡集》（第三冊）（長沙市：湖南人民出版社，2008年），頁272；周秋光主編：《譚延闓集》（第一冊）（長沙市：湖南人民出版社，2013年），頁403。

47 田原天南編：《清末民初中國官紳人名錄》，沈雲龍主編：《近代中國史料叢刊》（三編八十輯）（臺北市：文海出版社，1996年），頁60。

48 田原天南編：《清末民初中國官紳人名錄》，沈雲龍主編：《近代中國史料叢刊》（三編八十輯）（臺北市：文海出版社，1996年），頁183。

二年，病逝於長沙。著有《武溪雜憶錄》等。[49]

　　曹典球（1877-1960），字籽谷，湖南長沙人。早年入時務學堂，參與維新運動。民初在湘組織育群學會，並出任會長。曾經與雅禮協會合作創辦湘雅醫學院醫學專門學校。後任湖南省教育廳廳長、湖南大學校長、代理湖南省政府主席等職。一九四九年，曹典球參加長沙和平起義，任湖南省軍政委員會顧問、省政協常委、省文史館副館長等，有《猛庵詩文集》傳世。[50]

　　彭國鈞（1878-1952），原名深梁，號泉舫，湖南安化人。畢業於嶽麓書院、明德學堂，一生致力於推行農業教育。曾任湖南省禁煙局會辦、國貨維持會評議員兼副會長、國民黨湖南省黨部執行委員、國民政府考試院銓敘部登記司司長、國民黨中央監察委員等職。長沙和平解放前夕，參加湖南自救會，並與唐生智等人聯名通電擁護和平解放。[51]

　　以上六人，多是從傳統教育體制下走出來的新派人物，甚少有留學海外的經歷，而且是一種紳、學、商的結合體，兼有跨界發展的特點。不似後來校董角色相對單一。至於藝芳女校後期的校董會成員，除去曹典球等幾人之外，他們的教育經歷、職業乃至宗教信仰明顯與早期校董不同。

　　丁鵬翥（1891-1958），號博生，祖籍衡陽，生於長沙，中國羽絨

49 湖南省地方誌編纂委員會編：《湖南省志・人物志・下》（第三十卷）（長沙市：湖南出版社，1995年），頁674-675；張憲文等主編：《中華民國史大辭典》（南京市：江蘇古籍出版社，2001年），頁514。

50 張憲文等主編：《中華民國史大辭典》（南京市：江蘇古籍出版社，2001年），頁1606；周川主編：《中國近現代高等教育人物辭典》（福州市：福建教育出版社，2012年），頁568。

51 楊慎之主編：《湖南歷代人民辭典》（長沙市：湖南出版社，1993年），頁512；張憲文等主編：《中華民國史大辭典》（南京市：江蘇古籍出版社，2001年），頁1710。

工業創始人、近代著名實業家。丁氏早年畢業於湖南法政專門學校。一九一八年，製成全套羽絨機器，並獲得農商部專利。一九二〇年，發明橫行衣膽和篩絨方法。一九二一年，編寫《整理中國羽絨貿易業商榷書》和《羽絨提制法》。一九二四年，製成「丁制」三層式桶被，不久便創辦湖南長沙華新羽絨股份有限公司。丁鵬翥曾經擔任中國合作事業協會湖南分會主任、合作事業委員會常委兼總幹事、湖南大學合作系副教授，創辦並主編《湖南合作月刊》。中華人民共和國成立以後，丁鵬翥放棄原有資產，擔任長沙市輕工業公司董事長兼湖南鴨絨被廠廠長等職。一九五八年，丁鵬翥病逝於長沙。[52]

蕭元定（1897-1975），字止齋，湖南長沙人，一九二一年畢業於湘雅醫學專門學校，後獲耶魯大學醫學博士學位。歸國之後，蕭元定任職於湘雅醫學院。一九三九年，出任湘雅醫學院院長。一九四六至一九四八年，擔任國立湘雅醫學院院長一職。中華人民共和國成立以後，蕭元定成為中國醫學會會員、國際外科學會會員和湖南省第一、二、三屆政協委員。一九七五年九月，蕭元定病逝於長沙。[53]

應開識（1899-1989），別號有吾，湖北漢陽人。一九二四年，畢業於雅禮大學文學系。一九三二年，獲耶魯大學文科碩士。曾任雅禮中學英語教師、副校長等職。一九四八年，應開識當選為華中大學董事會候補校友代表。[54]一九八九年十二月十七日，應開識在長沙離世。[55]

---

52 湖南省地方誌編纂委員會編：《湖南省志・人物志・下》（第三十卷）（長沙市：湖南出版社，1995年），頁267-268；朱有志、郭欽主編：《湖南近現代實業人物傳略》（長沙市：中南大學出版社，2011年），頁237-242。

53 周川主編：《中國近現代高等教育人物辭典》（福州市：福建教育出版社，2012年），頁549；湖南省地方誌編纂委員會編：《湖南省志・人物志・下》（第三十卷）（長沙市：湖南出版社，1995年），頁480-481。

54 《母校董事會校友代表選舉結果揭曉》，《華中通訊》第3卷第1期（1948年3月），頁4。

55 中外名人研究中心編：《中國當代名人錄》（上海市：上海人民出版社，1991年），頁390。

　　張以藩（1906-1957），基督徒，字次鄂，湖南長沙人。一九二五年，畢業於長沙基督教青年會主辦之私立青年中學。後任職於上海基督教青年會，曾經與吳耀宗、江文漢、梁小初等人共事。一九三三年畢業於東吳大學法學院。一九三六年，「七君子」之獄發生之後，受任為李公樸出庭辯護。一九三七年，抗日戰爭爆發以後，張以藩出任長沙基督教青年會總幹事，從事抗日救亡活動，並被張治中任命為湖南省難民救濟處總幹事。一九三八年，長沙發生「文夕大火」，張以藩積極組織救災工作。[56]抗日戰爭勝利後，一度出任行政院善後救濟總署湖南分署副署長。一九四六年九月，張以藩與夫人朱鐵蓉赴美留學，獲美國耶魯大學法理學博士學位。歸國後，仍在長沙基督教青年會工作。解放前夕，張以藩團結醫務、宗教界人士，組織醫院教會團體聯誼會，舉辦水災醫療隊，開設水災粥廠。他積極靠攏中共地下組織，掩護地下黨員，籌創「醫教聯」，為迎接湖南和平解放，作出了積極努力。中華人民共和國成立後，歷任湖南省基督教三自愛國委員會及中國人民救濟會長沙市分會副主席，還擔任過長沙市人民代表、市人民政府委員、市政協副秘書長，後又當選為省人大代表，被推為省政協委員。一九五七年，張以藩因言獲罪，自沉湘江。[57]

　　蔣嶸（1893-1958），基督徒，湖南邵陽人，亦名廷冠，蔣廷黼之兄，一九一八年畢業於美國俄亥俄州歐碧林大學文學院，後獲芝加哥大學教育學碩士，一九二八年歸國，並任教於福湘女子學校、明德學

56　張以藩：〈抗戰兩年來之長沙青年會〉，《同工》第186期（1940年1月），頁42-43；李陵：〈長沙基督教青年會與湖南抗日救亡運動〉，《求索》2005年第3期，頁192-196；李陵：〈長沙基督教青年會抗戰時期的難民救濟工作〉，《船山學刊》2005年第3期，頁90-92。

57　湖南省地方誌編纂委員會編：《湖南省志・人物志・下》（第三十卷）（長沙市：湖南出版社，1995年），頁930-931。

校等校，長期任福湘女子學校校長。[58]

　　勞啟祥（1893-1974），基督徒，湖南長沙人，一九一六年畢業於雅禮大學，後任教於雅禮中學。一九二四年留學美國，先後在耶魯大學、芝加哥大學求學。回國之後繼任黃溥為雅禮中學校長。一九五〇年之前，勞啟祥一直是華中大學校董。[59]

　　就後期的校董會成員而言，其中蔣嶁、范琂來自福湘女子中學，勞啟祥、應開識來自雅禮中學，蕭元定來自湘雅醫院，蕭孝徽、曾約農、陳昭炳、左景馨來自藝芳女校，曾昭權、曹典球來自湖南大學，丁鵬翥為長沙著名實業家。張以藩、勞啟祥、范琂、蔣嶁等人都是基督徒，無疑也彰顯了藝芳女校作為一所基督教學校的宗教特色。而曹典球、曾約農、曾昭權三人自一九一八年充任校董始，延續至一九四九年。早期的校董會中，有相當多數的校董已經去世，或轉為他任。因而被更多的帶有基督教背景的成員所替代。而以籍貫論之，多數董事來自長沙、湘鄉、湘陰等湘中地區。除應開識一人外，其餘皆為湘人。此外，張以藩、蕭元定和應開識都是一九四八至一九四九年間由美歸國，故而遲至一九四九年二月方才擔任成為藝芳女校的校董。國民政府明確規定，外國捐資設立的學校中，外籍校董人數不能過半數。而在一般教會學校的校董會中，都有不少外籍教員擔任校董，只有藝芳女校全體校董都是中國人。

58　章開沅、馬敏主編：《社會轉型與教會大學》（武漢市：湖北教育出版社，1998年），頁453。

59　章開沅、馬敏主編：《社會轉型與教會大學》（武漢市：湖北教育出版社，1998年），頁415。

第三節　經濟獨立：藝芳女校的經費來源

創辦私學往往需要耗費鉅資，因而經費常常成為制約私立學校發展的一大問題。大多數私學都曾遭遇過校款見絀的尷尬處境，藝芳女校也不例外。藝芳女校很少接受政府的津貼，不依賴外國差會的援助，而且先後經歷了三次毀校，損失達光洋達數百萬元之多。[60]此外，由於藝芳女校基督教特色以及接納外國友人的捐贈，也遭致部分社會人士的非議。[61]但是，藝芳女校之所以能夠在三次毀校之後，依舊能夠三次復校，是因為其有一套相對比較獨特的校款籌集與運行模式，從而展示出了華人基督徒踐履基督教育所做的另外一種努力、嘗試與探索。質而言之，藝芳女校的經費來源大抵可以分為以下三類：

一　中外各界團體及個人之捐贈

藝芳女校從創辦開始，從未停止向社會各界募集款項，用於維護和擴建學校規模。曾寶蓀在其長達三十多年的辦校生涯中，一直利用曾國藩家族及其成員的社會影響力，動員個人和組織團體向藝芳女校捐助錢款或物質。藝芳女校還在學校擴建、重建和校慶時，亦向社會各界人士、各地校友及在校教師募款。一九二四年，為表示仰慕巴路義幫助藝芳女校，藝芳學友會創辦慕義小學，並特地邀請中西人士參加該校舉辦的音樂會，希望在開辦之始，借助外力（如立案及捐款等事）。[62]藝芳女校還利用長沙地區缺乏公園的機會，開放浩園，收取門

60　〈私立藝芳女校公函〉（1947年3月20日），湖南省檔案館館藏檔案：59-7-1299，頁51。

61　Tseng Pao Swen,“My Religious Experience”, *The Chinese Recorder*, Vol.66, No.8 (Aug.1935), p.460.

62　〈藝芳女校音樂會記〉，《大公報》（長沙），第7版，1924年1月13日。

票兩角，將餘款移作捐助慕義小學之用。[63]一九三四年，藝芳女校修建游泳池，藝芳女校教員、校友及社會各界人士皆有捐款，累計達二九五點二元，使得游泳池得以順利修建。[64]一九四六年，藝芳女校小學部重建，中學部校友以及社會各界人士募集款項達二二六五四五〇〇元（國幣本位），外加圖書一九三本，風琴一架，光洋四千元，金圓二十元，地球儀一個，棋子六副。

　　藝芳女校只接受外國個人捐款，而不接受外國差會的援助，其中外國捐助以英國捐款最多。藝芳女校卻能「自保主權，不受教會之干涉，故雖帶有宗教性質，而能不掛洋旗。」[65]曾寶蓀多次前往英美等國遊說，考察教育並募款興學，常有「茲聞女士為該校發展起見，今日起程出洋考察教育，及接洽校款事宜云」[66]一類文字見諸報端。實際上，曾寶蓀利用其早年在英國留學的優勢，以及熟識外國熱衷於中國教育事業的個人或團體，曾募得大量款項救濟藝芳女校。曾寶蓀個人前往英美等地為藝芳女校募集基金，單次就能達十萬元之巨。其方法也甚為簡單，不過就是約集倫敦大學同學召開大會，演講辦理藝芳女校之困難，並展示已有之成績，而「各同學以事業卓然，甚為嘉賞，即各鑲金以成美舉，遂達此數。」[67]此外，連全國私立中等學校救濟委員會以及美國援華聯合會（United Service to China）也曾為藝芳女校購買圖書設備以利教學。[68]

63　〈浩園納涼費移作賑款〉，《大公報》（長沙），第7版，1924年7月11日。
64　〈本校去歲建築游泳池承諸君捐款，茲特將芳名列後，藉示謝忱〉，《藝芳》第2卷第4期（1935年5月），頁7-8；〈本校去歲建築游泳池承諸君捐款，茲特將芳名列後，藉示謝忱（續）〉，《藝芳》第2卷第6期（1935年6月），頁6。
65　〈省城各校現況調查記：藝芳女校〉，《大公報》（長沙），第7版，1922年3月2日。
66　〈曾寶蓀女士出洋考察教育〉，《申報》，第14版，1924年8月19日。
67　〈教育界的零段消息〉，《大公報》（長沙），第6版，1925年2月12日。
68　〈全國私立中等學校救濟委員會執行董事方同源給曾寶蓀的信〉（1946年6月14日），湖南省檔案館館藏檔案：59-7-1299，頁53。

表4-4　1917-1925年藝芳女校西人捐款一覽表[69]

年份	捐款金額		
	英鎊	先令	便士
1917	29	7	——
1918	52	2	——
1919	11	——	——
1920	250	——	——
1921	502	7	6
1922	43	19	
1923	20	12	
1924	18	——	6
1925	179	8	4

　　在藝芳女校建校三十周年的時候，宋美齡轉贈美國友人所捐美金四十元，蕭挹清捐穀十石作為品行獎，張純士捐圖書中華文庫全套。藝芳女校用南京校友贈金建築戲臺一座，用在校同學的禮金建茅亭一座。原計劃用在長沙校友的禮金修建八方亭一座，但因為時間比較倉促，外加款項有限，入不敷出，於是決定暫時不予修建，而改為將所收的款項用於購買實物，等待將來存款足夠的時候再行興工。藝芳女校中學部教員捐新書十冊，張慧雅校友從美國寄贈物理天秤一架，袁鶴皋、張香亭等四人共捐款光洋三十五元，金圓二二〇元。[70]甚至在

69　List of Donors, 1917-1925, 英國倫敦大學聖瑪麗書院館藏檔案：Circulars relating to I Fang Girls' Collegiate School,WFD/15/3/2. 筆者根據上述資料之相關資料整理而得，另外，需要作出說明的是，為準確表現當時西人捐款的具體金額，資料是採用英國舊貨幣制度（1英鎊=20先令=240便士）進行換算。

70　《藝芳》（三十周年紀念特刊）（1948年9月20日），頁32-34。

一九四九年，藝芳女校還有發文公開募捐：「三十年來之慘澹經營，幾經戰亂浩劫，亦倍嘗艱辛，此次光復以來，復員需要仍急，倘荷對教育有興趣人士，賜以捐助，藝芳莫不歡迎感德。」[71]

藝芳女校創辦初期，每年支出經費大約在萬元左右，學生繳納費用僅占一半。所欠資金，主要依靠社會捐助和已有存款所購買外國公司股票收入，每年股票收入可達數千元，基本可以滿足全年需求，仍不足者才由私人籌措。學校還設有財產委員會，「商界有經驗者亦得參入，但不負籌款之責。」[72]尤為重要的是，曾寶蓀等人還把基本金寄存英國，由特組委員會保管年息，作為固定收入來源，以維持藝芳女校財務的穩定。

儘管曾寶蓀常募得鉅資，但也有失敗的時候。曾寶蓀曾向一度擔任過北洋政府教育總長，時任中華教育文化基金委員會董事長的范源廉[73]募集校款，試圖以此項資金移作創建圖書館之用，庋置圖書，以便學生閱讀、自習。時不湊巧，中華教育文化基金委員會正擬在北京和教育部合租圖書館，已經耗費鉅資，無力援助藝芳女校，曾寶蓀最終未能如願。[74]此外，三次被毀過程中，藝芳女校的校園建築和實驗設備遭受重大損失。不過，曾寶蓀認為教育機構不是商業團體，故而不增加學費，導致學生所支付的學雜費尚不夠開支教師薪水，外加曾

---

71 〈藝芳女中三十年校慶〉，《會訊》第3卷第3期（1949年3月），頁3。

72 〈一日一校：藝芳女校〉，《大公報》（長沙），第6版，1925年4月2日。

73 范源廉（1876-1927），字靜生，湖南湘陰人。幼年家境貧寒，一八九八年，入時務學堂求學。戊戌變法失敗以後，范源廉留學日本。民國建立之後，范源廉任教育次長，後升任教育總長。一九一三年，辭職並轉任上海中華書局編輯部長。袁世凱死後，段祺瑞組閣，范源廉再任教育總長，並力促遠在法國的蔡元培回國出任北大校長。一九二二年，中華教育改進社選舉范源廉為董事長。一九二四年一月，擔任北京師範大學校長，九月，任中華教育文化基金會董事，並於次年六月成為幹事長。一九二七年七月，任北京圖書館館長，後於十二月二十三日病逝於天津。

74 范源廉：《范源廉集》（長沙市：湖南教育出版社，2010年），頁368-369。

寶蓀的個人收入大為減少，所有存款也消耗殆盡，致使恢復校務尤其困難。因此，當得知西田書院即將取消植物系的消息時，一九四八年四月五日，曾寶蓀去信倫敦大學西田書院，希望西田書院能將植物系的實驗設備，包括標本、器材、書籍、教具和通常的實驗內容都捐贈給藝芳女校。五月二十九日，西田書院院長回復曾寶蓀，告知因為尚有學生未畢業，遲至一九五〇年夏方能取消植物系，但會優先考慮贈予藝芳女校。一九四九年十月，大陸政權易手。十二月一日，滯留香港的曾寶蓀覆信西田書院，坦言自身已經離開長沙，藝芳女校校況與前途亦未可知。十二月六日，西田書院最終回信，認為由於共產黨已經接管長沙，故將植物系器材運送之長沙的計畫只能暫時中止。[75]最後，因為意識形態的衝突，海峽兩岸隔絕往來，此事也不了了之。

二　曾氏族產及家族成員之私產

傳教士及其所屬差會創辦的學校存在一條融資管道，即母會的財政撥款。藝芳女校因與差會斷絕經濟關係，故而並無差會的經濟資助。但是，曾國藩家族的族產卻為藝芳女校的經費穩定發揮了重要作用。

曾寶蓀姐弟作為曾氏家族的成員，利用先祖專祠創辦學校。曾氏家族後裔中也有多人的初高中生涯是在藝芳女校度過，甚至還有曾氏子弟任教於藝芳女校。因此，藝芳女校對於曾氏成員而言，可能是一種變異的「族學」。曾寶蓀等人在藝芳女校創辦之初，利用自身與曾國藩的血緣關係，外加政令的保護，遂由校董沈克剛等人，與淮商公所商議，在保證曾公祠內的正常祭祀歲修的前提下，將曾公祠祠產租

---

75 英國倫敦大學瑪麗女王學院館藏檔案：Correspondence of Pao Swen Tseng, WFD/15/3/5.

穀六百石的盈餘移作藝芳女校經費來源。[76]一九二二年五月，此事獲
得省政府的同意並呈報備案，並派請專員負責藝芳女校與淮商公所之
間的具體劃撥事宜。由此，曾公祠的租穀遂成為了藝芳女校的一筆重
要經費來源，尤其是在曾祠祭祀歲修之事愈加荒廢之後，此六百石租
穀幾乎全部化作藝芳女校的辦學之資。

在抗日戰爭時期，藝芳女校遭受日機轟炸，毀於戰火，全體師生
被迫與福湘女校在沅陵合作辦學。此時，有人覬覦藝芳女校校址，曾
約農特意寫信給時任湖南教育廳廳長朱經農，聲稱藝芳女校的經費「大
部分出自曾氏私人之捐助，及文正、惠敏、中憲三公之墓田。」[77]希
望朱經農代表教育廳予以保護。一九四九年八月，湖南省和平解放，
共產黨接管長沙，並對全省的公私立中學作了詳盡的調查，以便於其
執政後對於全省文教事業進行接管與改造。在關於藝芳女校的調查表
中，「校產」一欄明確標明：「全年租額六六〇石，除二十五減租外，
應收四九五石。」[78]而由於農會議減、二五減租、徵收糧柴草及運力
費、倉耗雜支、欠租租穀抵作退批權、修路廢田等因素的影響，最終
實際僅收到八十九點九石，占全年租額的百分之十三點六二。[79]

上海聶家對於藝芳女校的發展也頗為關注，長期捐助錢物給藝芳
女校。學校寢室大樓舜林堂，乃曾寶蓀姑祖母曾紀芬所助建。聶雲台
對藝芳女校多次捐款救濟藝芳女校師生，甚至在藝芳女校的鄰居船山
學社被封之後，與章士釗、曾熙等人向湖南省政府建言，申言藝芳女

---

76 〈藝芳女校常款有望〉，《大公報》（長沙），第7版，1924年2月28日。

77 〈曾約農呈遞朱經農之信件〉（1940年），湖南省檔案館館藏檔案：59-7-1291，頁
32。按：函中文正、惠敏、中憲三人分別是指曾國藩、曾紀澤和曾紀鴻。

78 〈湖南公私立中等學校概況表〉（1949年12月），湖南省檔案館館藏檔案：59-7-1291，
頁6。

79 〈私立藝芳女中民國卅八年度（一九四九年）校產田租收支一覽表〉，湖南省檔案
館館藏檔案：59-7-1304，頁86。

校之辦校成績和曾寶蓀與曾國藩及曾祠之關係，因而呼籲將曾祠全部地產劃撥藝芳女校。[80]而在藝芳女校建校三十周年之際，聶家捐款捐物尤巨，聶潞生捐贈恆豐紗廠股票四十五萬股。[81]

　　除此之外，俞大維等曾國藩後裔也為慶賀藝芳女校建校三十周年而捐助各類器材和設備。[82]而為紀念曾寶蓀之母陳安期，建築科技館基金，曾昭樺捐款金圓一千元，曾寶蓀捐款六百元，曾約農捐五百元，曾本則捐四百元，曾許靜卿捐一百二十元，蕭孝徽捐一百元，張筠卿六十元，共計二七八〇元。上述人員，絕大部分都是曾氏家族成員。

三　學生繳納之各項費用

　　按照藝芳女校的早期規定，學生每年費用為光洋五十五元，其中包括學費二十五元、膳費二十元、雜費十。[83]如果尚有多餘，即退還給學生，而中途退學者，僅退膳食費和雜費、學費不退。顯然，藝芳女校的學費並不便宜，但是它卻有一套財政監督機制。藝芳女校學生每兩個禮拜要核查學校伙食帳目一次，每學期核查學校財務帳一次。而且學校的社會資金掌握在學生手中，每學期召開一次全校審計大會。一九二八年以後，學校的預算改由學生選舉的審查委員會核查每個月的財務。[84]

80　〈章士釗等電請維持藝芳女校〉，《大公報》（長沙），第7版，1924年3月1日。

81　《藝芳》（三十周年紀念特刊），1948年9月20日，頁33。但另有一種說法是聶潞生所捐贈的恆豐紗廠股票四十五萬股，乃曾紀芬所捐，且股票是二十萬股。見《工作報告》（1950年），湖南省檔案館館藏檔案：59-7-1303，頁84。

82　《藝芳》（三十周年紀念特刊）（1948年9月20日），頁33。

83　曾寶蓀：《曾寶蓀回憶錄》（香港：基督教文藝出版社，1970年），頁110。

84　"An Experiment in Education: I Fang Girls Collegiate School where the Pupils Run the Business of the Institution", *The North-China Herald and Supreme Court & Consular Gazette*, July 1, 1930, p. 9.

在藝芳女校第三次復校之後，由於混亂的經濟狀況以及戰爭等因素的影響，導致法幣貶值、通貨膨脹。藝芳女校的財政十分緊張，只能過度依賴學生繳費。自一九四六年夏以來，物價飛漲。一九四七年第一學期，藝芳女校學生免收學費，僅支付薪穀、雜項等費共計穀六三八點一二五石，法幣一四二〇〇〇〇元，當時物價波動太大，無法估算，但按照稻穀實際為米照二比五折合，學生繳納的穀占總數的百分之七十七點八四，繳納的法幣占總數的百分之五十八點六四，總體而言，還是相對偏高的。但是，學校收支不敷法幣二三八五六三一〇元，穀一四四點三二五石。[85]一九四七年第二學期，藝芳女校共有學生一四六人，全校學生需要繳納稻穀一三六八點七五石，需要繳納法幣三六三七六六〇〇〇元，學生繳納的穀占總數的百分之九十點零五，繳納的法幣占總數的百分之六十八點七四。[86]與此同時，湖南省政府規定湘省公私立學校的征費標準是私立高級中學學費學費四十五元、初級中學學費四十五元，圖書、體育、衛生、實驗等費二百五十萬元；雜費二百萬元。此外，「私立中等學校每期每生徵收俸米高級為一市石四斗，初級為一市石……但革命抗戰功勳子女應予免徵上項俸米。」[87]

---

85 〈學校經費報費報告表（民國卅六學年度第一學期）〉，湖南省檔案館館藏檔案：59-7-1303，頁33。按：此表收入總計欄中法幣總額應為24283690元，而非94643690元。

86 〈學校經費報費報告表（民國卅六學年度第二學期）〉（填表日期卅七年四月），湖南省檔案館館藏檔案：59-7-1303，頁56。按：收入總計欄中稻穀應為1520石，而非730石；法幣總額應為529203000元，而非239166000元。

87 〈湖南公私立中等學校三十七年下學期征費標準〉，湖南省檔案館館藏檔案：22-4-449，頁79。

表4-5　《學校經費報費報告表》（填表日期卅七年四月）[88]

收入		支出		備考
總計	稻穀730市石 法幣239,166,000元	總計	稻穀1115.85市石 法幣709,800,000元	1、表內稻穀實際為米照2:5折合 2、產息系曾祠學產收入 3、捐助系本省谷米外運捐獻費 4、其他欄內稻穀系所收辦公米折合法幣收入教員生活補助費 5、支出欄內特別費系指建築費 6、其他以物價波動太大尚無法預算
公費	稻穀——市石 法幣251,000元	俸給費	米409.84 稻穀1024.6市石 法幣——元	
產息	稻穀60（約）市石 法幣48,000,000元	辦公費	稻穀91.25市石 法幣——元	
向學生徵收費用 學費	稻穀730市石 法幣239,166,000元	特別費	稻穀——市石 法幣560,000,000元	
向學生徵收費用 薪穀	米255.5 稻穀638.75市石	特殊門支出費 器具	$ 220,000,000	
向學生徵收費用 圖書體育費生實驗等費	$ 62,300,000	特殊門支出費 圖書	$ 64,000,000	
向學生徵收費用 雜項	$ 62,300,000	特殊門支出費 儀器	$ 20,000,000	
捐助	$ 80,686,000	特殊門支出費 服裝	$ 43,800,000	
其他	米36.5 稻穀91.25市石 法幣36,500,000元	其他	稻穀——市石 法幣——元	

　　一九四八年八月十九日，國民政府為抑制通貨膨脹，實行幣值改革，而以用金圓券代替法幣。藝芳女校學生共計一八五人，平均每位學生需要繳納金圓券五十一點二元。[89]一九四八年第一學期，藝芳

88　《湖南省檔案館館藏檔案》：59-7-1303，頁56。

89　〈學校經費報費報告表（民國卅七學年度第一學期）〉（填表日期卅七年十一月），
　　湖南省檔案館館藏檔案：59-7-1303，頁86。

女校全校總收入共計金圓券九四七二元，全部來自向學生徵收費用，主要名目包括學費、薪穀、圖書體育衛生實驗等費。該年藝芳女校產息秋天顆粒無收，公費、捐助等項也無進帳。[90]之所以如此，是因為一九四八年七月，湘省潦雨成災，十餘縣盡成澤國。八月末，又遭蟲災，綠苗成枯。九月初，湘江下游狂風大作，禾秈均被吹倒泥內。蟲災、水災、風災幾乎遍及全省，收成降低。[91]

總體而言，藝芳女校學生的學費對於一般家庭而言，仍是一筆鉅款。尤其在一九四六年第三次復校之後，曾寶蓀姐弟等人為重建藝芳女校耗費鉅資，社會捐助減少，由於內戰的影響，曾文正公祠也經常收不上地租，因而使得藝芳女校更加依賴於學生所繳納的費用。事實上，在曾寶蓀辦理藝芳女校的數十年間，藝芳女校的財務常年處於入不敷出的境況。

第四節　湘省解放前後的曾寶蓀與藝芳女校

國共政權易手之際，藝芳女校也與其他基督教學校一樣，為應對當時的社會情勢，確保自身能在動盪的社會環境裡繼續辦學，藝芳女校一方面調適自身的辦學方針與發展策略，包括課程設置、思想改造；一方面又或主動或被動地配合當時政府所主導的思想改造運動，即淡化基督教學校的宗教色彩，並使其轉變成為新民主主義社會的新式學校。

---

90 〈學校經費報費報告表（民國卅七學年度第一學期）〉（填表日期卅七年十一月），湖南省檔案館館藏檔案：59-7-1303，頁86。

91 湖南省檔案館編：〈目前湖南局勢的報告〉（1948年9月6日），《湖南和平解放接管建政史料》（長沙市：湖南人民出版社，2009年），頁5-6。

一　國共政權更迭下藝芳女校的應變與迎解

　　一九四九年初，北平和談破裂，中國人民解放軍決定發動渡江戰役。四月底，百萬雄獅度過長江，白崇禧與桂系退回西南，湖南成為了國共內戰的前沿陣地。由於國民黨在湖南地區的派系鬥爭複雜，黨團內鬥不斷，湘省主席程潛無力應對困局。此外，雖然北平和談已告破裂，但長沙的眾多士紳與革命元老都擁護和平，反對戰爭。各種政治勢力相互糾葛，程潛無奈之下只能提出「安定應變」的口號，希望全省人民對其「安定應變」的決策有絕對的信心和堅毅的決心，號召全省文武公教人員信賴其主張。程氏還聲稱：「只要全省文武公教人員正心誠意信賴我的主張，全省人民團結一致，信賴我的主張，人人心能安定，共向安定大道前進。」[92]大抵同時，蔣介石將陳明仁調往長沙，並對其寄予厚望。而陳明仁也聲言要把長沙變成第二個「四平街」。[93]

　　面對如此時局，曾寶蓀與藝芳女校首先需要考慮的就是如何應變。為此，一九四九年五月二十日，曾寶蓀、曾約農等十四人在校長會客室召開應變委員會籌備會議，除了藝芳女校校務委員會推定委員七人外，還增加蕭瑤君（一九三〇年代藝芳校友）為應變委員會委員，公推曾憲楷為應變委員會主任委員。而關於應變委員會學生代表的問題，決議除學友會會長為當然委員外，由學生公推四人，共計五人，分別是陳豐芸、張肖英、洪特、曾憲源、謝瓊。考慮到不久之後

92　〈程兼主席昨在月會中闡述應變決策從安定中求進步，平實地去爭取和平〉，《湖南日報》，第3版，1949年2月15日。

93　彭哲夫：〈解放前夕一次護校迎解會議側記〉，中國人民政治協商會議長沙市北區文史資料研究委員會編：《長沙市北區文史資料》（第六輯）（長沙市：長沙瀟湘印刷廠，1992年），頁63。

即是暑假，因此決定應變委員會委員和專職教員留校，由校方提供膳宿，與自願留校的學生（伙食自備），一併參加學校應變工作。至於經費來源，方法有二：一是全部挪用本學期的剩餘經費，二是辦理暑期學校，收取學費，用於應變。對於如何護校，決議有三：一為「如辦理中學困難，自動改辦完全小學或民眾學校」；二為「為保全學校生命自動節衣縮食」；三為「萬一環境艱窘，同人精神肉體不能忍受時，得自願退讓」。至於如何防止地痞乘機打劫，則決議「與當地保甲及附近學校取得察切聯繫。」如果省會進入戰時狀態強迫疏散時，全校授權應變委員會採取適當措施應付。甚至要求與當地保甲和鄰近學校取得聯繫，防止地痞流氓乘機搶劫。[94]

籌備會第二天，即五月二十一日，應變委員會立即召開第一次會議，大會決定將應變委員會分為六組，每組各有正副組長一人，組下必要時分隊並設隊長。消防組組長蕭瑤君，副組長李群輝和曾憲同。救護組組長左景馨，副組長翁業浩、張肖英、張筠卿、陳豐芸。糾察組組長張純士，副組長曾憲璋、謝瓊。聯絡組組長李琬，副組長洪特、曾憲源。保衛組組長譚蔚，副組長林履福。營養組組長陳豐芸。經過共同商討圈定，最終任務分配如下：（1）消防組分四隊，第一隊隊長曾憲源，隊員李群輝等二十二人。第二隊隊長謝瓊，隊員李慧芳等二十五人。第三隊隊長廖世英，隊員翁業浩等二十四人。第四隊隊長洪特，隊員劉媛貞等二十四人。（2）救護組：分兩隊。第一隊隊長魯畹君，隊員羅惜秒等三人，擔架員為劉曙初、余宗友。第二隊隊長文運芸，隊員陶慧、陳景仁，擔架員劉明德、劉健全。（3）糾察組，確定固定崗位。二門、校長室左右、石橋壋、洋樓、後門、音樂室前各設兩人負責。另外，設有巡邏隊，隊長是童恩預，隊員五人。（4）

---

94 〈本校應變委員會籌備會議〉（1949年5月20日），湖南省檔案館館藏檔案：59-7-1304，頁55-56。

聯絡組，組員李群輝等四人。（5）保衛組，組員乃全校師生工友。
（6）營養組。隊員有何慧娟等六人。[95]

　　恰逢此時，尼赫魯邀請各國代表前往印度召開世界和平大會，曾
寶蓀與曾約農都在邀請之列。曾寶蓀因準備參加會議的手續，未能參
加以後的諸次應變委員會的會議。曾約農因也在應邀之列，所以僅參
加了第二次會議。自第三次會議起，曾氏姐弟不再列席。此時的國民
政府早已遷往廣州，為辦理護照，曾寶蓀在一九四九年六月三十日藝
芳女校高中畢業典禮結束之後離開長沙，校務委託給曾憲楷、左景
馨、李琬、張純士、張筠卿五人。[96]

　　此後，應變委員會大會主席改為曾憲楷擔任。應變委員會除了請
醫生對救護組講習簡單救傷法之外，還將保衛組十五名成員分為巡
邏、崗位兩隊，固定崗位，每晚站崗。至於演習，則由劉曙初負責，
統一武器，來校即可開始，辦法不定，隨機應變。聯絡組則主要負責
籌措應變會經費。大會還通過了一系列議案：《應如何加強門禁案》、
《為加強團結保證生活訓練同人生產技術應否成立「藝芳附設勞作互
助社」案》、《藝芳附設勞作互助社應如何組織案》、《工（引者注：應
為「勞」）作互助社應否加入工會案》、《本校師生工友留校與否，本
會採取何種態度案》、《應變時期學校紀律應如何維持案》、《校外有警
本校應如何應付案》、《停電時路燈應否固定案》和《應變工作時間應
如何規定案》等。對於此後的任務，大會決定：「消防及糾察各組多
多演習，每寢室得分配手電筒一枝，如晚上有警時，請先生分區負責
指導學生應付。保衛組派人晚上站崗及六人持手電筒巡邏校內。」此
外，由於藝芳女校人力有限，所以決定不負責校外的保衛責任，並商

95　〈本校應變委員會第一次會議〉（1949年5月21日），湖南省檔案館館藏檔案：59-7-
　　1304，頁56-59。

96　曾寶蓀：《曾寶蓀回憶錄》（香港：基督教文藝出版社，1970年），頁178。

請地方負責。為了更好的應對時局，藝芳女校甚至還縮編了課表，下午改為教授應變方面的實際課程，由上該時間課的教員指導。[97]

一九四九年五月三十一日，中國人民解放軍湖南調查組發表《中國人民解放軍湖南調查組告各階層人民書》，文中聲稱：「大家積極的迅速地踴躍參加，推動和掌握『護產自救』一類組織使它變得更加堅強有力，真正成為保護人民的生命財產的有力武器。」[98]六月三日，應變委員會第三次會議在校長會客室內正式召開，大會主席是曾憲楷，會議記錄則是洪特。大會討論及議決事情如下：同意大會委員兼書記兼糾察組副組長謝瓊辭職，並推洪特代理書記，何慧娟代理糾察組副組長，李群輝代理委員；推陳豐芸為大會會計；木柵費由學校籌捐，梭鏢費由應變委員會支出；成立校產調查委員會，推定唐士嫻、蕭瑤君、文運是、周楊生、洪特等五人擔任委員；對於大會自衛隊守夜的優待方案，則決定由大會撥銀元十二元。捐贈基督教團體聯合自救會之米五石，由全校師生捐募，不足由學校不足，盈餘由應變會保管。[99]由此可見，在整個風雲激變、護產自救的時代風潮裡，藝芳女校關於如何應變，尤其是如何維護校產方面，確實因應了時代的要求。

但是，隨後不久，暑假來臨，更為實際的問題產生了，即由曾約農為應變委員會所籌集的三百元，原本是打算用以支付應變委員會委員暑期伙食費，卻在鄉下被劫，此筆經費毫無著落。[100]六月二十四

97　〈本校應變委員會第二次會議〉（1949年5月28日），湖南省檔案館館藏檔案：59-7-1304，頁59-61。

98　湖南省檔案館編：〈中國人民解放軍湖南調查組告各階層人民書〉（1949年5月31日），《湖南和平解放接管建政史料》（長沙市：湖南人民出版社，2009年），頁147。

99　〈本校應變委員會第三次會議〉（1949年6月3日），湖南省檔案館館藏檔案：59-7-1304，頁61-62。

100　〈本校應變委員會第五次會議〉（1949年6月17日），湖南省檔案館館藏檔案：59-7-1304，頁64。

日，應變委員會第六次大會如期召開，大會主席特意報告了三件大事：第一，鄉下穀米被劫，應變會委員伙食費無法籌措。第二，同學留校者規約照訓育部規定。第三，校友留校照約納費。此外，就如何解決應變委員會伙食之經費問題，應變委員會決定：「教員伙食自備，工友伙食由學校借出，同學下次議決。」另外，對於暑假期間住校的校友，應變委員會制定了共守公約，內容如下：「（1）經應變會通過允許校友暑假期間得來校住宿。（2）住宿房間由應變會通過指令。（3）床桌椅面架規定各一件，由學校借用廿餘，提桶、腳盆各人自備。（4）不得攜帶男女工及小孩。（5）不能任意各立爐灶煮食，伙食規定由大廚房，但兩個月費用須於入校時一次交齊，否則恕不開飯。（6）規定時間熄燈，恕不無故延長。熄燈後，請勿談笑歌唱。（8）規定時間鎖門，過時恕不開鎖。（9）校中工友規定時間工作，非經事務部同意，請勿任意差遣外出。（10）不得留客飯宿。（11）會客須入客所坐談。（12）不得攜帶違禁物品入校。（13）學校地方廣大，請各注意公共衛生及清潔。（14）學校公物非經應變會通過許可，不能借用。（15）損壞學校公物，照時價賠償。（16）貴重物品請勿攜帶入校，如有遺失，恕不負責。（17）學校如遇有大小困難之時，各校友負責公同保護及協助之責任。（18）點燈雜費另付，同友每人暫交五元，多退少補。（19）住宿時間至八月底為止。[101]六月三十一日，在第七次大會上，應變委員會決定將舜林堂改為校友宿舍，並成立暑期初中預備班，每人收費四元。」[102]

　　隨著中國共產黨與程潛、陳明仁的不斷接觸與談判，至一九四九

101　〈本校應變委員會第六次會議〉（1949年6月24日），湖南省檔案館館藏檔案：59-7-1304，頁64-66。

102　〈本校應變委員會第七次會議〉（1949年7月1日），湖南省檔案館館藏檔案：59-7-1304，頁66。

年七月底，和平解放長沙已成板上釘釘之事。因此，湖南共產黨機關
在召開「八一」會議時，特意指出：「我們號召各級黨放手大膽、勇
敢堅決、迅速動員廣大群眾，組織黨內外力量，維持秩序，展開擁和
迎解宣傳，準備協助接管，支援前線。」[103]八月三日，長沙市各界迎
解組織號召：「發動參加各單位及各界同胞歡迎慰勞解放軍。宣傳解
釋中共政策，號召市民擁護中共領導，服從人民政府法令……幫助各
界人民學習中共政策，學習人民政府法令。」[104]

　　一九四九年八月四日，湘省主席程潛和第一兵團司令陳明仁在長
沙通電起義，他們還分別發表了《告湖南民眾書》、《告將士書》、《告
全省各級官員暨所屬軍師官兵及全省人民》並宣布：

　　　　自即日起脫離廣州國民政府，驅逐白崇禧，絕對擁護和平，參
　　　　加解放大業；要求各級官員各安崗位，勿自驚擾；號召全省各
　　　　革命階級一致聯合起來，建立真正人民的民主政府，把湖南的
　　　　和平引向西南和西北，促使全國迅速實現和平，永遠根絕內
　　　　戰，建立一個統一、民主、富強、康樂的新中國。[105]

　　八月五日，長沙和平解放。當晚，中國人民解放軍一三八師在小
吳門舉行入城儀式，分三路進入長沙市區。[106]而一三八師入城儀式的

103 湖南省檔案館編：〈「八一」決議——目前形勢與中心工作〉（1949年8月1日），《湖
　　南和平解放接管建政史料》（長沙市：湖南人民出版社，2009年），頁265。

104 湖南省檔案館編：〈長沙市各界迎接解放聯合籌備會組織及其工作大綱〉（1949年8
　　月3日），《湖南和平解放接管建政史料》（長沙市：湖南人民出版社，2009年），頁
　　276-277。

105 王中傑主編：《湖南人民革命史（新民主主義革命時期）》（長沙市：湖南人民出版
　　社，1991年），頁681。

106 王中傑主編：《湖南人民革命史（新民主主義革命時期）》（長沙市：湖南人民出版
　　社，1991年），頁682。

舉辦地點正好在藝芳女校附近。在解放軍入城之時,藝芳女校也參加
了迎解運動,甚至後來設置助學金的標準就是「暑期住校服務熱心,
迎解有功。」[107]八月七日,長沙市各界迎解解放聯合籌備會「號召各
機關、各團體以及各界同胞,熱烈開展勞軍運動。」[108]藝芳女校又積
極向新政權靠攏,為回應此號召。八月十一日,應變委員會召開第九
次大會,大會決議勞軍品規定為罐頭、魚和豬。而購買豬的費用由應
變委員會和學友會平均負擔,學友會負擔的費用暫由學校代為籌措,
開學後再向學生追認。[109]在國共政權更迭的時代背景下,不少基督教
團體和基督徒個人並未對新政權表現出強烈地敵視或抗拒,更多的是
表現出一種迎合的態度。因而,在某種程度上而言,絕大多數基督教
教派及其領袖都採取了某些適應新中國政策的舉措。[110]

二 對曾寶蓀及藝芳女校的批判

在藝芳女校迎解之後不久,新政府便開始對藝芳女校和曾寶蓀開
展了一項運動,即對藝芳女校性質的重新認識和對曾寶蓀的批判運
動。在《藝芳問題》這份內部文件中,開篇即稱:

> 人們對藝芳這個學校的廬山真面目太不熟悉了,三十餘年來,

---

107 〈湖南公私立中等學校調查報告表〉(一)(1949年12月),湖南省檔案館館藏檔
案:59-7-1291,頁6。

108 湖南省檔案館編:〈長沙市各界迎接解放聯合籌備會致各機關、團體及各界同胞的
信〉(1949年8月7日),《湖南和平解放接管建政史料》(長沙市:湖南人民出版
社,2009年),頁322。

109 〈本校應變委員會第九次會議〉(1949年8月11日),湖南省檔案館館藏檔案:59-7-
1304,頁67。

110 G.Thompson Brown, *Christianity in the People's Republic of China*, Atant: Georgia,
John Knox Press, 1983, p.79.

它的主宰把它披上了一件「與政治無關」的外衣，打著「中國人自己辦的教會學校」的幌子，進行其所謂「辦學活動」。事實上，它是完全接受英國「藝芳委員會」的指使，向聯合國情報部報告中國情況，並協助洋人調查中國人文水土，同時，它與國民黨反動派特別是直接與蔣匪「夫婦」有著不同一般的主僕關係，這能說明是與政治無關、與帝國主義無關嗎？他們集中地把中國封建的倫理道德「賢妻良母」「佐夫相子」教育與那「使每個孩子生命變為基督」的基督精神注入藝芳「每個孩子的生命」。[111]

由此可以發現，這段話列出了藝芳女校的四宗罪：一、與英帝國主義的密切關係（留學英國）。二、與國民黨反動派，尤其是與蔣介石夫婦的關係（與蔣介石夫婦的私人交誼）。三、與中國封建倫理道德的關係（出生於曾國藩家族）。四、與基督教的關係（曾寶蓀乃近代著名基督徒）。當然，不能否認的是，其第二、四宗罪確實是藝芳女校存在的事實，即曾寶蓀姐弟與蔣介石夫婦私交甚篤，而藝芳女校作為基督教學校也確實使不少非基督徒學生最終成為了基督徒。但是，其第一宗罪的緣由，不過是因為曾寶蓀與英國關係甚密。第三宗罪的主要緣由在於，藝芳女校注重對孔孟之學的教授，因為曾寶蓀主張：「西方科學教育與中國傳統文化道德教育並重。」[112]

不過，在此需要指出的是，此種對藝芳女校革命論斷式的話語已經不是第一次出現。早在北伐運動時期，國共兩黨（主要是共產黨人）控制湘省時，社會日益左傾，全省地區的反基督教運動風起雲湧。原

---

111 〈藝芳問題〉，湖南省檔案館館藏檔案：22-4-556，頁1。

112 吳為廉：〈傑出的女教育家曾寶蓀〉，湖南省文史館組編：《湖湘文史叢談》（第二集）（長沙市：湖南人民出版社，2008年），頁187。

本在湘的教會大學悉數停辦，長沙雅禮大學、岳陽湖濱書院大學部紛紛搬至武昌與華中大學合併，益陽信義大學也無力復校。而教會中學或停辦，或改為由數個差會聯合辦學，或借助地方士紳之力繼續辦學，或改為小學。大革命期間，共有十四所教會中學被迫停辦。[113]不僅藝芳女校被迫關閉，連曾寶蓀也被貼上了「洋奴」、「反革命」的標籤。謝覺哉主持的《湖南民報》中設有「短棍」欄目，多次對曾寶蓀和藝芳女校口誅筆伐。因此，一九五○年代初期，曾寶蓀的這種身分不過是對北伐時期的歷史重演。

其次，文件又對所謂的「藝芳精神」作出了新的解讀：

> 藝芳是帝國主義辦的學校，它也毫無例外是為帝國主義服務的，英帝國主義開辦藝芳女中的目的其意圖是要以其所謂「基督精神」「注入每一個中國女孩子的生命，使每個女孩子的生命變為基督」，然後再注入法西斯毒液，並與封建的倫理道德結合起來，這樣，就完完整整地使受教育者成為一個十足的為帝國主義服務的忠實奴才了……帝國主義在中國開辦學校是假借名義來麻痺中國人民的意志，企圖使中國人民永遠屈服於帝國主義的鞭策下子子孫孫做奴隸。[114]

顯然，此種定位與此前曾寶蓀及藝芳師生所標榜的藝芳精神相距甚遠，曾寶蓀等人以基督準則服務社會作為藝芳精神，卻在無意之中與帝國主義發生了難以言說的關係。

再次，則是對曾寶蓀個人的批判，主要側重於其「洋奴」與「走

113　湖南省地方誌編纂委員會編：《湖南宗教志》（長沙市：湖南人民出版社，2012年），頁461-463。

114　〈藝芳問題〉，湖南省檔案館館藏檔案：22-4-556，頁2。

狗」的身分。不過，曾寶蓀「洋奴」與「走狗」身分的再現，是一種
不在場的身分塑造。因為此時的曾寶蓀已經不在長沙，而是前往印度
出席世界和平大會，之後又滯留在香港、臺灣等地。此外，此時曾寶
蓀的身分置換也是對北伐時期曾氏身分的複製，即在非基和反帝運動
的高潮階段，曾寶蓀及藝芳女校在整個革命洪流之中，難以獨善其
身。文件批評曾寶蓀在《藝芳》上發表之《我對本校的期望》一文
「可以看出曾寶蓀是如何在體現著帝國主義在中國的辦學方針的」：
曾寶蓀在文中寫道：「萬萬年以來，生物進化都以弱肉強食為演進的
公式，為了保存一己的生命與享受，以及繁衍一己之後裔。」這樣就
勢必犧牲別人，斬絕別人的後裔，而受損害者就「不能不歸之於天命
了」。而曾寶蓀就是把這種學說來解釋社會的，同時她還公開地鼓吹
帝國主義的侵略政策，認為日本帝國主義要侵略中國就是因為日本地
小人多，這樣就勢必造成罪過。對待這種罪過又應該怎樣呢？在這
裡，曾寶蓀就搬出其所謂「基督精神」作為安慰自己祖國被壓迫民族
的麻醉劑。此外，文件指出曾寶蓀所認為的「我們對人們的過失應該
同情瞭解，因為人人都有獸性，對自己的過失應該痛加改革，因為人
人都有天道。天道就是要有耶穌捨身作罪人的贖價」的自我犧牲精
神，就是「應享之權而不享」，「應得之利而不得」。而這究竟是為誰
犧牲為誰服務呢？「這就是非常明顯地看出了一種思想完全是一種十
足的買辦奴才思想教育，也就完全說明了帝國主義在中國開辦學校是
假借名義來麻痺中國人民的意志，企圖使中國人民永遠屈服於帝國主
義的鞭策下子子孫孫做奴隸。」[115]而且，這種做法與「孔子的艱苦真
誠的苦行教育，曾國藩的奴才哲學『打落牙齒和血吞』，都是完全一

---

115 〈藝芳問題〉，湖南省檔案館館藏檔案：22-4-556，頁2。按：關於該文，參見浩
    如：《本校之期望》，《藝芳》（三十週年紀念特刊）（1948年9月20日），頁1-3。

致的。」[116]因為，只有這樣，他們才能獲得帝國主義的歡心。而曾寶蓀「就很巧妙的把這些污毒，一把總合起來，這正是帝國主義所歡迎的，也是蔣家王朝所歡迎的。」[117]

此外，文件還批判了曾寶蓀的辦學動機及其活動：曾寶蓀的辦學動機始於其在英國留學之時，其後回國創辦藝芳女校的同時，已由外人干涉的特徵：

> 英國教會威漢夫婦就要中國教會指定了曾寶蓀作校長，巴洋人為董事長，在倫敦並成立「藝芳委員會」直接領導這個學校，而藝芳的經濟來源主要依靠大漢奸曾國藩的所謂「祠產」和基督教會基金，也就是說剝削廣大農民的血汗錢來支持這個學校，她的特點就是不與任何其他教會團體或系聯合，而是一個在英國的藝芳委員會控制的「基督教教育重點的實驗學校」。其目的就是為英國帝國主義造就奴才，這就是帝國主義與曾寶蓀本人開辦藝芳的動機。儘管曾寶蓀如何否認藝芳不是教會學校，如何強調他是為紀念「藝芳老人」而興學，在這些鐵的事實面前，是不容辯駁的。[118]

因此，藝芳女校一方面「有帝國主義在華特權的支持」，另一方面「迎合了蔣介石反動頭子對大漢奸曾國藩的崇拜心理，而受到國民黨反動派的寵幸」。故而，在其創辦的三十多年裡，不管其在湖南如何獨樹一幟，「不同於其他學校，六年一貫制也好，甚至可以不到偽國民政府備案也好，國民黨反動派不但不加阻擾，而且還積極予以撐

116　〈藝芳問題〉，湖南省檔案館館藏檔案：22-4-556，頁2-3。
117　〈藝芳問題〉，湖南省檔案館館藏檔案：22-4-556，頁3。
118　〈藝芳問題〉，湖南省檔案館館藏檔案：22-4-556，頁3。

腰。」[119]事實上，藝芳女校的社會捐款、西人教師主要來自英國，為方便募集資金、遴選教師，在英國成立了一個英方委員會（早期的委員會主席為V. F. Storr）主持此事。一九二一年後，藝芳女校逐漸進入正軌，曾寶蓀姐弟遂在長沙亦成立中方委員會，成員有曾寶蓀、曾約農、巴路義、英國駐長沙理事蘭斯洛特・吉爾（Lancelot Gile）、循道會任修本牧師、上海總商會會長聶雲台。[120]

　　最後，文件從五個方面總結了曾寶蓀是如何貫徹帝國主義辦學方針的：（1）實施六年一貫制，貫徹奴化教育。藝芳女校實行的六年一貫制，與新政府的新學制並不相容。因為它的課程進度與外校並不一致，因此，學生進入藝芳之後無法轉學。此外，它是按照天才來定課程進度的，天才生可以六年畢業，而普通生卻要七年，這樣做的目的就在於要使學生在藝芳接受六年或七年的奴化教育。（2）通過各種課程及各種活動，宣傳買辦的封建的法西斯主義的思想。此種法西斯思想不僅僅在課程設置中，還體現在曾寶蓀常宣傳英帝國主義的教育以及延請許多洋博士反蘇反共專家的演講之中。（3）英國式的假民主封建家長式的統治作風。曾寶蓀管理學生的辦法就是披著民主的外衣，實施封建王朝的統治。她的慣用手段有二：一是開辯論會，二是頒布《藝芳大憲法》。（4）提倡「國際合作」，實際上就是走帝國主義的國際路線。此條罪狀主要體現在日本遭受地震災害時捐款給日本[121]，以及邀請反蘇反共專家演講。（5）提倡獨身主義，為大英帝國「斬絕後

---

119 〈藝芳問題〉，湖南省檔案館館藏檔案：22-4-556，頁3-4。

120 Pao Swen Tseng, "I-Fang Girls' Collegiate School, Changsha, Hunan, China, August, 1921", 英國倫敦大學瑪麗女王學院館藏檔案：Circulars relating to I Fang Girls' Collegiate School, WFD/15/3/2.

121 此條指控的來源，主要是一九二三年日本關東大地震之後，藝芳女校師生將遊藝會所籌措之剩餘一百餘元，轉交華洋籌賑會，救濟日本地震之災民以及中國在日之僑民。參見〈藝芳女校捐助日災〉，《大公報》（長沙），第7版，1923年10月22日。

裔」「不顧一己」的效忠。文件指出，曾寶蓀鼓勵學生不結婚的目的就是要使得這些被奴化了六年，並按照英帝國主義意圖造就的人才，能夠終身為帝國主義文化侵略服務，要學生不顧一切學習斬絕後嗣的精神死心塌地為帝國主義服務。[122]

三 新政府對藝芳女校的改造與接管

尚在中國共產黨接管長沙之前，長沙市軍管會就決定：「對私營中學，除令取消黨義、公民課程，禁止採取反動歷史課本外，其餘暫時不取干涉，待瞭解情況並在學生中取得陣地後，再由教育所去處理其人事問題。」[123]一九四九年十月十八日，《湖南日報》刊載了時任湖南省政府主席的王首道在長沙各界代表會議上的報告，對於私立學校，王首道保證：「私立學校則保持原來狀態。在學校中採取的是緩慢改進的辦法，反動的訓道制度及反動的公民歷史等課程，則予取消，其他課程保持不變，增加新的政治課程。」[124]事實上，在一九五〇年，時任湖南省政府副省長且主抓文教事業的程星齡，曾致信曾寶蓀，希望其返回湘省繼續辦學，但由於意識形態的衝突與差異，滯留香港的曾寶蓀始終不願再回大陸，且對新民主主義政府主管下的藝芳女校頗有微詞，認為新政府對藝芳女校的改造與接管，使得其喪失了自由、棄絕了上帝，灌輸了馬列主義而非真理與靈魂。[125]

---

122 〈藝芳問題〉，湖南省檔案館館藏檔案：22-4-556，頁4-6。

123 湖南省檔案館編：〈長沙市軍管會關於進入長沙的接管工作政策及其應注意事項〉（1949年6月16日），《湖南和平解放接管建政史料》（長沙市：湖南人民出版社，2009年），頁147。

124 〈長沙和平接管工作基本總結與建設新長沙的方針——王首道在長沙各界代表會議上的報告〉，《湖南日報》，第1版，1949年10月18日。

125 英國倫敦大學瑪麗女王學院館藏檔案：Correspondence of Pao Swen Tsengl, WFD/15/3/5.

在接管之初，大體採取「維持現狀，逐步改造」的方針，大多數學校還是保留原有基礎，逐步進行合理整理與改造，對學校施行民主管理制度，取消訓育和童軍管理制度，加強對教職員的思想改造。同時，藝芳女校的基督教活動也並未完全停止。宗教教育同工團契是一個全國性的組織，一九五○年的團契主席是金陵神學院蔣翼振教授，幹事為繆秋笙、郭愛理、吳力和何慈洪。團契契友共有四項責任：（1）彼此代禱：願神賜智慧、膽量、能力，給每個契友；（2）分享經驗：交換個人的事工成效與困難；（3）推行分會：在各地集合同工契友組織分會；（4）舉行宗教教師節，或宗教教育同工團契日。而在此時的藝芳女校，竟然也有李琬加入了宗教教育同工團契，編號為1556（此登記號碼是便於各位契友查詢）。[126]

此外，需要精簡公民課，減少英語課程，增加政治常識等科目，調整各科目的教學比重。[127]藝芳女校不只是精簡了英文課程，「數學理化也放棄了本位主義……同時糾正了重理輕文的偏向，政常文史初步取得了配合作用。」[128]不惟如此，藝芳女校原有反動派書籍均被封存，重新選用教材，政治常識方面，高中取《青年修養》和《政治經濟學》，而初中則取《青年修養》和《人民政協文獻》；歷史方面，高中使用的是范文瀾所著《中國通史簡編》，而初中採用《初中近代史》和《近百年史講話》等。教職員需要「閱讀新書，互相研討，糾正思想，改正教學方法。」[129]因為按照階級成分劃分，藝芳女校教職員幾乎全是職員成分，而並非根正苗紅的無產階級。相反，藝芳女校

---

126 〈契友通訊錄〉（1950年），華中師範大學檔案館館藏檔案：LS11-262，頁52。

127 〈湖南省人民政府一年來工作總結與今後工作任務──王首道主席在湖南省首屆各界人民代表會議上的報告〉，《湖南日報》，第1版，1950年11月15日。

128 〈工作報告〉（1950年），湖南省檔案館館藏檔案：59-7-1304，頁91。

129 〈湖南公私立中等學校調查報告表〉（一）（1949年12月），湖南省檔案館館藏檔案：59-7-1291，頁6-7。

學生的出身則顯得複雜得多，除貧雇農外，其他成分皆有，其中以工商業者和職員出身最多。

表4-6 　《藝芳女校師生成分》[130]

	工人	地主	富農	中農	貧雇農	工商業者	職員	其他
教師	0	0	0	0	0	0	20	3
學生	3	4	9	2	0	76	80	40

　　長沙和平解放後不久，藝芳女校也成立了校管會，委員包括校長曾寶蓀（曾憲楷代）、教導主任李琬、總務主任張純士、附小主事張筠卿、教員代表童恩湛和蕭瑤君、學生代表熊大和與許俊黃、工友代表周楊生。[131]此校管會充分顯示出新政權下教育機構管理階層來源的廣泛性。此外，藝芳女校還向工農開門，設立助學金；改革教學內容，使其適合工農的需要；舉辦民眾學校；與小學合辦婦女成人班，而其學生都來自工廠；附設縫紉社，聘請技師教貧寒婦女學習縫紉。而在生活方面，藝芳女校也逐漸克服了自由散漫的風氣，建立了批評制度，能夠實行政府的政策，響應市青委、學聯、教聯的號召，參加學生課外活動與文娛活動。[132]

　　藝芳女校的保審委員會對於被審物件是否保送的標準大抵為以下幾種：政治面貌（是否團員，被保送者大多是團員）、政治認識或覺悟（評語中常見「低」和「高」等字眼）、成績、年齡（幾乎有五分之二的學生由於年齡不足，不予保送）、工作態度（是否積極工作）、

---

130 《湖南公私立中等學校調查報告表》（一）（1949年12月），湖南省檔案館館藏檔案：59-7-1291，頁7。

131 〈湖南公私立中等學校調查報告表〉（二）（1949年12月），湖南省檔案館館藏檔案：59-7-1291，頁7。

132 〈工作報告〉（1950年），湖南省檔案館館藏檔案：59-7-1304，頁91-92。

立志是否堅定、家庭成分或家庭出身。[133]在整個初審會議中，除年齡和成績外，大部分參照標準都帶有極強的政治味道。尤為重要的是，共產黨在藝芳女校發展了一批團員，基本控制了學生的活動，成為新政權接管藝芳女校的重要參照標準和支撐。無獨有偶，一九五〇年初，中國共產黨及共青團也在蘇州慧靈女中建立了基層組織，而該校原有行政機關很快就失去了自主決議的權力。[134]同樣，貝德士（M. Searle Bates）也認為：「中學是基督教服務和影響的重要領域。但在共產黨接管以後，這些學校很快就陷入了經濟與管理的困境之中。」[135]

但是，也不能忽略的是，藝芳師生存在對政治運動的消極和不合作的態度。《藝芳問題》這份文件也指出藝芳精神「培養」與「教育」出來的學生，是「十足的為帝國主義服務的奴才」。解放之後，曾寶蓀的「反動的教育思想」不僅沒有被打垮，反而「像幽靈一樣的侵蝕每一個老師和青年同學的心。」[136]之所以會出現如此局面，是因為許多藝芳女校的同學都不開展政治活動，而且還沉浸在「崇拜帝國主義思想」、崇拜「曾國藩的幻夢」之中。由於曾寶蓀的影響，不少藝芳學生因為不瞭解共產黨、懼怕共產黨甚至試圖自殺。此外，有三個畢業生「不願為人民服務」，離開大陸前往香港去了，此舉顯然是「去為帝國主義服務去了」。還有兩個同學由於羨慕「帝國主義的生活方式」，追求享樂，已經墮落成為舞女。

其次，有幾位當時正在接受政治學習與思想改造的藝芳教員，曾

---

133 〈保送委員會初審會議〉，湖南省檔案館館藏檔案：59-7-1304，頁70-76。

134 Li Li, *Mission in Suzhou: Sophie Lanneau and Wei Ling Girls Academy, 1907-1950,* Ph.D, The University of North CaroLina At Chapel Hill, 1997, p.217.

135 M. Searle Bates, "The Protestant Enterprise in China,1937-1949", Wilber C. Harr (ed.), *Frontiers of The Christian World Mission Since 1938: Essays in Honor of Kenneth Scott Latourette*, New York and London: Harper & Brothers Publishers, 1962, p.16.

136 〈藝芳問題〉，湖南省檔案館館藏檔案：22-4-556，頁6。

經是曾寶蓀的得意門生和衣缽的繼承者，也是藝芳精神的維護與發揚者。但是，她們在解放之後是如何對待人民教育事業的呢？所採取的態度是怎樣呢？是否還在繼續宣傳藝芳精神嗎？《藝芳問題》中批評到：

> 有的同志因為藝芳今天已是人民的學校了，因而就覺得自己在藝芳作客一樣。還有同志□人建議，他批判曾寶蓀時，他說：「這我不忍批判……」有的說：「曾國藩是我先生的祖宗，要我批判豈不是故意為難嗎？……」他認為是污蔑了曾文正公，有的同志在歷史課時還把大漢奸曾國藩一章刪去不教，還有同志解放後還想著曾寶蓀回來繼續把持藝芳，曾把曾寶蓀來信拿出來在周會上報告給同學聽。[137]

從上述觀點，該份文件又引申出反曾和反教的政治訴求：

> 曾寶蓀思想對這些同志影響之深，他們在思想上還是受著曾寶蓀的支配，維護反動的藝芳精神，這種思想影響如果不加以嚴格的徹底的批判，將阻礙人民藝芳的進步，將繼續毒害青年一代。我們不反對信仰宗教，但我們反對以基督精神來代替毛澤東思想教育，還反對以假藉宗教名義宣傳帝國主義與封建主義的反動思想教育來麻痺中國人民的戰鬥意志。[138]

　　事實上，早在三大戰役之時，國共兩黨的政治命運已經是大局已定。故而自一九四八年起，部分外國傳教士即開始從中國教會學校撤

137　〈藝芳問題〉，湖南省檔案館館藏檔案：22-4-556，頁7。
138　〈藝芳問題〉，湖南省檔案館館藏檔案：22-4-556，頁7。

離回國（或因為意識形態的對立，或因為任教地區發生戰亂而被迫回國）。一九五〇年代初，尤其是朝鮮戰爭的爆發，中美關係急劇降溫，中國的教會學校遭受滅頂之災，最後僅存的少數傳教士亦紛紛遣送回國，新政權加快了對教會學校的改造與接管的速度。而且，在共和國初期，基督教受到懷疑，甚至敵視，是因為基督教「與壓迫中國的西方列強和剝削人民的不平等條約有歷史聯繫。」[139]因此，在新政府的主導之下，「宗教界熱烈地開展了三自運動，與帝國主義斬斷一切關係，一般接受美國津貼的學校、醫院和其他『慈善』機關，都自動自覺地與美國主義割斷經濟關係，改變為人民的學校、醫院和人民事業。」[140]同時還對教會學校師生展開思想改造運動。政府開始主導教會學校斷絕與外國差會的經濟聯繫，將教會學校的行政管理權收歸至華人手中，控訴傳教士所在國的帝國主義行徑。最終將教會學校拆解、調整與合併，甚至將部分學校直接改名為新民主主義學校。而在一九五二年九月十日，中央人民政府教育部下達《關於接辦私立中小學的指示》。為響應中央號召，一九五二年，湖南省副省長程星齡在關於《湖南省三年來的文教衛生工作》的報告中提到，為了進一步辦好中學，決定自當年下學期起，有計畫有步驟的接辦私立中學一二七所。[141]一九五二年十月，藝芳女校由湖南省政府接管，成為一所新民主主義中學，並改名為長沙市第三女子中學，高中兩個班，初中十個班。[142]

---

139 G. Thompson Brown, *Christianity in the People's Republic of China*, Atanta, Georgia: John Knox Press, 1983, p.78.

140 湖南通俗讀物出版社編：〈湖南省三年來的文教衛生工作〉，《三年來湖南人民的巨大成就》（長沙市：湖南通俗讀物出版社，1952年），頁38。

141 湖南通俗讀物出版社編：〈湖南省三年來的文教衛生工作〉，《三年來湖南人民的巨大成就》（長沙市：湖南通俗讀物出版社，1952年），頁40。

142 長沙市田家炳實驗中學：http://www.cstjb.com/html/tjbzxcz/xxgk/2014/8283740.html，2014年8月28日。

小結

　　與傳教士創辦的教會學校不同，藝芳女校作為一個極具特色的樣本，其辦學原則是不接受任何差會或宗教團體的經濟援助。行政管理權自始至終掌握在中國人手中，不僅校長和教務主任一直由曾寶蓀姐弟擔任，而且訓導、事務主任等職都是由藝芳女校畢業生擔任。而該校的外籍教員，不擔任行政職務，只承擔一般教學任務。此外，曾寶蓀及藝芳女校嘗試通過利用中外各界團體及個人的捐贈，曾氏家族族產及其成員的私產和學生繳納的費用等多種途徑籌措辦學經費。但是，在創辦藝芳女校的過程中也遭遇了諸多困難，曾寶蓀就自我感慨：「先有眾人的誤解，教會的疑惑，學界的排擠。因為我自命是基督教學校，卻不加入教會，自命是中國人的學校，卻有外國人的襄助，自命提倡國粹，卻有基督教。」[143]

　　儘管藝芳女校不與任何外國差會建立聯繫，且不存在與外國差會斷絕聯繫和收回行政權的問題。在中共接管長沙前後，也採取一系列應變措施以圖適應新政權，並積極加強進行政治學習與思想改造，不僅加強對新民主主義理論和毛澤東思想的學習，還與工農群眾打成一片，接受貧困大眾的再教育。藝芳女校的辦學理念與新民主主義社會不相符合，甚至「『同情右派』，或者與外國傳教士不清不楚。」[144]尤為重要的是，藝芳女校與大部分教會學校一樣，辦校者曾與國民政府有過合作──曾寶蓀與蔣介石、宋美齡過從甚密，甚至還當選「國

---

143 曾寶蓀：〈我的宗教經驗談〉，徐寶謙主編：《宗教經驗談》（上海市：青年協會書局，1934年），頁64。

144 G. Thompson Brown, *Christianity in the People's Republic of China*, Atanta, Georgia: John Knox Press, 1983, p.78.

大」代表。因此，其在新社會必然不受歡迎。[145]但是，朝鮮戰爭爆發以後，國際形勢急轉直下，意識形態與地緣政治的角逐，外加曾寶蓀姐弟選擇去臺，導致藝芳女校與傳統意義上的教會學校遭受同樣的命運：即新政權加強對學校師生的政治學習與思想改造，在學校發展或壯大中國共產黨、共青團的基層組織勢力，導致學校原來的基督特質被掃蕩殆盡，並且日益世俗化，轉而成為充滿革命話語、紅色意象與黨團色彩的新民主主義中學。

---

145 Li Li, *Mission in Suzhou: Sophie Lanneau and Wei Ling Girls Academy, 1907-1950*, Ph.D, The University of North CaroLina At Chapel Hill, 1997, p.215.

結語

　　二十世紀初期受洗入教的中國知識分子主要有以下幾個特點：第一，他們都有扎實的國學功底，對於傳統文化積澱甚深。第二，他們橫跨十九、二十兩個世紀，但主要活躍在二十世紀前半期。當時的中國政局動盪，內外矛盾、衝突不斷，知識分子也多被捲入中國的政治努力與鬥爭之中。第三，他們作為具體獨立思考和判斷能力的成年人，選擇基督教，既是為了自身的信仰，也是為了社會的重建。最後，皈依基督教之後，他們有可能接觸到西方文化的核心。因此，他們對於西方文化的理解不但會超越中國傳統知識分子所習慣的「技術層面」，也會超過當時眾多新派知識分子所宣傳的「制度層面」，進而達到西方文化的精神內核──救世、救靈的宗教意識與觀念。[1]作為二十世紀前期的女性精英基督徒代表，曾寶蓀出生於傳統儒學家庭、青年時期受洗入教、堅持基督救國論、早年留學海外、歸國後致力於將基督教紮根中國，她的一生經歷形象地再現了上述四大特點。

　　本文旨在揭示曾寶蓀所擁有的多重身分，也就意味著既包括其作為基督徒所特有的宗教身分，也包括其作為一名中國人先天性決定的宗族、國民和性別等多重社會身分。簡・亨特曾言：

　　　　最初，基督徒這一身分對於某些女性而言，除了彰顯獨立之外別無二用，但隨著時間推移，它打破了過去那種消極意義，成

1　史靜寰、王立新：《基督教教育與中國知識分子》（福州市：福建教育出版社，2000年），頁289-290。

為具有自我能量的積極身分。辛亥革命和儒家帝國秩序被摧
毀，基督教也擺脫了過去的汙名。實際上，有些家庭甚至依賴
受過教會學校教育的女兒或孫女支撐門楣。因為信教，蔡蘇娟
和曾寶蓀無形中代表了一種現代力量，給家帶來了新的出路，
而這恰恰是這一階層的很多人都需要的。[2]

弔詭的是，曾寶蓀入教時卻相當艱辛：第一，曾國藩家族是數千
年的儒教家庭，從宗聖父子直至曾國藩、曾紀鴻、曾廣鈞等人都是孔
門弟子。第二，郭筠之父郭沛霖守揚州時被太平軍殺害，郭筠自己也
是儒教徒，平時連佛老之學尚且不信，更何況是基督教。第三，曾寶
蓀的親友中尚無一人是基督徒，如果她受洗入教，可謂是貽笑鄉里。[3]

但是，對於培養曾寶蓀受洗入教、從事基督事業的重要性而言，
《藝芳歷史》一書上說得很清楚：「我們終於使這位儒家學者從一個
封建的保守家庭變成自由教育陣線上的基督先鋒了。」[4]由此，不難
發現，對以曾寶蓀為代表的曾國藩家族基督徒而言，其受洗入教的象
徵性意義似乎要遠遠大於其實質性意義。但是，作為近代著名女性基
督徒領袖，剔除曾寶蓀作為曾國藩後裔的身分之後，她的其他諸多身
分及其對於各種身分的踐履，的確也展現了她在一個激蕩年代裡自處
以及與周遭發生關係的方式。

將曾寶蓀置於近代中國這一激蕩年代裡，以考察這樣一位女性基
督徒領袖對於時代的因應，即既要強調其宗教性的一面，又要強調其
世俗性的一面。曾寶蓀的宗教與世俗身分伴其一生，但並未出現過嚴

2 〔美〕亨特著，李娟譯：《優雅的福音：20世紀初的在華美國女傳教士》（北京市：
生活・讀書・新知三聯書店，2014年），頁279。關於蔡蘇娟的生平，可參見蔡蘇娟
著，況志瓊、滌然、蘇文峰譯：《暗室之光》（北京市：群言出版社，2011年）。
3 曾寶蓀：《曾寶蓀回憶錄》（香港：基督教文藝出版社，1970年），頁36。
4 〈藝芳問題〉，湖南省檔案館館藏檔案：22-4-556，頁1。

重的衝突，反而呈現出一種相容的狀態。但是，也不能否認的是，在北伐時期，曾寶蓀因為其基督徒身分的緣由，以及未能響應當時的革命政黨所發動的反帝遊街運動，而被貼上了「走狗」和「洋奴」的標籤，的確也是其宗教身分與世俗身分相衝突的表現之一。此外，在一九五〇年代初，曾寶蓀寓居臺灣，國共兩黨、海峽兩岸基於意識形態的差異，新民主主義政權在接收和改造藝芳女校的時候，開展了對曾寶蓀的批判運動，並將曾寶蓀再次貼上了「走狗」和「洋奴」的標籤。不過，此時曾寶蓀的身分更多的是呈現出一種不在場的狀態，而且這種宗教身分與世俗身分出現背離和虛置，是一種人為製造，而非曾寶蓀個人內心深處的衝突、掙扎與調適。

作為近代中國著名的女性基督徒知識分子，曾寶蓀的身分一直呈現出「曾氏後裔」、「教育家」、「宗教領袖」和「新式女性」四位一體的狀態。

作為曾氏後裔，曾寶蓀既是曾國藩家族後裔之代表，同時也是曾國藩家族在近代社會轉型和泛基督化的產物，即由官僚型向學者型家族、信仰單一型向信仰多元型家族的轉變的結果。曾國藩家族的祖訓是：「不信僧道，也不許唱戲飲酒，賭錢打牌。」[5] 曾國藩甚至曾在家書中以曾玉屏「八字三不信」教育曾紀澤、曾紀鴻兄弟：「吾祖星岡公之教人則有八字三不信。八者曰：早、考、掃、寶、書、蔬、魚、豬；三者：曰僧巫、曰地仙、曰醫藥，皆不信也。」[6] 但是，經過半個世紀歐風美雨的浸淫，曾寶蓀等曾氏家族後裔多進入滬、浙等地教會學校求學。他們在教會學校受基督教氛圍的薰陶，參加團契組織和修習宗教課程，基督化程度日深。辛亥革命之後，曾國藩家族備受打擊，共和政府沒收不少曾氏家族產業，甚至還強行向曾氏後裔勒索鉅

5　曾寶蓀：《曾寶蓀回憶錄》（香港：基督教文藝出版社，1970年），頁8。

6　〔清〕曾國藩：《曾國藩家書》（長沙市：湖南大學出版社，1989年），頁338。

款。[7]同時，辛亥革命的爆發，也導致整個社會紛繁複雜、「人心陷溺」。於是，在此「國難」與「家變」的雙重困境之下，曾寶蓀為尋求救國良方和精神慰藉之物，最終選擇了基督教，逐漸跨出那重要的一步，即由孔孟弟子轉變成為耶穌門徒。身為一名儒家基督徒，曾寶蓀一方面基於救亡圖存的愛國目的，秉承基督教救國論，將基督教視為超越西方「器物」與「制度」的救國工具；另一方面又立足於中國文化，堅持以耶補儒、儒耶互通的方法，將基督教融入到中國文化的大熔爐之中，促進中西文化之間的合流。

作為教育家，曾寶蓀所創辦之藝芳女校是一所完全由中國人創建並主導校務的基督教學校，也是曾寶蓀對基督教教育本土化的一次有效嘗試。藝芳女校與傳教士及其所屬差會創辦的教會學校明顯不同，而且在踐行基督教中國化方面，要比後者走得更遠。作為民國多樣教育生態鏈中的特殊一環，以藝芳女校為代表的中國本土基督徒對基督教教育的主動性回應與探索，也在某種程度上為基督教的本色化提供了另外一種可能。此舉既豐富了「教會學校」的內涵，也為「基督教學校」作出了新的注解。但是，在新中國對教會學校的接收與改造的過程中，藝芳女校與教會學校並無二致，由於曾寶蓀個人的家庭出身、教育經歷和藝芳女校的基督教色彩，極易被貼上「洋奴」和「走狗」的標籤。最終，藝芳女校也不出意外地由一所基督教學校最終轉變成為一所新民主主義中學。職是之故，不論是外國傳教士，抑或是中國基督徒，在探尋基督教教育的中國化時，無論雙方在各自的道路上前行多遠，一旦中國共產黨建立新式政權，便會通過強勢手段——政治學習與思想改造——使得雙方殊途同歸，即外國傳教士與中國基督徒所創辦的教育機構與踐行的教育理念，皆統歸於中國共產黨所建

7　〔美〕周錫瑞著，楊慎之譯：《改良與革命：辛亥革命在兩湖》（南京市：江蘇人民出版社，2007年），頁300-302。

立的新民主主義教育體制之中。

　　作為宗教領袖，曾寶蓀多次講演或撰文談及自身的證道經歷、基督信仰，如何領受神的恩典，並在這恩典之中見證上帝的同在。當然，曾寶蓀個人虔誠的基督教信仰，使得其在創辦藝芳女校的過程之中，借著早禱、晨講等活動，將耶穌基督介紹給藝芳學生，並使得藝芳女校得以保持其作為一所基督教學校所當持有的宗教特色。此外，曾寶蓀以其兼通中西文的優勢，編譯了《實驗宗教學教程》，向國內讀者介紹美國芝加哥學派經驗主義神學思想。她採用「儒釋陪襯」的方法，用中國事例闡述、證明經驗主義神學，此舉在一定程度上也象徵著華夏婦女神學的啟蒙。但是，曾寶蓀能夠以自身國學知識和西學背景對基督教神學進行譯介與闡述，主要得益於自身的家庭背景與教育經歷，而這兩方面的條件是近代中國絕大多數女性基督徒所無法具備的。作為一名「信耶穌的國民」，一九三五年，曾寶蓀與陳文淵、涂羽卿組成全國青運巡迴工作團，在全國十多個城市巡迴布道、宣講福音，指導青年學生在國難之際踐行基督精神，並使之成為拯救民族危機的出路。曾寶蓀還曾先後出席耶路撒冷大會，第二、三屆太平洋國際會議和瑪德拉斯大會等國際會議。她既與各國代表交談世界性的、有普世意義的問題，也就中國特有的現狀與各國代表切磋，甚至在中國面臨著內憂外患之時，為中國之現狀作國際宣傳，這也體現出了曾寶蓀作為一名基督徒領袖的民族情結與身分擔當。

　　作為新式女性，曾寶蓀畢生致力於女性解放事業，創作小說集《歧路》專談婦女問題，呼籲中國婦女經濟與知識獨立，並多次在報刊上發表文章介紹西方婦女運動概況以及中國婦女現狀。康念德教授在英譯本《曾寶蓀回憶錄》的譯後記部分寫道：

　　她為女性平等所做的奮鬥偶爾也與二十世紀中國婦女運動相重

> 疊：她直到晚年仍然感激其父為其放足。然而，在其他時候，
> 她卻另闢蹊徑（trod an independent path）：她堅決反對在國民大
> 會選舉中保證女性名額占百分之十的觀點，而力主男女兩性進
> 行公平、公開的競爭。在曾寶蓀的一生之中，她遠離婚姻和家
> 庭而終生致力於教育、宗教和公共事務，此聲明無疑是置身於
> 二十世紀的曾寶蓀關於婦女角色的女性視野最清楚的資訊。[8]

因此，將曾寶蓀放在二十世紀前半期的中國婦女解放運動的時代大潮
之中，考察其在此風潮影響之下，她的「言」與「行」如何契合這股
時代風氣，並從自身性別出發，如何進行自我言說，就顯得尤為重
要。與一般女權主義者不同，曾寶蓀不僅是一位思想家，更是一位實
幹家。曾寶蓀創辦藝芳女校，旨在培養女界領袖。她將自身的經驗與
理想皆付諸於藝芳女校，並在相當程度踐行了她關於婦女解放運動的
理念，也培養了一批傑出的現代知識女性。

　　曾寶蓀個人在近代中國激蕩時代之中的沉浮與遭際，大致可以反
映出了一名女性基督徒領袖在時代變遷中族人、國民、信徒和性別四
種身分的交疊與融合。除了特殊的階段導致部分身分缺失之外，曾寶
蓀的多重身分之間並無主次之分。「曾氏後裔」是其天然存在的標
籤，而血緣上的不可切割性，決定了曾寶蓀的第一重身分。曾寶蓀將
大半生的心血都耗費在創辦長沙藝芳女校上，並得以榮膺「教育家」
的尊號並構成了第二重身分。曾寶蓀在馮氏女校求學期間，受洗成為
基督徒，其後信仰日堅，積極參與宗教活動，造就了「宗教領袖」的

8　Thomas L. Kennedy trans., *Confucian Feminist: Memoirs of Zeng Baosun (1893-1978)*,
　　Philadelphia: American Philosophical Society, 2002, p.160. 按：關於曾寶蓀就一九四八
　　年國民大會代表問題，可參見曾寶蓀：《曾寶蓀回憶錄》（香港：基督教文藝出版社，
　　1970年），頁181。

第三重身分。曾寶蓀自幼免受纏足和指定婚姻之苦，後又遠赴滬、杭等地教會女學求學，進而留學英倫，基本確定了「新式女性」的第四重身分。歸國之後的曾寶蓀畢生致力於女性解放事業，甚至在寓居臺灣時期還曾多次出席聯合國婦女工作委員會，堪稱「女界之坤範」。因此，如若對曾寶蓀的多重身分進行定義的話，大致上可以將其視為一位「儒者女性精英基督徒」。

參考文獻

一 檔案

英國倫敦大學瑪麗女王書院館藏檔案：

Books and articles relating to Pao Swen Tseng, WFD/15/3/7.

Circulars relating to I Fang Girls' Collegiate School, WFD/15/3/2.

Correspondence of Pao Swen Tseng, WFD/15/3/5.

I Fang Girls' Collegiate School, Changsha, China, WFD/15/3.

Letters and reminiscences of Violet Grubb, WFD/15/3/3.

Letters and reminiscences of Winifred Galbraith, WFD/15/3/4.

Student Register 3, 1909-1917, WFD/10/1/3.

亞洲基督教高等聯合董事會檔案：

"Report of Hangchow Presbyterian College, 1911-1912", *Archives of the United Board for Christian Higher Education in Asia*, RG11-B162-F3041。

華中師範大學檔案館館藏檔案：

《私立武昌華中大學歷屆畢業生同學錄》，LS11-260。

《契友通訊錄》（1950年），LS11-262。

浙江省檔案館館藏檔案：

《之江大學二十四年代度院務報告》，L052-001-0081.4

湖南省檔案館館藏檔案：

《私立藝芳女子中學1948年度至1949年上期學生名冊及成績表》，59-7-1303。

《私立藝芳女子中學校董名冊、教職員名冊、校長職員個人材料、聘
　　　請教員存底，附設業餘勞作互助社簡章》，59-7-1292。

《私立藝芳女子中學教員獎勵、報酬所得稅、補助、檢定、救濟、撫
　　　恤、免費及有關教員其他材料》，59-7-1299。

《私立藝芳女子中學學校概況、停辦、遷移、開辦學校畫界一案，設
　　　班計畫及一貫中小學制計畫、教育工作改進情況、寇災損
　　　失》，59-7-1291。

《私立藝芳女子中學藝芳三十周年紀念特刊、相片、應變會記錄及
　　　1949年工作報告》，59-7-1304。

《教育部私立藝芳女校招生簡章》（三十六年秋季始業），59-11-2386。

《湖南公私立中等學校三十七年下學期徵費標準》，22-4-449。

《藝芳問題》，22-4-556。

二　報刊雜誌

（一）報紙

〈一日一校：藝芳女校〉　《長沙大公報》　第6版　1925年4月2日

〈女子大學之成立〉　《長沙大公報》　第6版　1922年6月21日

〈死裡逃生，難忘此日：曾寶蓀曾約農昨歡度壽辰〉　《中國時報》
　　　第3版　1972年4月9日

〈青年會全國大會籌備近況〉　《申報》　第14版　1923年7月22日

〈青年會會食堂耶教徒之會議〉　《申報》　第11版　1919年11月9日

〈青運工作團出發〉　《申報》　第11版　1935年9月24日

〈青運巡迴團抵津後三代表分途演講〉　《益世報》　第6版　1935
　　　年9月29日

〈長沙市民之大示威〉　《申報》　第7版　1927年4月25日

〈長沙和平接管工作基本總結與建設新長沙的方針——王首道在長沙各界代表會議上的報告〉 《湖南日報》 第1版 1949年10月18日

〈杭州・屈巡按使迎青年會幹事紀〉 《申報》 第7版 1915年11月12日

〈省長發還曾文正公祠之批令〉 《長沙大公報》 第6版 1919年3月20日

〈省城各校現況調查記：藝芳女校〉 《長沙大公報》 第6版 1922年3月2日

〈省城各校現況調查記：藝芳女校〉 《長沙大公報》 第7版 1922年9月17日

〈為藝芳學友會進一解〉 《湖南民報》 第8版 1926年11月4日

〈浩園納涼費移作賑款〉 《長沙大公報》 第7版 1924年7月11日

〈陳文淵博士在水產學校演講〉 《益世報》 第9版 1935年10月8日

〈教育界的零段消息〉 《長沙大公報》 第6版 1925年2月12日

〈基督教救國會周年大會紀〉 《申報》 第10版 1920年9月28日

〈基督教救國會會議紀事〉 《申報》 第10版 1919年11月15日

〈基督教救國會職員紀〉 《申報》 第10版 1920年2月29日

〈基督教會消息二則〉 《申報》 第11版 1919年10月2日

〈章士釗等電請維持藝芳女校〉 《長沙大公報》 第7版 1924年3月1日

〈婦女談話會閉幕〉 《申報》 第2版 1938年6月8日

〈程兼主席昨在月會中闡述應變決策從安定中求進步，平實地去爭取和平〉 《湖南日報》 第3版 1949年2月15日

〈曾女士之詞鋒〉 《時事新報》 第1張第2版 1929年11月10日

〈曾寶菡醫師定期放洋赴歐美各國考察骨症〉 《申報》 第11版 1934年8月11日

〈曾寶蓀八十壽慶憶往〉 《中央日報》 第3版 1972年4月7日

〈曾寶蓀八秩大慶，弟子們定明上壽〉 《中國時報》 第3版 1972
年4月7日

〈曾寶蓀之喪，今公祭安葬〉 《中國時報》 第3版 1978年8月7日

〈曾寶蓀之喪：昨舉行公祭〉 《中央日報》 第3版 1978年8月8日

〈曾寶蓀女士小傳〉 《益世報》 第6版 1935年9月30日

〈曾寶蓀女士出洋考察教育〉 《申報》 第14版 1924年8月19日

〈曾寶蓀女士講婦女問題〉 《益世報》 第8版 1935年10月9日

〈曾寶蓀抵臺準備出席亞盟會議〉 《中央日報》 第1版 1955年5
月18日

〈曾寶蓀昨在究真講「中等教育出路」〉 《益世報》 第6版 1935
年9月28日

〈曾寶蓀逝世三周年，各界舉行追思禮拜〉 《中央日報》 第4版
1981年7月28日

〈湖南省人民政府一年來工作總結與今後工作任務──王首道主席在
湖南省首屆各界人民代表會議上的報告〉 《湖南日報》
第1版 1950年11月15日

〈湘省舉行反基督教運動〉 《申報》 第11版 1926年1月1日

〈論復活〉 《中央日報》 第2版 1951年3月25日

〈藝芳女校仍由曾寶蓀主辦〉 《長沙大公報》 第6版 1927年1月
24日

〈藝芳女校音樂會記〉 《長沙大公報》 第7版 1924年1月13日

〈藝芳女校捐助日災〉 《長沙大公報》 第7版 1923年10月22日

〈藝芳女校常款有望〉 《長沙大公報》 第7版 1924年2月28日

〈藝芳女校開辦大學本科〉 《長沙大公報》 第6版 1923年10月
30日

〈藝芳女校開辦大學照準〉 《長沙大公報》 第6版 1923年11月1日

"An Experiment in Education: I Fang Girls Collegiate School where the Pupils Run the Business of the Institution", *The North-China Herald and Supreme Court & Consular Gazette* July 1, 1930, p. 9.

"Chinese Women and the National Crisis", *South China Morning Post* May 12, 1939, p.5.

"London Visitor: Miss Tseng Describes Work in China", *South China Morning Post* Feb. 4, 1939, p.16.

"Miss Pao-Swen Tseng: A Heroine of Today", *India's Women and China's Daughters* May 1939, p. 71.

"The death of the Marquis Tseng", The North-China Herald and Supreme Court & Consular Gazette Apr. 18, 1890, p. 461.

"Who's Who in China," *The China Weekly Review Mar.* 22, 1930, p. 146.

"Y. M. C. A. Group to Visit China Student Centers: Youth and Religion Team to Start Tour Next Week", *The China Press* Sept. 20, 1935, p. 11.

"Y. W. C. A. Anniversary: Twenty Years of Work in the Colony: Chinese Girl of Today", *South China Morning Post* Jun. 18, 1940, p.5.

Tseng P. S, "British Face Defeat in Malaya", *China Weekly Review Sept.* 1, 1950, pp. 16-18.

Tseng P. S, "Philippine Liberation Movement", *China Weekly Review* Jan. 1, 1951, pp. 15-17.

（二）雜誌

〔美〕史美夫著，戴貫之譯 〈二十五年來美國神學思想之趨勢〉 《真光》 第26卷第6期 1927年6月

王梓仲撰　〈我們是否都應有一種宗教信仰〉　《真理與生命》　第
　　　　10卷第3期　1936年5月

王梓仲撰　〈怎樣能使我信仰基督〉　《真理與生命》　第10卷第3
　　　　期　1936年5月

王梓仲撰　〈基督的社會意義是什麼〉　《真理與生命》　第10卷第
　　　　3期　1936年5月

文　質撰　〈二度中興〉　《藝芳》（三十周年紀念特刊）　1948年9
　　　　月20日

尹任先撰　〈青年與宗教運動通告（第十二號）〉　《同工》　第143
　　　　期　1935年6月

艾　迪撰　〈致青年工作同道及青年與宗教運動委員書〉　《同工》
　　　　第139期1935年2月

田景福撰　〈青運巡迴工作團來太原市之意義〉　《同工》　第149
　　　　期　1936年2月

合　一撰　〈曾文正公後裔中的基督徒〉　《通問報：耶穌教家庭新
　　　　聞》　第1651期　1935年8月

李榮芳撰　〈宇宙創造之理論，聖經與科學二者孰是孰非〉　《真理
　　　　與生命》　第10卷第4期　1936年6月

唐士嫻撰　〈校長偉大人格之感化力〉　《藝芳》（三十周年紀念特
　　　　刊）　1948年9月20日

浩　如撰　〈本校之期望〉　《藝芳》（三十周年紀念特刊）　1948
　　　　年9月20日

涂羽卿撰　〈中國基督教團體與青年與宗教運動之檢討〉　《同工》
　　　　第149期　1936年2月

涂羽卿撰　〈青年與宗教運動之我見〉　《同工》　第139期　1935
　　　　年2月

陳文淵撰　〈基督教與現代青年〉　《同工》　第149期　1936年2月

陳文淵講，蔡朝陽記　〈中華民族最切的需要〉　《消息》　第9卷
　　　　第2期　1936年2月

梁小初撰　〈青年與宗教運動專號・序〉　《同工》　第149期　1936
　　　　年2月

梁傳琴撰　〈一九三五年青年與宗教運動記實〉　《同工》　第149
　　　　期　1936年2月

梁傳琴撰　〈各地青年所發的問題〉　《同工》　第149期　1936年2月

梁傳琴撰　〈青運巡迴工作團特刊〉　《同工》　第145期　1935年
　　　　10月

梁傳琴撰　〈對於工作人員之建議青年會宗教工作義務領袖問題〉
　　　　《同工》　第140期　1935年3月

寄　萍撰　〈崇德老人聶曾紀芬會見記〉　《中國婦女》　第1卷第1
　　　　期　1939年12月

張心漪撰　〈我的外婆──崇德老人聶曾紀芬〉　《曾氏會訊》
　　　　1985年第30期

張以藩撰　〈抗戰兩年來之長沙青年會〉　《同工》　第186期
　　　　1940年1月

張純士撰　〈浩園雜記〉　《藝芳》（三十周年紀念特刊）　1948年9
　　　　月20日

彭文亮撰　〈與李君書〉　《福湘雜誌》　1926年5月

彭澤芬撰　〈日寇入境雞犬不寧〉　《藝芳》（三十周年紀念特刊）
　　　　1948年9月20日

葛蘭博士原著、聶其焜譯意　〈基督教與戰爭〉　《上海青年》　第
　　　　18卷第5期　1915年6月

雲　台撰　〈記與曾寶蓀表侄談話〉　《聶氏家言選刊》　第5期
　　　　1928年11月

曾季融撰　〈兼愛說〉　《上海青年》　第14卷第10期　1911年11月

曾季融撰　〈論以敬立教不如以信立教〉　《上海青年》　第14卷第11期　1911年12月

曾季融撰　〈釋耶穌上帝永生說〉　《上海青年》　第14卷第9期　1911年10月

曾昭權撰　〈藝芳女校卅周年紀念辭〉　《藝芳》（三十周年紀念特刊）　1948年9月20日

曾約農撰　〈回憶錄〉　《藝芳》（三十周年紀念特刊）　1948年9月20日

曾寶蓀撰　〈中國在世界危機中之出路〉　《上海青年》　第35卷第32期　1935年10月

曾寶蓀撰　〈介紹基督與中學學生的一個方法〉　《中華基督教教育季刊》　第5卷第2期　1929年6月

曾寶蓀撰　〈去年世界女權運動的觀感〉　《自由中國》　第14卷第2期　1955年1月

曾寶蓀撰　〈基督教與國性〉　《中華基督教教育季刊》　第6卷第3期　1930年9月

曾寶蓀撰　〈發刊辭‧轉載婦女日報〉　《藝芳季刊》　第1卷第1期　1933年6月

曾寶蓀撰　〈談世界婦女地位〉　《自由中國》　第9卷第11期　1953年12月

曾寶蓀講，蔡丕傑記　〈中國的危機與青年的責任〉　《消息》　第9卷第2期　1936年　2月

曾寶蘇撰　〈武漢三鎮的母校畢業生〉　《藝芳》　第2卷第3期　1935年5月

褚季能撰　〈甲午戰前四位女留學生〉　《東方雜誌》　第31卷第11號　1934年6月

趙紫宸撰　〈青年宗教講座〉　《真理與生命》　第10卷第2期
　　　1936年4月

趙紫宸撰　〈曾寶蓀女士小傳〉　《真理與生命》　第9卷第7期
　　　1935年12月

趙義民撰　〈湘贛三傑小傳〉　《興華》　第15卷第1期　1918年1月

蔡志澄撰　〈我所認識的青年與宗教運動〉　《同工》　第149期
　　　1936年2月

薛延模撰　〈青運與福州青年之關係及其將來的希望〉　《同工》
　　　第149期　1936年2月

蕭慕光撰　〈長沙基督教青年會得人〉　《興華報》　第13卷第7期
　　　1916年2月

聶其焜撰　〈余何以為基督徒（續）〉《上海青年》　第19卷第8期
　　　1916年11月

聶其焜撰　〈余何以為基督徒〉　《上海青年》　第19卷第7期
　　　1916年10月

聶雲台撰　〈亡室蕭夫人遷葬志略〉　《淨業月刊》　第29期　1928
　　　年9月

聶雲台撰　〈祭亡室蕭夫人告遷葬文〉　《淨業月刊》　第29期
　　　1928年9月

聶曾紀芬撰　〈述余奉教之原由以勸同胞〉　《上海青年》　19卷第
　　　10期　1917年1月

〈本校去歲建築游泳池承諸君捐款，茲特將芳名列後，藉示謝忱（續）〉
　　　《藝芳》　第2卷第6期　1935年6月

〈本校去歲建築游泳池承諸君捐款，茲特將芳名列後，藉示謝忱〉
　　　《藝芳》　第2卷第4期　1935年5月

〈母校董事會校友代表選舉結果揭曉〉　《華中通訊》　第3卷第1期
　　　1948年3月

〈名人飯道〉　《青年》　第18卷第4期　1915年5月

〈私立中等學校及小學立案條例〉　《大學院公報》　第1年第1期
　　　　1928年1月

〈私立學校規程〉　《大學院公報》　第1年第1期　1928年1月

〈社言：世界基督教大會開會地點的商榷〉　《興華》　第34卷第16
　　　　期　1937年5月

〈長沙中華基督教會來稿〉　《上海中華基督教會月報》　第58期
　　　　1922年2月

〈青年宗教工作巡迴團蒞校演講〉　《之江校刊》　第78-80期合刊
　　　　1935年11月

〈青年會青運工作團出發〉　《中華歸主》　第159期　1935年10月

〈青年與宗教運動的過去與將來〉　《同工》　第139期　1935年2月

〈青年與宗教運動通告〉（第十三號）　《同工》　第144期　1935年
　　　　7月

〈青運巡迴工作團之介紹及其程式〉　《北平青年》　第27卷第1期
　　　　1935年10月

〈青運巡迴工作團在雲南〉　《消息》　第9卷第2期　1936年2月

〈青運巡迴工作團在閩粵〉　《消息》　第9卷第1期　1936年1月

〈青運巡迴工作團續迅〉　《消息》　第8卷第10期　1935年12月

〈青運巡迴工作團續迅〉　《消息》　第8卷第9期　1935年11月

〈耶路撒冷大會的種種〉　《廣濟醫刊》　第5卷第4號　1928年4月

〈曾廣鐘之證道談〉　《金陵神學志》　第2卷第2期　1915年6月

〈湖南都督湯薌銘呈大總統陳明發還湘省先賢祠屋祭產擬辦情形請核
　　　　示文〉　《政府公報》　第734號　1914年5月

〈德貞醫生論中英交涉事〉　《昌言報》　第1冊　1898年7月

〈聶蕭夫人賢範〉　《青年進步》　第5期　1917年7月

〈藝芳女中三十年校慶〉　《會訊》　第3卷第3期　1949年3月（196）

H. N. Wieman 著，應遠濤譯　〈人生危機的應付〉　《上海青年》
　　　第36卷第5期　1936年2月

Mary N. Gamewell，凌華富譯　〈聶雲台夫人之殯儀〉　《清心鐘》
　　　第2卷第1期　1919年1月

"Youth and Religion　Movement-1935-Call to Prayer," *The　Chinese Recorder* 66.10(Oct. 1935):635-636.

Marquis Tseng,　"China's-The Sleep and the Awakening," The Chinese Recorder 18.4 (April 1887):146-153.

Miss P. S. Tseng,　"What Christianity Means to Chinese Women," *India's Women and China's Daughters* (June 1939):83-86.

Rev. A. P. Parker,　"The Dairy of Marquis Tseng," *The Chinese Recorder* 22.8 (Aug. 1891):297-304.

Tseng Pao Swen,　"Christianity and Women as Seen at the Jerusalem Meeting," *The Chinese Recorder* 59.7 (Jul.1928):443-445.

Tseng Pao Swen,　"My Religious Experience," *The Chinese Recorder* 66. 8 (Aug.1935):457-461.

Tseng Pao Swen,　"Religious Situation Among Chinese Youth," *The Chinese Recorder* 67.4 (Apr.1936):199-205.

Winifred Galbraith,　"An Experiment In Christian Education," *The Chinese Recorde*r 58.7 (Jun.1927):425-428.

三　工具書

中外名人研究中心編　《中國當代名人錄》　上海市　上海人民出版
　　　社　1991年

王曉天、王國宇主編　《湖南古今人物辭典》　長沙市　湖南人民出版社　2013年

田原天南編　《清末民初中國官紳人名錄》　沈雲龍主編　《近代中國史料叢刊》（3編80輯）　臺北市　文海出版社　1996年

周川主編　《中國近現代高等教育人物辭典》　福州市　福建教育出版社　2012年

張憲文等主編　《中華民國史大辭典》　南京市　江蘇古籍出版社　2001年

章開沅主編　《辛亥革命辭典》　武漢市　武漢出版社　2011年

楊谷牧主編　《當代神學辭典》　臺北市　校園書房出版社　1997年

楊慎之主編　《湖南歷代人民辭典》　長沙市　湖南出版社　1993年

四　史料

〔美〕丁韙良著，沈弘、惲文捷、郝田虎譯　《花甲記憶——一個美國傳教士眼中的晚清帝國》　桂林市　廣西師範大學出版社　2004年

〔美〕司徒雷登著，程宗家譯　《在華五十年：司徒雷登回憶錄》　北京市　北京出版社　1982年

〔美〕胡美著，杜麗紅譯　《道一風同：一位美國醫生在華30年》　北京市　中華書局　2011年

〔英〕李提摩太著，李憲堂、侯琳莉譯　《親歷晚清四十五年：李提摩太在華回憶錄》　天津市　天津人民出版社　2005年

〔清〕李翰章、李鴻章編纂　《曾國藩全集》　北京市　中國華僑出版社　2003年

〔清〕郭嵩燾　《郭嵩燾日記》（第三卷）　長沙市　湖南人民出版社　1982年

〔清〕曾紀澤著，喻嶽衡點校　《曾紀澤遺集》　長沙市　嶽麓書社　1983年

〔清〕曾紀澤著，劉志惠點校　《曾紀澤日記》　長沙市　嶽麓書社　1998年

〔清〕曾國荃著；梁小進整理　《曾國荃全集》　長沙市　嶽麓書社　2004年

〔清〕曾國藩　《曾國藩全集》　長沙市　嶽麓書社　2011年

〔清〕曾國藩　《曾國藩家書》　長沙市　湖南大學出版社　1989年

〔清〕曾國藩，江世榮編注　《曾國藩未刊信稿》　北京市　中華書局　1959年

〔清〕諸可寶編　《疇人傳》　江陰南菁書院　光緒十二年

《大公報十周年紀念特刊・專著（二）》　1925年

《曾氏五修族譜》　三省堂刻本　1946年

《福州基督教青年會1936年報告書》　1936年

上海圖書館整理　《江南製造局譯書叢編・政史類》（第1冊）　上海市　上海科學技術文獻出版社　2012年

中國人民政治協商會議長沙市北區文史資料研究委員會編　《長沙市北區文史資料》（第6輯）　長沙市　長沙瀟湘印刷廠　1992年

中國人民政治協商會議湖南省委員會文史資料研究委員會編　《湖南文史資料選輯》（第20輯）　長沙市　湖南人民出版社　1986年

中國科學院經濟研究所、上海社會科學院經濟研究所編　《恒豐紗廠的發生發展與改造》　上海市　上海人民出版社　1959年

中國基督教教育事業調查會編　《中國基督教教育事業》　上海市　商務印書館　1922年

中華續行委辦會編訂　《中華基督教會年鑑》　臺北市　中國教會研究中心、橄欖文化基金會聯合出版　1983年

中華續行委辦會調查特委會編　《1901-1920年中基督教調查資料》
　　　　北京市　中國社會科學出版社　1987年
卞孝萱、唐文權編著　《民國人物碑傳集》　南京市　鳳凰出版社
　　　　2011年
平等閣主人編著　《平等閣詩話》　上海市　時報館　1908年
全國政協文史資料委員會編　《中華文史資料文庫・民族宗教篇》
　　　　（第18卷）　北京市　中國文史出版社　1996年
吳宓著，吳學昭整理　《吳宓詩話》　北京市　商務印書館　2005年
吳耀宗主編　《瑪德拉斯大會印象集》　上海市　中華全國基督教協
　　　　進會　1939年
吳耀宗編　《基督教與新中國》　上海市　青年協會書局　1948年
李肖聃撰，喻嶽衡點校　《李肖聃集》　長沙市　嶽麓書社　2008年
其　傑　《闢耶篇》　北京市　中華書局　1927年
周秋光主編　《熊希齡集》　長沙市　湖南人民出版社　2008年
周秋光主編　《譚延闓集》　長沙市　湖南人民出版社　2013年
東海大學史編纂委員會　《東海大學史：民國44年-69年》　臺北市
　　　　東海大學出版社　1981年
林景淵編選　《曾約農先生言論集》　臺北市　商務印書館　1970年
侯仁之主編　《燕京大學人物志》（第2輯）　北京市　北京大學出版
　　　　社　2002年
俞明震著，馬亞中校點　《觚庵詩存》　上海市　上海古籍出版社
　　　　2008年
范源廉　《范源廉集》　長沙市　湖南教育出版社　2010年
徐寶謙主編　《宗教經驗談》　上海市　青年協會書局　1934年
浦化人　《基督教救國論》　出版地不詳　1918年
高伯雨　《聽雨樓隨筆》（三）　香港　牛津大學出版社　2012年

張欽士輯　《國內近十年來之宗教思潮》　北京市　燕京華文學校　1927年

曹清、張蔚星編撰　《曾昭燏年譜》（徵求意見稿）　南京市　南京博物院　2009年

梁啟超　《戊戌政變記》　北京市　中華書局　1954年

許康編　《湖南歷代科學家傳略》　長沙市　湖南大學出版社　2012年

郭筠　《藝芳館詩存》　臺北市　學生書局　1974年

陳獨秀　《陳獨秀文章選編》　北京市　生活‧讀書‧新知三聯書店　1984年

彭德懷　《彭德懷自傳》　北京市　解放軍文藝出版社　2002年

惲毓鼎著，史曉風整理　《惲毓鼎澄齋日記》　杭州市　浙江古籍出版社　2004年

曾廣鈞　《環天室詩集》　宣統三年刻本

曾寶蓀　《曾寶蓀回憶錄》　香港　基督教文藝出版社　1970年

曾寶蓀　《曾寶蓀回憶錄》　臺北市　龍文出版社股份有限公司　1989年

曾寶蓀、曾紀芬　《曾寶蓀回憶錄‧崇德老人自訂年譜》　長沙市　嶽麓書社　1986年

曾寶蓀治喪委員會主編　《曾寶蓀女士紀念集》　臺北市　曾寶蓀治喪委員會　1978年

曾寶蓀編　《藝芳雜俎》　出版地不詳　1924年

曾寶蓀編譯　《實驗宗教學教程》　上海市　青年協會　1934年

湖南省文史館組編　《湖湘文史叢談》　長沙市　湖南大學出版社　2008年

湖南省地方誌編纂委員會編　《湖南宗教志》　長沙市　湖南人民出版社　2012年

湖南省地方誌編纂委員會編　《湖南省志‧人物志‧下》（第30卷）　長沙市　湖南出版社　1995年

湖南省政府秘書處統計室　《湖南年鑑（1935）》　長沙市　湖南省政府秘書處　1935年

湖南省政府秘書處統計室編　《湖南年鑑》（1936年）　張研，孫燕京主編　《民國史料叢刊》（1026）　鄭州市　大象出版社　2009年

湖南省檔案館編　《湖南和平解放接管建政史料》　長沙市　湖南人民出版社　2009年

湖南通俗讀物出版社編　《三年來湖南人民的巨大成就》　長沙市　湖南通俗讀物出版社　1952年

湘鄉縣地方誌編纂委員會編　《湘鄉縣誌》　長沙市　湖南出版社　1993年

經亨頤　《經亨頤日記》　杭州市　浙江古籍出版社　1984年

漢陽訓女中學校學生自治會編　《訓女校刊》　漢陽市　漢陽訓女中學校學生自治會　1936年

趙紫宸著，燕京研究院編　《趙紫宸文集》　北京市　商務印書館　2003年

蔡蘇娟著，況志瓊、滌然、蘇文峰譯　《暗室之光》　北京市　群言出版社　2011年

聶雲台　《人生指津》　上海市　國光印書局　1934年

聶雲台　《聶氏家庭集益會記錄》　上海市　聶氏家言旬刊社　1927年

蘇雪林　《蘇雪林自傳》　南京市　江蘇文藝出版社　2006年

Arthur Vale Casselman, *It Happened in Hunan*, Philadelphia, PA: The Continental Press, 1953.

L. Ethel Wallace, *Hwa Nan College*, New York: United Board for Christian Colleges in China, 1956.

Mrs. Lawrence Thurston and Ruth M.Chester, *Ginling College*, New York: United Board for Christian Colleges in China, 1955.

Pao Swen Tseng, *The Chinese Horoscope*, Taipei: China Publishing Company, n. d. .

Sophia H. Chen Zen (ed.), *Symposium on Chinese Culture*, Shanghai: China Institute of Pacific Relations, 1931.

The China Christian Year Book, 1938-1939, The National Christian Council of China, 1940.

Thomas L.Kennedy trans., *Confucian Feminist:Memoirs of Zeng Baosun (1893-1978)*, Philadelphia: American Philosophical Society, 2002.

Year Book and Roster of the Young Men's Christian Associations of China, 1934, Shanghai: Association Press.

Year Book and Roster of the Young Men's Christian Associations of China, 1935, Shanghai: Association Press.

五　著作

〔日〕紫山川崎三郎著，王紀卿譯　《曾國藩傳：日本人眼中的曾國藩》　香港　中和出版有限公司　2012年

〔美〕艾米莉・洪尼格著，韓慈譯　《姐妹們與陌生人：上海棉紗廠女工，1919-1949》　南京市　江蘇人民出版社　2011年

〔美〕亨特著，李娟譯　《優雅的福音：20世紀初的在華美國女傳教士》　北京市　生活・讀書・新知三聯書店　2014年

〔美〕利文斯頓（Livingston, J.）等著，何光滬等譯　《現代基督教思想》（下）　南京市　譯林出版社　2014年

〔美〕邢軍著，趙曉陽譯　《革命之火的洗禮：美國社會福音和中國基督教青年會，1919-1937》　上海市　上海古籍出版社　2006年

〔美〕周錫瑞著，楊慎之譯　《改良與革命：辛亥革命在兩湖》　南京市　江蘇人民出版社　2007年

〔美〕威廉‧詹姆士著，唐鉞譯　《宗教經驗之種種──人性之研究》　北京市　商務印書館　2002年

〔美〕傑西‧格‧盧茨著，曾鉅生譯　《中國教會大學史（1850-1950）》　杭州市　浙江教育出版社　1988年

〔美〕費正清、賴肖爾著，陳仲丹等譯　《中國：傳統與變革》　南京市　江蘇人民出版社　2014年

〔美〕黑爾著，李甯、李辰揚譯　《外國人眼中的中國人：曾國藩》　北京市　東方出版社　2013年

〔美〕奧爾森（Roger E. Olson）著，吳瑞誠、徐成德譯　《基督教神學思想史》　北京市　北京大學出版社　2003年

〔英〕科大衛　《近代中國商業的發展》　杭州市　浙江大學出版社　2010年

〔奧地利〕雷立柏（Leopold Leeb）著　《論基督的大與小：1900-1950年華人知識分子眼中的基督教》　北京市　社會科學文獻出版社　2000年

王中傑主編　《湖南人民革命史（新民主主義革命時期)》　長沙市　湖南出版社　1991年

王治心撰，徐以驊導讀　《中國基督教史綱》　上海市　上海古籍出版社　2004年

史靜寰、王立新　《基督教教育與中國知識分子》　福州市　福建教育出版社　2000年。

成曉軍著　《曾國藩家族》　重慶市　重慶出版社　2006年

朱有志、郭欽主編　《湖南近現代實業人物傳略》　長沙市　中南大學出版社　2011年

何曉夏、史靜寰　《教會學校與中國教育近代化》　廣州市　廣東教育出版社　1996年

吳義雄主編　《地方社會文化與近代中西文化交流》　上海市　上海人民出版社　2010年

周秋光、莫志斌主編　《湖南教育史》（第2卷）　長沙市　嶽麓書社　2008年

胡衛平　《湖南歷代文化世家‧湘鄉曾氏卷》　長沙市　湖南人民出版社　2012年

孫正聿　《孫正聿哲學文集》（第1卷）　長春市　吉林大學出版社　2007年

高　晞　《德貞傳：一個英國傳教士與晚清醫學近代化》　上海市　復旦大學出版社　2009年

張玉法　《近代變局中的歷史人物》　北京市　九州出版社　2013年

張朋園　《中國現代化的區域研究：湖南省，1860-1916》　臺北市　中央研究院近代史研究所　1983年

張　靜　《中國太平洋國際學會研究（1925-1940）》　北京市　社會科學文獻出版社　2012年

章開沅、馬敏主編　《社會轉型與教會大學》　武漢市　湖北教育出版社　1998年

許志偉主編　《基督教思想評論》（第7輯）　上海市　上海人民出版社　2008年

許康編　《湖南歷代科學家傳略》　長沙市　湖南大學出版社　2012年

復旦大學歷史系編　《江南與中外交流》　上海市　復旦大學出版社　2009年

賀　麟　《五十年來的中國哲學》　上海市　上海人民出版社　2012年

趙曉陽　《基督教青年會在中國：本土和現代的探索》　北京市　社
　　　　會科學文獻出版社　2008年

劉小楓主編　《「道」與「言」：華夏文化與基督文化相遇》　上海市
　　　　生活‧讀書‧新知三聯書店　1995年

羅爾綱　《羅爾綱全集》(第5卷)　北京市　社會科學文獻出版社
　　　　2011年

Arthur Vale Casselman, *It Happened in Hunan*, Philadelphia, PA: The Continental Press, 1953.

Claude Welch, *Protestant Theology in the Nineteenth Century*, Vol.1, 1799-1870, New Haven, Conn.: Yale University Press, 1972.

Daniel D. Pearlman, *The Barb of Time: On the Unity of Ezra Pound's Cantos*, Oxford: Oxford University Press, 1969.

G.Thompson Brown, *Christianity in the People's Republic of China*, Atant: Georgia, John Knox Press, 1983.

Henry N. Wieman, *Methods of Private Religious Living*, New York:The Michigan Company, 1928.

Henry N.Wieman (ed.), *Experiments in Personal Religion*, Hyde Park, Chicago, Illinois:The American Institute of Sacred Literature, 1928.

John K. Fairbank (ed.), *The Missionary Enterprise in China and America*, Cambridge Massachusetts: Harvard University Press, 1974.

Kenneth Scott Latourette, *A History of Christian Missions in China*, New York: The Macmillan Company, 1929.

Paul A. Cohen, *China and Christianity: The Missionary Movement and the Growth of Chinese Antiforeignism (1860-1870)*, Harvard University Press, 1963.

Qian Zhaoming, *Ezra Pound's Chinese Friends: Stories in Letters*, Oxford: Oxford University Press, 2008.

Wilber C.Harr ed., *Frontiers of The Christian World Mission Since 1938: Essays in Honor of Kenneth Scott Latourette*, New York and London: Harper & Brothers Publishers, 1962,.

Y. C. Wang, *Chinese Intellectuals and The West, 1872-1949*, Chapel Hill: University of North Carolina Press, 1966.

六　論文

王興國　〈湘軍與中國近代佛教復興〉　《世界宗教研究》　2014年第3期

宋青紅　〈抗戰期間「新運婦指會」組織者群體研究〉　《抗日戰爭研究》2012年第2期

李　陵　〈長沙基督教青年會抗戰時期的難民救濟工作〉　《船山學刊》　2005年第3期

李　陵　〈長沙基督教青年會與湖南抗日救亡運動〉　《求索》2005年第3期

李傳斌　〈試析曾國藩的基督教觀〉　《湖南人文科技學院學報》2012年第1期

易惠莉　〈士紳言論與晚清中國——圍繞《海國圖志》、〈討粵匪檄〉的分析〉　《思想與文化》　2007年第7期

林維紅　〈面對西方文化的中國女性：從《曾紀澤日記》看曾氏婦女在歐洲〉　《浙江學刊》2007年第4期

林維紅　〈婦道的養成：以晚清湘鄉曾氏為例的探討〉　黃克武主編《第三屆國際漢學會議論文集：性別與醫療》　臺北市　中央研究院近史所　2002年

姚翠翠　〈曾氏第二位外交官曾廣銓〉　《內蒙古農業大學學報（社會科學版）》第12卷第4期

孫尚揚　〈曾國藩家族與基督教〉　《中國農業大學學報（社會科學版）》第26卷第1期　2009年3月

楊國強　〈曾國藩簡論〉　《歷史研究》　1987年第6期

趙曉陽　〈譯介再生中的本土文化和異域宗教：以天主、上帝的漢語譯名為視角〉　《近代史研究》　2010年第5期

劉鵬佛　《清代湘鄉曾氏家族與經濟社會》　廈門大學博士學位論文　2003年

歐陽軍喜、李明　〈1930年代中國知識份子對中國文化的認識與想像——以陳衡哲主編的《中國文化論集》為例〉　《東南大學學報（哲學社會科學版）》第7卷第6期　2005年11月

錢兆明、歐榮　〈《七湖詩章》：龐德與曾寶蓀的合作奇緣〉　《中國比較文學》2012年第1期

Li Li, *Mission in Suzhou: Sophie Lanneau and Wei Ling Girls Academy, 1907-1950,* Ph.D, The University of North CaroLina At Chapel Hill, 1997.

附錄
曾寶蓀作品一覽表

一　著作類

曾寶蓀主編　《藝芳雜俎》　出版地不詳　1924年

曾寶蓀　《歧路》　上海市　中華基督教女青年會全國協會　1933年

曾寶蓀編譯　《實驗宗教學教程》　上海市　青年協會　1934年

〔美〕凱薩琳·福布斯（Kathryn Frobes）著，曾寶蓀、張心漪譯
　　　　《慈母心》（Mama's Bank Account）　臺北市　暢流半月刊
　　　　社　1955年

曾寶蓀　《曾寶蓀回憶錄》　香港　香港基督教文藝出版社　1970年

曾寶蓀　《婦女對文化之貢獻》　臺北市　「教育部」文化局　1970年

曾寶蓀治喪委員會主編　《曾寶蓀女士紀念集》　臺北市　曾寶蓀治
　　　　喪委員會印行　1978年

Pao Swen Tseng, *The Chinese Horoscope*, Taipei: China Publishing
　　　　Company, n.d.

二　文章、講演、詩詞類

〈曾寶蓀致本報記者書──批評袁女士自殺事〉　《大公報》（長沙）
　　　　第7版　1920年10月24日

〈曾寶蓀對於女權運動之主張〉　《大公報》（長沙）　第6版　1922
　　　　年9月30日

〈女子問題〉　湖南《大公報》編輯部編　《湖南〈大公報〉十周年
　　紀念特刊・專著二》　出版地不詳　1925年

〈介紹基督與中學學生的一個方法〉　《中華基督教教育季刊》　第
　　5卷第2期　1929年6月

〈結婚與幸福〉　《婦女雜誌》　第16卷第1期　1930年

〈中國婦女之舊式娛樂〉　《女青年月刊》　第9卷第9期　1930年11月

〈基督教與國性〉　《中華基督教教育季刊》　第6卷第3期　1930年
　　9月

〈結婚與幸福〉　《婦女雜誌》　第16卷第1期　1930年

〈特刊・演講詞節錄〉　《女青年月刊》　第11卷第10期　1932年

〈好公民〉　《福湘旬刊》　1933年第5期

〈〈婦女日報〉發刊詞〉　《藝芳季刊》　1933年6月

〈英美女權運動沿革述略〉　《藝芳季刊》　1933年6月

〈抗日短評〉　《藝芳季刊》　1933年6月

〈抗日經濟談〉　《藝芳季刊》　1933年6月

〈亡國之可能〉　《藝芳季刊》　1933年6月

〈再論亡國之勢〉　《藝芳季刊》　1933年6月

〈日本退出國聯以後〉　《藝芳季刊》　1933年6月

〈會考成績感言〉　《藝芳季刊》　1933年6月

〈賀譚蘗女士領洗〉　《藝芳季刊》　1933年6月

〈謝姑母暉遠老人賜詩奉和元韻〉　《藝芳季刊》　1933年6月

〈謝姑母大人寄詩賜魚羹〉　《藝芳季刊》　1933年6月

〈留別姑母大人並奉和元韻〉　《藝芳季刊》　1933年6月

〈碧雲寺〉　《藝芳季刊》　1933年6月

〈英國的婦女教育〉　《女青年月刊》　第13卷第8期　1934年

〈英國學校制度與學生生活〉　《明德旬刊》　第4卷第5期

〈我的宗教經驗談〉　徐寶謙主編　《宗教經驗談》　青年協會
　　　1934年

〈基督徒與戰爭〉　《唯愛》　第17期　1935年

〈新道德的標準〉　《山西省新生活運動促進會會刊》　1935年第24期

〈中國在世界危機中之出路〉　《上海青年》　第35卷第32期　1935年

〈我校十人團歷史〉　《藝芳》　第5卷第2期

〈現代青年對於宗教的觀念〉　《同工》　第149期　1936年2月15日

〈中國的希望和青年的責任〉　《同工》　第149期　1936年2月15日

〈中國危機與青年的責任〉　《消息》　第9卷第2期　1936年

〈記錄曾寶蓀先生講演「青年的歧路」〉　《師中季刊》　第4卷第1-
　　　2期　1936年

〈坦白蘭的明星與璞玉〉　吳耀宗主編　《瑪德拉斯大會印象集》
　　　上海市　中華基督教協進會刊行　1939年

〈曾氏五修譜跋〉　《湘鄉大界曾氏五修族譜》　卷六　1946年三堂
　　　刻本

〈我的基督教信仰〉　吳耀宗主編　《基督教與新中國》　上海市
　　　青年協會書局　1948年

〈本校之期望〉　《藝芳》（三十周年紀念特刊）　1948年9月20日

〈論復活〉　《中央日報》　第2版　1951年3月25日

〈英遊雜感〉　《自由中國》　第7卷第7期　1952年10月1日

〈珍重精神文明〉　《中國一周》　第188期　1953年11月30日

〈談世界婦女地位〉　《自由中國》　第9卷第11期　1953年12月1日

〈關於吳國楨致函國民代表之我見〉　《中國一周》　第204期　1954
　　　年3月22日

〈去年世界女權運動的觀感〉　《自由中國》　第14卷第2期　1955
　　　年1月16日

〈對於餘業餘進修的管見〉 《中國一周》 第260期 1955年4月18日

〈被迫害的人得了一條自新的捷徑〉 《中央日報》 第3版 1955年7月5日

〈略論婦女在推行憲政時的基本認識〉 《憲政論壇》 第2卷第7-8期 1955年12月

〈實踐新生活運動是當前急務〉 《政論週刊》 第136期 1957年

〈慶祝第三屆總統副總統連任〉 《中央日報》 第12版 1960年5月20日

〈談修身與工作〉 《國防叢刊》 第131期 1963年

〈中西文化之比較〉 錢穆主編 《中國文化研究專集》 臺北市 國防研究院 1964年

〈蔣伯母王太夫人百齡冥壽頌辭〉 《蔣氏慈孝錄》 出版地不詳 1964年

〈漫談科學精神〉 《中央月刊》 第1卷第4期 1969年2月

〈漫談中東〉 《國民大會憲政研討委員會年刊》 1969年12月

〈英國婦女的選舉權〉 《國民大會憲政研討委員會年刊》 1970年12月

〈中國婦女地位的演進〉 《中央月刊》 第3卷第5期 1971年3月 第19-24頁

〈現在世界上幾個大問題〉 《東方雜誌》 第6卷第9期 1973年3月

〈序言〉 郭筠著 《藝芳館詩存》 臺北市 學生書局 1974年

〈孔子 聖之時者也〉 《中央月刊》 第6卷第4期 1974年2月

〈中西人生哲學比較〉 《新時代》 第14卷第5期 1974年5月

〈一個堂堂正正的中國人：林語堂〉 《華岡學報》 第9期 1974年10月

〈歷代婦女對文化的貢獻〉 《古今談》 第130期 1976年3月

〈向復國建國之途勇往邁進〉　《中央日報》　第14版　1977年10月
　　10日

〈宗教精神與救國運動〉　林養志編　《中國國民黨黨務發展史料：
　　婦女工作》　臺北市　國民黨黨史會出版　1996年

〈序言〉　趙紫宸著　《朝聖雜錄》　《趙紫宸文集》（第三冊）
　　北京市　商務印書館　2007年

Tseng Pao Swen, "China's Women and Their Position in the Church", *Church Missionary Review*, Vol.68 (1917).

Miss P. S. Tseng, "Medical Needs in China", *Mercy and Truth*, June, 1917.

Tseng Pao Swen, "Christianity and Women as Seen at the Jerusalem Meeting", *The Chinese Recorder*, Vol.59No.7 (Jul.1928).

P. S. Tseng, "The Chinese Woman, Past and Present", in Sophia H. Chen Zen(ed.), *Symposium on Chinese Culture*, Shanghai: China Institute of Pacific Relations, 1931.

Miss P. S. Tseng, "Christianity and War" , *The Chinese Recorder*, Vol.66, No.5 (May.1935).

Tseng Pao Swen, "My Religious Experience", *The Chinese Recorder*, Vol.66, No.8 (Aug.1935).

Tseng Pao Swen, "Religious Situation Among Chinese Youth", *The Chinese Recorder*, Vol.67, No.4 (Apr.1936).

Tseng Paoswen, "In China", Mme. Mei-ling Sung Chiang and Others, *Women and the Way: Christ and the World's Womanhood*, New York: Friendship Press, 1938.

Pao Swen Tseng, "Triumph of the Gospel", Davis J. Merle; Kenneth G. Grubb, *Presenting Papers Based Upon the Meeting of the International Missionary Council, at Tambaram, Madras, India,*

December 12th to 29th, 1938, New York; London: International Missionary Council, 1939.

Pao-swen Tseng, "Foreword", Barbara Simpson, *China Post: Letters in Peace and War*, London: The Cargate Press, 1939.

P. S. Tseng, "What Christianity Means to Chinese Women", *India's Women and China's Daughters*, June 1939.

Tseng P. S., "British Face Defeat in Malaya", *The China Weekly Review*, Sept 1, 1950.

Tseng P. S., "Philippine Liberation Movement", *The China Weekly Review*, Jan 1, 1951.

史學研究叢書·歷史文化叢刊 0602019

從孔孟弟子到耶穌門徒：一項關於曾寶蓀基督宗教信仰的研究

作　　者　張樂

責任編輯　官欣安

特約校稿　龔家祺

發 行 人　林慶彰

總 經 理　梁錦興

總 編 輯　張晏瑞

編 輯 所　萬卷樓圖書股份有限公司

　　　　　臺北市羅斯福路二段 41 號 6 樓之 3

　　　　　電話 (02)23216565

　　　　　傳真 (02)23218698

發　　行　萬卷樓圖書股份有限公司

　　　　　臺北市羅斯福路二段 41 號 6 樓之 3

　　　　　電話 (02)23216565

　　　　　傳真 (02)23218698

　　　　　電郵 SERVICE@WANJUAN.COM.TW

香港經銷　香港聯合書刊物流有限公司

　　　　　電話 (852)21502100

　　　　　傳真 (852)23560735

ISBN　978-986-478-483-7

2021 年 8 月初版

定價：新臺幣 380 元

如何購買本書：

1. 劃撥購書，請透過以下郵政劃撥帳號：

　帳號：15624015

　戶名：萬卷樓圖書股份有限公司

2. 轉帳購書，請透過以下帳戶

　合作金庫銀行 古亭分行

　戶名：萬卷樓圖書股份有限公司

　帳號：0877717092596

3. 網路購書，請透過萬卷樓網站

　網址 WWW.WANJUAN.COM.TW

大量購書，請直接聯繫我們，將有專人為您服務。客服：(02)23216565 分機 610

如有缺頁、破損或裝訂錯誤，請寄回更換

國家圖書館出版品預行編目資料

從孔孟弟子到耶穌門徒 ： 一項關於曾寶蓀基督宗教信仰的研究/張樂著. -- 初版. -- 臺北市 ： 萬卷樓圖書股份有限公司, 2021.08

面 ； 公分. -- (史學研究叢書. 歷史文化叢刊 ;602019)

ISBN 978-986-478-483-7(平裝)

1.曾寶蓀 2.基督教 3.信仰 4.女性 5.中國

242.42　　　　　　　　　　110009533